KB023268

열두 달 학급경영과

교사의 마음 돌보기

**초판 1쇄 발행** 2021년 3월 24일
**2쇄 발행** 2023년 1월 31일

**지은이** 이진영
**그린이** 정원상

**펴낸이** 이형세
**펴낸곳** 테크빌교육㈜
**교정 · 교열** 옥귀희 | **디자인** 어수미
**테크빌교육 출판** 서울시 강남구 언주로 551, 5층 | **전화** (02)3442-7783 (333)

ISBN 979-11-6346-119-7 03370
책값은 뒤표지에 있습니다.

**테크빌교육** 채널에서 교육 정보와 다양한 영상 자료, 이벤트를 만나세요!

**블로그** blog.naver.com/njoyschoolbooks **페이스북** facebook.com/teacherville
**티처빌** teacherville.co.kr **키즈티처빌** kids.teacherville.co.kr
**쌤동네** ssam.teacherville.co.kr **티처몰** shop.teacherville.co.kr

테크빌교육

# 우리의 마음이 튼튼해야, 우리 아이들의 마음도 튼튼해져요

* * *

## 우리는 자신도 모르게 지쳐 갑니다

선생님의 몸과 마음은 안녕하신가요? 과거의 저는 그러지 못했습니다. 말을 듣지 않는 아이들과 씨름하다 보니 맑고 깨끗하던 목소리는 점점 거칠어졌고 저녁에는 온종일 서 있어서 퉁퉁 부은 다리를 주무르느라 바빴습니다. 이만하면 다행입니다. 학부모의 악성 민원 스트레스로 위장약을 1년 내내 달고 사는 선생님도 있으니까요. 몸 상태가 좋지 않다 보니 무엇이든 해낼 것 같던 의욕은 사라지고 저는 점점 지쳐 갔습니다.

정신적, 신체적으로 힘들 때마다 저는 조언을 구할 선배 교사가 곁에 있으면 얼마나 좋을까 생각했습니다. 생각보다 많은 수업 시간, 그리고 여러 가지 업무를 처리하느라 바빴기에 조언을 구할 기회가 없었습니다. 그야말로 하늘의 별 따기였지요. 그러다 보니 책상에는 온갖 학급운영서가 쌓여 갔습니다. 하지만 거기에는 제가 진정 궁금했던 질문들, '몸과 마음이 지칠 때는 어떻게 해야 할까?', '공개수업을 앞두고 떨리는 마음을 진정시킬 방법은 없을까?', '학부모 민원은 어떻게 대처해야 할까?'에 대한 시원한 답은 나와 있지 않았습니다. 그 책들은 하나같이 학생을 가르치고 좋은 방향으로 이끌기 위한 교사의 자세와 행동에 대해 이야기할 뿐, 교사 개인의 삶에 대한 이야기는 하나도 없었습니다. 그래서 수많은 어려움과 위기를 헤쳐 나가는 일은 항상 저 혼자의 몫이었습니다.

* * *

## 교사가 자신의 마음을 굳게 지키는 건 정말 중요해요

무기력의 늪에서 빠져 허우적대며 오르내리던 저에게 엄청난 사건이 하나 일어났습니다. 바로 호환 마마보다 무섭다는 학교폭력 사건이 우리 반에서 일어난 것입니다. 한 아이가 지속적으로 따돌림을 당하고 있었는데 그것을 제가 미처 알아차리지 못했던 것이죠. 되돌아보니 그 사실을 알아차릴 단서는 많이 있었습니다. 의기소침해진 행동, 어두워진 표정. 어쩌면 그것만으로 충분했을지도 모릅니다. 하지만 무기력에 빠져 있던 저는 그것을 살필 여유가 없었던 것이지요. 그 순간 깨달았습니다. 교사가 자신의 몸과 마음을 굳게 지키지 못했을 때 그로 인한 피해는 고스란히 아이들에게 간다는 사실을 말입니다.

그때부터 저는 제 마음과 몸을 지키기 위해 노력했습니다. 퇴근 후나 주말에는 업무를 하지 않으려 노력했고, 내 교실 이야기를 쉽게 꺼낼 수 있는 친구에게 자주 연락하면서 생각과 마음을 가다듬고 정리했습니다. 그렇게 회복되어 가던 중에 학급에서 발생한 학교폭력으로 힘들어하는 후배 교사 '별'을 만났습니다. 별 또한 미리 알아차리지 못한 자신의 책임이 가장 크다며 잔뜩 풀이 죽어 있었지요. 그에게 저는 피해 학생의 마음을 보듬어 주는 방법과 학교폭력 발생 시 처리 절차에 관해 자세히 설명해 주었습니다. 그리고 그의 이야기를 오래도록 귀 기울여 들어 주고, 교사로서의 나를 지키는 방법도 알려 주었습니다. 그렇게 회복해 나가는 별의 모습을 보며 교사의 마음 챙김이 얼마나 소중한지 다시 한번 느꼈습니다.

* * *

## 자신을 지키는 방법을 선생님들과 공유하고자 합니다

그렇게 어려운 상황을 극복해 나가는 후배 별의 모습을 보며, 과거의 내가 그토록 원했던 선배 교사의 역할을 이제 내가 할 수도 있겠다는 생각이 들었습니다. 그리고 교사의 몸과 마음이 건강할 때 함께 생활하는 아이들도 행복하다는 사실을 널리 알리고 싶었습니다.

제대로 도움을 주기 위해서는 일단 교사의 1년 생활을 들여다볼 필요가 있었습니다. 간지러운 부분을 알아야 제대로 긁을 수 있으니까요. 그래서 몇 년 동안 힘든 일을 만날 때마다 꼼꼼히 메모하고 유용한 자료들을 모아 정리했습니다. 그리고 놀랍게도 제가 매년 비슷한 시기에 비슷한 고민을 반복하며 살아가고 있다는 걸 발견했습니다. 3월 학부모 상담 주간에는 시간 관리에 애를 먹고, 5월에는 학기 초를 바쁘게 지낸 탓에 번아웃으로 힘들어하고, 학예회가 끝난 11월에는 느린 진도에 허덕이는 일이 매년 반복되고 있었습니다. 그리고 그때마다 제가 했던 선택과 그로 인한 결과를 살피며 보다 좋은 선택을 찾아낼 수 있었습니다. 지금은 그 모든 것이 저의 자산이자 지혜가 되었습니다. 선배 교사의 도움이 절실하던 과거의 저를 생각하며, 보다 많은 후배 선생님들에게 다정하고 실용적인 조언을 전하고자 제가 알고 깨달은 모든 것을 모아 이 책을 엮었습니다.

* * *

## 교실 상황이 아무리 급변해도, 우린 잘 해낼 거예요

주변 사람들의 조언으로 이 책의 원고를 다듬어 나갈 즈음 교육 현장에 커다란 변화가 찾아왔습니다. 바로 코로나 19가 불러온 언택트 학습입니다. 교실은 급변했고 어느새 온라인과 오프라인 학습이 뒤섞인 블렌디드 학습이 일상이 되었습니다. 이제 교사에게 필요한 것은 '디지털 리터러시'입니다. 이는 디지털 기기를 활용해서 우리가 원하는 작업을 수행하고 필요한 정보를 얻는 기능과 능력을 가리키는 말입니다. 그래서 이 책에 디지털 기기를 활용한 온라인 학급운영에 도움이 되는, 한번 활용해 봄 직한 팁을 매주 마지막에 넣어 두었습니다.

우리는 위기에 강합니다. 코로나 19로 혼란에 빠진 학교에서 정말 많은 선생님들이 아이들과 학교를 지키기 위해 최선을 다했습니다. 저 역시 마찬가지였습니다. 이제 저는 코로나가 가져온 이 변화가 우리 아이들에게 더 좋은 교육을 해 줄 수 있는 기회로 보입니다. 새로운 시대에 새로운 학급경영으로 고민하는 선생님들 모두에게 이 책 『열두 달 학급경영과 교사의 마음 돌보기』가 도움이 되기를 진심으로 바랍니다.

그리고 교사로서 나의 고민을 세상 밖으로 꺼낼 수 있도록 도와준 동료 선생님들과 제자들에게, 그리고 사랑하는 아내 샛별이와 딸 봄이에게 감사의 말을 전합니다.

2021년 3월

이진영 씀

## 차 례

## 11월 누적된 과제들을 깔끔히 해결한다



## 12월 연간 업무, 용두용미를 그린다

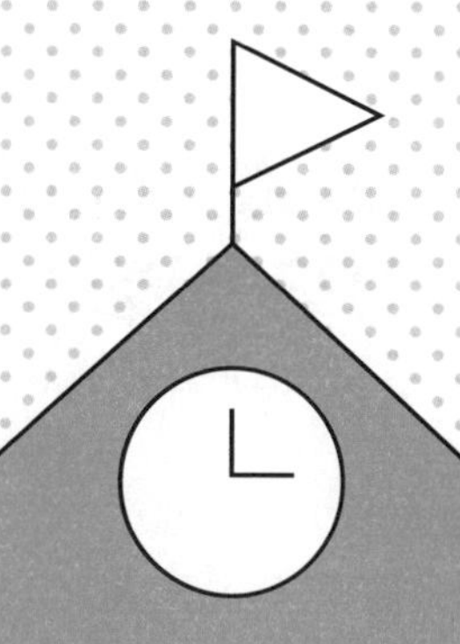

# 2월

## 연간 업무를 확정한다

2월, 교사는 싱숭생숭하다. 정든 제자들과의 이별을 정리하기도 전에 새로운 만남을 준비해야 한다. 현명한 교사는 2월을 어떻게 보낼까?

# 희망 학년과 업무 신청하기

**걱정요정**
2월 17일 ▼

희망하는 학년과 업무를 신청하는 기간이다. 올해는 소문에 휘둘리기보다 소신대로 지원하고 싶다. 나에게 어울리는 학년과 업무는 과연 무엇일까?

**#보여 줄게 완전히 달라진 나**

좋아요 댓글 달기 공유하기

저는 지난해 저학년과 함께하며 많은 죄책감을 느꼈답니다. 올해는 제 성격에 맞는 고학년을 지원해야겠어요.

연수 업무가 편하다고들 해서 맡았는데, 매번 참여할지를 묻고 정리하는 것이 꼼꼼하지 못한 저와는 맞지 않더라고요. 저와 맞는 업무는 뭘까요?

2월 중순이 넘으면 '학년 · 업무 신청서'를 작성한다. 몇 가지 사항을 결정해서 쓰기만 하면 되는데 이걸 할지 아니면 저걸 할지 정말 오만 가지 생각이 다 든다. 게다가 '○○ 학부모에게 걸리면 피곤하다', '○○ 업무는 피해라' 같은 소문에 마음은 더욱 어지럽기만 하다. 이리저리 흔들리는 선생님에게 지금 필요한 것은 소신이다. 나에게 맞고 즐길 수 있는 학년과 업무를 찾아 후회 없는 선택을 하기 바란다.

진영쌤의 마음튼튼 가이드

## 성격에 맞는 학년을 선택하자

개인이 풍기는 고유한 향기인 성격은 사람을 끌어당기기도 밀쳐내기도 한다. 교실에서도 이 법칙은 유효하다. 교사와 학생의 성격이 조화를 이루면 함께하려는 의욕이 생기는 등 긍정적인 효과를 볼 수 있으니 말이다. 그럼 나와 궁합이 좋은 학년을 어떻게 알 수 있을까?

**첫째, 좋았던 제자를 떠올려 본다.** 두 가지 이상의 물질이 만나 일으키는 화학 반응을 의미하는 'chemistry'에서 유래한 '캐미'는 사람들 사이의 화합이나 궁합이 좋을 때 쓰는 말이다. 어떤 아이들을 만나느냐에 따라 한 해가 더디기도 하고 쏜살같기도 하다. 이를 보면 교사와 학생 사이에도 분명 '캐미'가 존재하는 것 같다. '캐미'가 좋았던 학년을 찾으려면 좋은 기억을 남긴 제자들을 떠올려 보자. 바로 그 아이들이 나의 성격에 가장 잘 맞는 학년일 수 있다.

**둘째, 나의 성격을 이해한다.** 캐미가 넘치는 학년을 만나기 위해서는 자신의 성격을 먼저 파악해야 한다. 그런데 사실 성격은 매우 복잡한 것들의 상호작용이라 생각보다 단순치가 않다. 그럼에도 성격을 몇 가지로 유목화시키기 위한 사람들의 노력은 계속되고 있다. 코스타Costa와 맥크래McCrae도 그런 사람들 중 하나다. 이들은 사람의 성격을 경험적, 과학적으로 연구하여 다섯 가지 성격 특성 요소를 제시했다. 그것은 개방성Openness to experience, 성실성Conscientiousness, 외향성Extraversion, 친화성Agreeableness, 신경성Neuroticism으로, 이 앞글자를 따서 'OCEAN 모델'이라고 부른다. OCEAN 모델을 바탕으로 만든 '교사의 성격 6요인'으로 나의 성격을 파악해 보자.

| 영역 | 특성 | 점수 | | | | | 특성 |
|---|---|---|---|---|---|---|---|
| | | 1 | 2 | 3 | 4 | 5 | |
| ① | 현실적 | | | | | | 개방적 |
| ② | 독립적 | | | | | | 상냥함 |
| ③ | 자유 | | | | | | 단호함 |
| ④ | 학력 | | | | | | 흥미 |
| ⑤ | 내향적 | | | | | | 외향적 |
| ⑥ | 즉각적 | | | | | | 인내심 |

● **사용 방법**

자신의 성격이 '현실적', '독립적', '내향적'에 가깝다면 1점에, '개방적', '상냥함', '외향적'에 까깝다면 5점에 표시한다, 중간에 해당한다면 3점에 표시한다.

● 각 영역에 대한 설명

① '개방적'인 선생님은 톡톡 튀는 학생들의 행동을 수용하고 학습에 이용함으로써 상상력을 풍부하게 한다. '현실적'인 선생님은 실제 생활에 활용 가능한 지식과 가능성을 중시한다.

② '상냥한' 선생님은 사소한 요구나 질문을 귀찮아하지 않고 친절히 설명해 준다. '독립적'인 선생님은 자신의 문제를 타인에게 의지하지 않고 스스로 해결하는 힘을 강조한다.

③ 학생들과 함께 정한 규칙을 소중히 여기는 '단호한' 선생님은 학급 질서 유지를 위해 때로는 엄격하게 행동하고, 학생의 자발성을 중요하게 여기는 '자유로운' 선생님은 상황을 고려하고 개인의 의사를 존중하여 행동한다.

④ '흥미'를 추구하는 선생님은 생활에서 소재를 찾아 호기심을 자극하는 수업을 즐기고, '학력'을 중요하게 생각하는 선생님은 교과서의 내용을 충실히 가르치려고 노력한다.

⑤ '외향적'인 선생님은 학기 초 아이들과 빠르게 관계를 형성하고, '내향적'인 선생님은 마음을 여는 데 오랜 시간이 필요하나 일단 관계가 형성되면 신뢰가 깊다.

⑥ '인내심'이 높은 선생님은 학생의 문제행동 이면의 감정에 주목하여 이를 보듬고 인내하며 시간을 들여 수정하고, '즉각적'인 선생님은 학생의 잘못된 행동을 보는 순간 그 자리에서 교정함으로써 빈도를 줄여 가는 방법으로 수정한다.

**셋째, 성격에 맞는 학년을 선택한다.** 각각의 특성을 나타내는 단어는 가치 중립적이어서 어느 쪽을 강점으로 갖는다고 우월하거나 좋은 것은 아니다. 즉 특정 영역의 점수가 높거나 낮다고 해서 좋은 것도 나쁜 것도 아니라는 말이다. 각기 선호하는 바가 다를 뿐이다. 이제는 각 성격에 어울리는 학년을 알아보자.

저학년 아이들은 상상력이 풍부하여 있지도 않은 일을 사실처럼 꾸며 이야기하길 즐기고, 선생님에 대한 의존도가 높아 혼자 할 수 있는 일도 쉽게 도움을 요청하거나 함께하기를 원한다. 따라서 '개방적'인 선생님은 허무맹랑한 이야기일지라도 무시하지 않고 학습이나 생활지도에 활용하여 교육적 효과를 높일 수 있다는 점에서, '상냥한' 선생님은 아이들의 마음을 충분히 이해하기에 작은 요구에도 응하려 노력한다는 점에서 1, 2학년이 적합하다.

어른들에게 인정받기 위해 착한 행동을 하는 저학년과 달리 중학년 아이들은 양심에 비춰 자신과 친구들의 행동을 판단한다. 따라서 이때 필요한 것은 옳고 그름을 판단할 수 있는 곧은 마음이다. '단호한' 선생님은 교실에서 필요한 규칙을 함께 정하고 실천하는 과정을 통해 규칙을 내면화시키므로 3, 4학년에게 적합하다. 또한 중학년이 되면 배우는 교과서가 늘어나면서 본격적인 학문 탐구의 시기로 들어선다. '흥미로운' 선생님은 학생들의 삶에서 소재를 찾아 딱딱했던 지식을 말랑하게 만들어 즐기도록 도울 수 있으므로 3, 4학년과 궁합이 좋다 할 수 있다.

고학년 아이들은 스스로 신체적 · 정신적으로 완성 단계에 이르렀다고 생각한다. 그래서 여전히 아이로만 바라보는 어른들의 태도에 실망하곤

하는데, 그 허탈한 마음을 무례하거나 공격적인 행동으로 표현할 때도 있다. 이때 '외향적'인 선생님은 아이들과 가까운 관계를 유지하면서 그들의 속마음을 들여다보고 그 마음을 올바른 방향으로 표출할 수 있도록 도울 수 있다. 고학년 아이들의 감정은 거친 비바람 같다. 그래서 이때를 질풍노도의 시기라고도 부르는 것이다. 사춘기를 맞은 5, 6학년에게 필요한 선생님은 불같이 화를 내는 사람이 아니라, 왜 그랬는지 이야기를 듣고 충분히 공감해 주는 '인내심'이 강한 선생님이다.

자신의 성격에 어울리는 학년을 찾았는가? 아직도 고민하는 선생님이 있다면 초등학생의 시기적 발달 특징과 그에 어울리는 성격을 정리한 다음의 표를 참고하기 바란다. 이제는 정말 결단할 때다.

| 구분 | | 저학년 | 중학년 | 고학년 |
|---|---|---|---|---|
| 학생 | 인지 | • 집중력이 짧다.<br>• 나만의 세계가 있다.<br>• 경험으로 배운다.<br>• 궁금한 것이 많다. | • 배우는 것을 즐긴다.<br>• 주변에 관심이 많다.<br>• 세밀한 조작을 한다.<br>• 수포자가 생긴다. | • 학력 차이가 생긴다.<br>• 관심 분야만 판다.<br>• 나서는 것을 싫어한다.<br>• 고차원적 사고를 한다. |
| | 정서 | • 교사에게 의존적이다.<br>• 칭찬을 갈구한다.<br>• 자아 중심성이 강하다.<br>• 잘 다툰다. | • 본인 의사가 강해진다.<br>• 또래 집단에 참여한다.<br>• 남녀가 따로 논다.<br>• 자신과 남을 비교한다. | • 어른에게서 독립한다.<br>• 친구를 소중히 여긴다.<br>• 문제행동이 는다.<br>• 감정이 불안정하다. |
| | 신체 | • 소근육이 발달한다.<br>• 눈과 손의 협응력이 발달한다.<br>• 에너지가 넘친다.<br>• 자주 다친다. | • 신체 능력에 남녀의 차이가 생긴다.<br>• 움직임에 대한 호불호가 생긴다. | • 2차 성징을 맞이한다.<br>• 외모에 관심이 많다.<br>• 성적 호기심이 강하다.<br>• 신체 외형에 민감하다. |
| 교사 성격 | | 상냥한, 친절한, 다정한, 포근한 | 단호한, 참신한, 재미있는, 책임감 있는 | 이해심, 공감적, 외향적, 활동적 |

진영쌤의 마음튼튼 가이드

## 즐길 수 있는 업무를 신청하자

이 세상의 모든 선생님은 업무가 없는 학교를 꿈꾼다. 가르치는 것에만 집중하고 싶은 것이 교사의 바람이다. 이런 현장의 바람에 따라 각 시도 교육청은 학교에 '교무업무행정전담팀'을 구성하여 운영할 것을 권장하고 있다. 그러나 현실에서는 그 인원이 턱없이 모자라 여전히 업무는 교사의 몫이다. 피할 수 없으면 즐기라 하지 않았는가. 지금부터는 내가 잘할 수 있고 즐길 수 있는 업무를 선택하는 방법에 대해 고민해 보자.

**첫째, 내적인 만족을 쫓는다.** 2월 말 업무를 선택하는 교사들의 유형은 크게 세 가지다. 우선 처리하기 쉬운 업무를 추구하는 '편리형'이다. 정신적, 육체적 안녕을 추구하는 스타일로 비교적 가벼운 업무를 찾거나 작년에 맡았던 업무를 다시 선택한다. 다음으로 승진에 필요한 가산점과 다면평가 시 높은 우대, 표창 등을 고려해 업무를 선택하는 '보상형'이다. 이들은 업무의 선택 기준이 내부보다는 외부를 향한다. 마지막으로 내적인 만족을 추구하는 '내부형'이다. 업무 수행이 순탄치 않아 보여도 열정을 쏟아부을 만한 일이라 판단되면 용기를 내 도전한다.

이제껏 '편리형'이나 '보상형'을 추구했다면 올해는 과감히 '내부형'에 도전하라 권하고 싶다. 모든 것이 나의 선택과 의지이기에 더 즐겁게 임할 수 있고 이는 고스란히 교육의 질 향상으로 이어지기 때문이다. 그럼 어떻게 해야 내적인 만족을 쫓는 업무를 고를 수 있을까? 당장 업무분장표부터 펼쳐 보자. 선생님의 모험심을 자극하거나 재미있어 보이는 업무가 바로 그것이다.

**둘째, 나의 일 처리 성향을 고려한다.** 학교 업무는 일의 성격에 따라 1년 내내 계속되는 것도 있고 단기간에 끝나는 것도 있다. 혼자 해야 할 일이 있고 다수의 힘이 필요한 일도 있다. 내적 동기를 불러일으킬 만큼 충분히 매력적인 업무를 찾아도 나의 일 처리 성향과 맞지 않는다면 어려움을 겪을 수 있다. 그러므로 선택하기 전에 반드시 '집중 vs 분산'과 '개인 vs 협력'이라는 잣대로 판단해 봐야 한다.

개인 (위) / 다수 (아래) / 집중 (왼쪽) / 분산 (오른쪽)

| | 학기당 1회 | 학기당 2~3회 | 월 1회 | 수시 |
|---|---|---|---|---|
| 수합 | 학교평가, 학교규칙, 학습준비물 | 생활기록부, 정보공시 | 건강체력평가, 홍보 | NEIS, 학적 |
| 협의 | 성적규정, 교과서, 환경 | 방과후기획, 교원평가, 돌봄교실 | 연수 | 학교폭력 |
| 3인 이하 | 악기관리 | 체험학습, 보건교육 | 학력 향상 영재, 방과후관리 | 장학, 정보기자재, 홈페이지 |
| 4인 이상 | 체육대회, 학예회, 안전교육, 학교교육과정 | 동아리활동, 자치활동 | 악단관리, 운동선수관리 스포츠클럽 | 교무기획, 학년기획, 방송, 독서, 청소년단체 |

※ '수합'은 동료에게 간단한 의견을 묻는 수준을, '협의'는 교직원이 한데 모여 의논하거나 위원회를 조직하여 운영하는 수준을 의미한다.

**셋째, 업무를 선택한다.** 내적 동기를 불러일으키는 동시에 나의 일 처리 성향에 맞는 것을 골라 보자. 이렇게 선택한 업무는 자양분이 되어 나를 성장시킬 것이다.

### 마치며

원하는 학년과 업무가 배정되었다면 더할 나위 없이 좋겠지만 그렇지 않다고 해도 실망하지 말자. 이는 선생님의 능력이 부족해서가 아니다. 더 간절한 사람에게 배정되었을 뿐이다. 또 달리 생각하면 새로운 업무, 새로운 아이들과 함께할 기회가 생긴 것이 아닌가. 이 또한 엄청난 성취감을 제공하여 우리를 성장시킬 것이다. 결과에 대한 미련은 툭툭 털어 버리고 주어진 기회를 성공으로 만들어 나가자.

온라인 학급운영 꿀팁

# 플랫폼 고르기

→ 온라인 교실을 위해 가장 먼저 해야 하는 것은 인터넷상에 가상 학급을 만드는 것이다. 각각의 플랫폼이 가진 장점을 알아보자.

## step 1 플랫폼 특징 알기

| 구분 | 이름 | 장점 |
|---|---|---|
| 수업 관리 시스템 | e학습터 | • 학생들의 계정을 일괄적으로 생산, 관리할 수 있다.<br>• KERIS의 지원으로 학습자료와 평가 문항이 풍부하다. |
| | EBS 온라인 클래스 | • EBS의 강의를 자유롭게 활용할 수 있다.<br>• OX 퀴즈, 토론 등의 평가가 가능하다. |
| | 구글 클래스룸 | • 문서, 설문지 등 구글의 서비스를 이용할 수 있다.<br>• 학생들의 평가 결과를 포트폴리오로 만들 수 있다. |
| 학급 운영 시스템 | 위두랑 | • KERIS에서 만든 것으로 모둠 활동이 가능하다.<br>• 알림장을 보지 않은 학생을 확인할 수 있다. |
| | 클래스팅 | • 가정통신문이 올라오는 학교 홈페이지와 연동된다.<br>• '학부모만 읽기'처럼 특정 대상의 읽기가 가능하다. |
| | 밴드 | • 기존 활용자가 많아 별도의 교육이 필요 없다.<br>• 댓글, 1:1 대화, 다인 채팅 등 소통에 용이하다. |
| | 클래스123 | • 타이머, 뽑기 등의 다양한 수업 도구가 탑재되어 있다.<br>• 으쓱, 머쓱 등의 상벌제를 활용할 수 있다. |

## step 2 플랫폼 선정하기

플랫폼 선택 전 어떤 방법으로 온라인 교실을 운영할지를 먼저 고민해야 한다. 출석 체크와 수업 진도율 관리가 중요하다면 '수업관리시스템'이, 알림 및 소통이 중요하다면 '학급운영시스템'이 적절하다.

# 아이들에 관한 정보 수집하기

**두려운 선생님**

2월 25일 ▼

4학년을 맡게 되었다. 처음 맡아 보는 학년이라 학급경영 관련 책도 읽고 4학년을 맡았던 주변 선생님들의 조언도 들었지만 막막함은 여전하다. 당장 다음 주가 첫 만남인데 어떻게 해야 할까?

**#두렵다 #무섭다 #어떻게 해야 하지?**

 좋아요  댓글 달기 공유하기

저는 5학년을 맡게 되었어요. 두려운 마음에 이 자료, 저 자료 모으고는 있는데 과연 도움이 될지는 모르겠네요.

답답한 마음에 아이들의 지난해 담임선생님을 찾아가 이것저것 여쭤봤어요. 아이들의 특성이 파악되니 두려운 마음이 조금은 가시는 것 같아요. 선생님도 도움을 요청해 보세요.

낯섦은 두렵다. 특히 잘 알지 못하는 낯선 존재를 맞닥뜨렸을 때 두려움은 배가 된다. 아이들을 만나기 전 교사도 그렇다. 아이들을 잘 모르기에 무엇을 어떻게 준비해야 할지 막막할 뿐이다. 불안한 마음에 일이 손에 잡히지 않는 이번 주, 두려움을 설렘으로 변화시키는 방법에 대해 알아보자.

진영쌤의 마음튼튼 가이드

## 두려움의 원인에 직면하자

두려움은 매우 강력한 감정이다. 두려움에 휩싸이는 순간 아무 생각도 들지 않는다. 그저 그동안의 경험을 바탕으로 본능적으로 생존력을 높일 방법을 선택할 뿐이다. 그리고 그 선택은 대개 상황을 회피하거나 중압감에 짓눌려 주저앉는 것이다. 매 상황 침착하고 이성적인 판단을 원하는 인간의 욕심과는 상반된 행동이다. 이러한 현상은 편도체와 관련이 있다. 변연계의 일부인 편도체는 아몬드 정도 크기의 조직으로 부정적인 감정을 처리하는 역할을 맡고 있다. 공포, 두려움 같은 부정적인 감정이 들어왔을 때 반응하는 것이다. 편도체의 명령은 매우 간결하고 빨라 이성적인 판단을 담당하는 전두엽이 채 손을 쓰기 전 행동으로 나타나 버린다. 천적인 고양이와 마주친 쥐가 앞뒤 가리지 않고 무조건 달리는 것처럼 말이다.

그럼 편도체는 인간을 비이성적으로 만들어 버리는 불필요한 존재일까? 과학자들은 이 질문의 답을 찾기 위해 실험을 계획했다. 쥐의 편도체를 제거한 뒤 고양이와 마주치게 하고 그 행동을 살펴본 것이다. 예상대로 편도체가 제거된 쥐는 고양이를 무서워하지 않았다. 고양이에게 다가가 장난을 치거나 핥는 행동까지 보였다. 쥐의 최후 역시 예상대로였다. 그 쥐는 자신이 고양이에게 잡아먹힐 것을 인지하지 못한 것이다. 과학자들은 한 가지 의문을 제기했다. 이런 결과가 나온 것이 편도체의 제거가 쥐의 인지 능력을 변화시켰기 때문은 아닐까? 하지만 편도체가 제거된 쥐의 지능은 이전과 같았다. 단지 두려움을 느끼는가 그렇지 못한가의 차이만 있었다. 이 실험은 편도체는 불필요한 존재가 아니라는 것을 보여 준다. 그것은 두려움을 느끼고 그에 따른 행동으로 나를 지키는 데 도움을 주는 존재다.

새로운 만남을 앞둔 선생님의 편도체도 바쁘다. 불안한 선생님을 지키기 위함이다. 두려움을 인지한 편도체는 뇌 전체에 비상 신호를 전달한다. 뇌의 각 부분은 편도체의 명령에 따라 불안함을 잠재우기 위한 행동을 고민하고 실행한다. 학기 중에는 잘 들어가지 않던 교사 커뮤니티나 수업 관련 서비스 사이트에 들어가서 학기 초 자료도 모으고 학급경영 관련 책을 사서 읽기도 한다. 이는 불안으로부터 탈피하려는 행동인데 문제는 그렇게 해도 두려움이 사라지지 않는다는 것이다. 오히려 정보가 쌓이면 쌓일수록 과연 내가 이 모든 것을 잘 해낼 수 있을까 하는 걱정만 더 쌓인다. 이는 근본적인 질문은 외면한 채 해결방법만 찾으려 하는 데서 발생하는 문제다.

다시 편도체가 반응할 때로 돌아가 보자. 편도체가 나를 무엇으로부터 지키기 위해 비상을 선언했는지 곰곰이 생각해 보자. 무엇이 그토록 두려웠는가? 학생들과 첫 만남 자체가 두려웠는가, 우리 반에 모난 학생이 있어 1년이 힘들까 봐 두려웠는가. 이 모든 것은 나와 함께할 학생들에 대한 정보가 없기 때문에 생겨나는 불안이다. 그저 막연한 불안이 선생님을 괴롭히는 것이다. 바로 '새 학기 증후군'이다. 새로운 환경을 마주하고 적응하기 전 중압감이나 스트레스를 받는 현상이다. 새 학기 증후군을 날려 버리고 싶은가? 새로 만나게 될 대상을 정확히 아는 것으로 두려움을 극복하자.

## 진영쌤의 마음튼튼 가이드 질문으로 알아 가자

새로 만나게 될 학생에 대한 정보 부족으로 불안이 야기된다면 전년도 담임선생님에게 도움을 청할 수 있다. 학생들에 대한 정보를 하나하나 확보함으로써 불안에서 벗어나는 것이다. 선생님을 도와줄 은인이 바로 옆에 있는데 무엇이 두려운가. 행복한 첫 주, 아니 평화로운 1년을 위해 알아야 할 것은 다음의 세 가지다.

**첫째, 수업과 관련된 질문이다.** 교사의 본업은 수업을 통해 배움을 촉진하는 것이다. 그런 측면에서 3월 첫 주는 매우 중요하다. 선생님의 수업에 대한 첫인상이 결정되기 때문이다. 첫인상은 이후 아이들의 수업 태도에 영향을 미치기 때문에 정말 중요하다. 수업에 대한 긍정적인 첫인상을 형성하고 싶은가? 그렇다면 전년도 담임선생님들에게 다음과 같은 질문을 던짐으로써 함께할 아이들의 학습수준, 태도, 의욕 등을 사전에 파악하자.

| 구분 | | 질문 |
|---|---|---|
| 수업 | 수준 | • 성취기준 도달에 어려움은 없는가? |
| | 태도 | • 집중력은 높은가?<br>• 수업 흐름을 끊는 요인은 무엇이 있는가?<br>• 발표력은 어떤가? |
| | 의욕 | • 적극적으로 참여하는가?<br>• 성취기준 미도달 시 포기하지 않고 도전하는가? |
| | 방법 | • 어떤 수업법을 선호하는가?<br>• 스마트 기기 활용능력은 어떤가? |
| | 의지 | • 배운 것을 실천하는가?<br>• 학급 및 실생활의 문제를 적극적으로 해결하는가? |

**둘째, 관계와 관련된 질문이다.** 3월 첫 주 교실은 밀림과 같다. 교실 정리, 교과서 분배와 같은 일에 치여 한 치 앞을 분간하기 어렵다. 야생동물처럼 한껏 날이 서 있는 학생들은 언제라도 사고를 칠 것만 같다. 선생님에게 맡겨진 사명은 분쟁과 다툼으로부터 우리 반을 지키는 것이다. 관계에 대한 정보를 수집하여 평화로운 한 주를 준비하자.

| 구분 | | 질문 |
|---|---|---|
| 관계 | 교사와 학생 사이 | • 고민을 잘 털어놓는 편인가?<br>• 어떤 선생님을 원하는가? |
| | 학생과 학생 사이 | • 교우 관계는 원만한가?<br>• 기억에 남는 학교폭력 사안이 있는가? |
| | 자기 효능감 | • 새로운 과제에 도전하는 데 주저하지 않는가?<br>• 주어진 과제를 포기하지 않고 끝까지 해내는가? |

**셋째, 생활지도와 관련된 질문이다.** 어린 시절 사회화의 주된 대상은 어른이었다. 하지만 나이가 들어감에 따라 그 대상이 점차 또래 집단으로 이동하고, 작은 사회인 학교에서는 생활지도를 통해 민주시민을 길러 낸다. 아이들을 만나기 전 생활 모습을 조사하는 이유는 사회화와 관련 있다. 부족한 것을 채워 주면서 사회에 나갈 연습을 시키는 것이다. 아이들의 생활 모습과 관련된 질문은 다음과 같다.

| 구분 | | 질문 |
|---|---|---|
| 생활 | 학급 내 | • 맡겨진 일(청소, 역할)에 책임감을 느끼고 임하는가?<br>• 비속어를 사용하는 학생들이 많은가?<br>• 인사성은 밝은가? |
| | 학급 외 | • 차례를 잘 지키는가?<br>• 복도에서 뛰어다니지 않는가?<br>• 편식하지 않는가? |
| | 관심 분야 | • 쉬는 시간에 주로 무엇을 하는가?<br>• 하교 후 무엇을 하며 시간을 보내는가? |

1년 동안 동고동락할 학생들에 대한 정보를 얻었는가? 단일 학급이라면 수월했겠지만, 반이 여럿인 학교라면 쉽지 않을 것이다. 만약 여러 선생님을 만나기가 어렵다면, 한두 선생님을 통해 학년의 전체 분위기 정도만 파악해도 괜찮다. 이것만으로도 아이들의 마음을 사로잡는 수업과 활동을 준비하는 데 충분하다.

## 마치며

선생님들과 이야기를 나누다 보면 '이 학생은 이런 모습이겠구나!', '저

학생은 이런 특징을 가지고 있구나!' 같은 이미지가 그려진다. 그렇다고 해서 특정 학생에 대한 부정적인 선입견을 품는 것은 금물이다. 사람은 누구나 위험으로부터 자신을 지키고자 하는 본능이 있다. 이러한 본능은 자신을 위협하는 존재를 거칠게 제압해 버리거나 그 존재를 피하는 행동을 택하게 만든다. 생존본능이다. 교실에서도 아이들의 이런 본능은 유효하다.

내가 겪어 보기도 전에 오로지 타인에게 들은 정보만 가지고 학생을 기선제압하려 하지 말자. 거부감을 드러내지도 말자. 아이와 관계를 시작하기도 전에 관계를 망치는 일이니 말이다. 선생님의 성공적인 3월 첫 주를 응원한다.

# 나 사용 설명서 만들기

→ 전년도 담임선생님들께 얻은 정보로 충분하지 않다면 온라인 설문을 이용하자. 구글 설문지로 학생에 대한 정보를 얻는 방법에 대해 알아보자.

**step 1 구글 설문지에 접속한다.**

'구글 설문지'를 검색하여 접속한 후 구글 계정으로 로그인한다.

**step 2 설문지를 만든다.**

+를 클릭하여 제목에 '나 사용 설명서'를 입력한 뒤 질문을 추가한다. 이때 첫 질문으로 이름을 묻는 것과 '필수' 탭에 체크하는 것을 잊으면 안 된다.

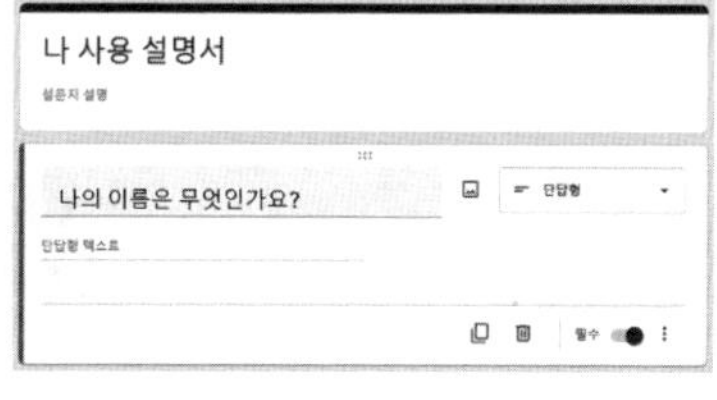


**step 3 설문 내용을 입력한다.**

오른쪽 맨 위의 +를 클릭해 질문을 추가하고 장문형으로 바꾼 후 '내가 좋아하는 수업은?', '선생님에게 소개하고 싶은 나의 재능은?' 같은 질문을 추가한다.

**step 4 온라인 교실에 링크를 공유한다.**

우측 상단에 있는 '보내기'를 클릭하여 링크('https://docs'로 시작)를 복사한 후 온라인 교실 게시판에 올려 공유한다.

# 3월

## 학급환경을 세팅한다

새로운 제자들과 첫걸음을 내딛는 3월이 되면 교사는 눈코 뜰 새 없다. 학생들과 좋은 관계를 형성하는 일만으로도 벅찬데 교실 환경 정리부터 교육과정 작성, 학부모 상담까지 모두 잘 해내야 한다. 이렇게 정신없는 3월을 현명한 교사는 어떻게 보내는지 알아보자.

# 어색함 깨뜨리기

**서먹함은 싫어**
3월 2일 ▼

드디어 1년을 함께할 아이들을 만난다. 설레고 떨려 잠이 오지 않는다. 어색함을 어떻게 풀어 나가야 할까?

**#어색어색 #서먹서먹 #쭈뼛주뼛**

좋아요 댓글 달기 공유하기

학생도 교사도 서먹서먹한 3월 2일이 코앞으로 다가왔네요. 저는 그날 긍정적인 첫인상 남기기를 목표로 정했답니다.

작년에는 아이들에게 자리에 서서 이름과 올해의 포부를 발표하게 했더니 너무 부끄러워하더라고요. 그래서 올해는 놀이로 다가가려고 해요.

3월 첫 주 새 교실의 공기는 어색하다. 기껏해야 복도나 급식실에서 잠깐 마주쳤을 아이들이 한 교실에 모였으니 당연하다. 그런 아이들을 보고 있노라면 어느새 작년 우리 반 아이들이 떠오른다. 자연스럽고 화기애애했던 분위기가 그리운 것이다. 그렇다고 언제까지 그리움에 빠져 있을 수는 없다. 3월 첫 주, 짧은 시간이지만 교실에 활력을 불어넣어 교사와 학생, 학생과 학생 사이 관계를 말랑말랑하게 만들자.

진영쌤의 마음튼튼 가이드

## 놀이로 관계를 형성해 보자

놀이는 즐겁다. 시키지 않아도 삼삼오오 모여 깔깔거린다. 최근 놀이를 수업에 활용하여 배움과 즐거움을 한 번에 모두 얻으려는 노력이 활발하다. 놀이를 학습의 수단으로 삼는 것인데, 사실 놀이는 학습은 물론이고 아이들이 좋은 관계를 만들어 나가는 데도 매우 효과적이다. 닫힌 마음의 문을 활짝 열어 즐겁게 이야기할 수 있는 분위기를 만드는 놀이에 대해 알아보자.

**첫째, 단일 학급에 어울리는 '찾아라' 놀이다.** 모든 학년이 한 반뿐인 학교의 아이들은 서로를 잘 안다. 너무나 익숙하기에 새 학년이 되어도 새로울 것이 없다. 다 안다고 생각했던 친구에 대해 몰랐던 새로운 사실을 발견한다면 어떨까? '찾아라' 놀이를 통해 서로에게 더 깊이 다가갈 수 있는 분위기를 만들자.

① 소개하고 싶은 친구를 정한 뒤 나만 아는 특징을 종이에 적는다.

② 종이를 두 번 접어 빈 통에 모은다.

③ 각자 하나씩 뽑은 후 내용을 확인한다.

④ 자신이 뽑은 종이에 적힌 특징의 주인공을 찾아 발표한다.

⑤ 맞으면 생존하여 다음 단계로 진출한다.

⑥ 최후의 1인이 남을 때까지 게임을 계속한다.

**둘째, 다수 학급에 어울리는 '사랑하십니까?' 놀이다.** 다수 학급이 있는 학교의 아이들은 같은 반이었던 적이 없다면 서로에 대해 잘 모른다. 이 아이들에게는 일단 부딪쳐 보는 용기가 필요하다. 쭈뼛거리지 말고 용기 내 다가감으로써 관계의 물꼬를 트는 것이다. 서로에게 다가가 말을 걸고 눈길을 주고받을 수 있는 '사랑하십니까?' 놀이로 우정을 싹틔울 수 있다.

① 진행자를 정한다.

② 진행자를 제외한 모두가 커다란 원을 만든 후 각자의 자리에 포스트잇을 붙인다.

③ 진행자에게 '당신은 당신의 이웃을 사랑하십니까?'라고 묻는다.

④ 진행자는 '예'와 '아니요' 중에 선택한다.

⑤ '예'라고 대답한 경우는 다음과 같이 행동한다.

⑤-1 진행자에게 다시 '어떤 이웃을 사랑하십니까?'라고 묻는다.

⑤-2 진행자는 다수가 해당되는 대답을 한다. 예를 들면 청바지를 입은 사람, 안경 쓴 사람 등이다.

⑤-3 진행자와 대답에 해당되는 사람은 모두 일어나 빈자리를 찾아 앉는다. 이동 시 포스트잇이 붙어 있는 자리에만 앉을 수 있다.

⑥ '아니요'라고 대답한 경우에는 모두 일어나 다른 자리로 옮겨 앉는다.

⑦ 마지막까지 앉지 못하는 사람이 진행자가 되어 놀이를 이어간다.

진영쌤의 마음튼튼 가이드

## 긍정적인 첫인상을 남기자

첫인상은 쉽게 바뀌지 않는다. 긍정적인 첫인상이 중요한 이유가 바로 이것이다. 또 긍정적인 첫인상은 서로에게 호감을 가지고 다가가게 만들기 때문에 신뢰와 우정을 쌓을 수 있는 주춧돌이 될 수 있다. 긍정적인 첫인상을 형성하는 비법이 따로 있을까?

**첫째, 학생에게 긍정적인 첫인상을 주려면 적절한 복장과 행동을 선택한다.** 윌리스Willis는 실험자를 모아 한 사람의 사진을 보여 주고 그가 얼마나 매력적인지 평가하게 했다.[1] 단 노출 시간은 달리했는데 신기하게도 0.1초 동안 본 모둠과 1초 동안 본 모둠의 첫인상이 별로 차이가 없었다. 심지어 그 내용이 그 사람의 실제 성격과 제법 일치했다니 첫인상을 결정하는 데는 0.1초면 충분하다는 의미다. 그럼 어떻게 해야 찰나의 순간을 잡을 수 있을까? 학생들을 향한 열정과 나의 교육관이 물씬 풍기는 첫인상을 형성하는 비밀에 대해 알아보자.

우선 적절한 복장을 갖춰야 한다. 첫인상은 55퍼센트의 시각, 38퍼센트의 청각, 7퍼센트의 언어에 지배 받는다고 한다. 이를 두고 메라비언의 법칙The Law of Mehrabian[2]이라 한다. 이는 백 마디의 말보다 제대로 된 복장이 선생님의 교육관을 학생들에게 전달하는 데 더 효과적이라는 의미다. 만약 학생들의 자율성을 권장하고 이를 존중하는 교육관을 가지고 있다면 3월 2일 첫 만남에 딱딱한 정장보다는 자유롭고 단정한 캐주얼이 더 어울릴 것이다.

다음은 행동으로 보여 주는 것이다. 첫인상은 비언어적인 정보에 의해 더 크게 좌우된다. 즉 행동으로 내가 어떤 사람임을 보여 주는 것이 더 효과적이라는 말이다. 깨끗한 교실을 원한다면 청소의 중요성에 대해 말하는 것보다 빗자루와 쓰레받기로 청소하는 모습을 보여 주는 것이 아이들의 마음에 더 강한 인상을 남길 것이다.

**둘째, 아이들이 교사에게 긍정적인 첫인상을 남길 기회를 빼앗지 말자.** 학교 내 교사들의 대화 소재는 대개 학생 또는 학급이다. 자신의 반에서 있었던 일들을 나누고 특정 학생이 보인 행동이나 말을 공유한다. 마주 앉아 이야기하며 학급운영 방법을 공유하다 보면 특정 학생에 대한 고정관념을 갖게 된다.

새로운 학년과 학급 배정을 받은 후 명단을 찬찬히 살펴보면 익숙한 이름들이 있을 것이다. 나와 직접 만난 적이 있는 게 아니라면 동료 교사에게 들어 본 이름이다. 내가 의도하든 아니든 그들에 대한 판단은 내 머릿속에 이미 존재한다. 그것이 긍정적일 때는 상관없다. 피그말리온 효과처럼 선생님의 긍정적인 관심과 기대가 학생을 성장시키는 요인이 될 수도 있다. 그러나 부정적일 때는 다르다. 편견으로 인해 회피하거나 다른 학생들과 차별하여 불이익을 준다면 그 학생 입장에서는 이유 모를 핍박을 받게 되는 것이다. 이렇게 이미 만들어진 첫인상에서 벗어나기 위한 방법엔 어떤 게 있을까?

우선 자주 함께하자. 첫인상을 깨기 위해서는 최소 40번 이상 만나 대화를 해야 한다고 한다. 학생에 대한 편견으로 괴롭다면 그와 함께하는 시간을 늘림으로써 긍정적인 면을 응시하도록 하자. 그리고 인정하자. 그 학생의 첫인상은 실제가 아니라 나의 상상의 산물이라는 점을 말이다. 나의 무의식에 자리 잡은 학생에 대한 고정관념을 의식 속으로 끌어 올림으로써 부지불식간에 아이를 차별하는 것을 통제하자.

**셋째, 학부모에게 편지로 긍정적인 첫인상을 줄 수 있다.** 3월 2일 학부모는 사랑하는 자녀와 1년을 함께할 담임선생님이 누군지 궁금해 일이 손에 잡히지 않는다. 이런 학부모의 궁금증을 해소하고 그 마음을 사로잡을 수 있는 방법이 있다. 바로 글이다. 아이들을 맞이하는 선생님의 마음과 교육관 등을 담은 편지를 보내는 것이다. 다만 선생님의 개인정보를 공개하는 것에 대해서는 신중해야 한다. 편지에는 어떤 내용을 담으면 좋을까?

먼저 교육에 대한 신념과 아이들을 대하는 자세를 소개하여 학부모의 신뢰를 얻는 것이 좋다. 그리고 시간표, 준비물, 체험학습 신청방법 및 최대 일수 등을 안내해 학부모의 기본적인 궁금증을 해소한다. 마지막으로 상담 가능 시간과 그 방법을 알림으로써 근무시간 외 시간을 침범하지 않도록 요구해야 한다. 일과 삶의 균형을 맞추는 것은 매우 중요한 일이다.

### 마치며

3월 첫 주 아이들과의 관계를 형성하는 방법과 놀이에 대해 알아보았다. 관계는 공든 탑과 같다. 힘을 다하고 정성을 다하면 그 결과는 절대 헛되지 않다. 선생님과 학생의 관계를 더욱 돈독하게 해 줄 두 가지 방법을 소개한다.

**첫째 급식을 함께 먹어라.** 네덜란드 연구팀에 따르면 음식물을 씹는 저작 활동은 행복 호르몬인 세로토닌을 분비해 함께 식사하는 사람을 호의적으로 바라보게 만든다고 한다.[3] 함께 밥을 먹는 것만으로도 유대관계를 높일 수 있다니! 학생들과 서먹하다면 급식 시간을 이용해 보자. 식사하는 동안 가벼운 대화를 나누면 관계는 더 돈독해질 것이다.

**둘째, 최신 효과를 노려라.** 만나는 모든 사람에게 긍정적인 첫인상을 남기기는 어렵다. 사실 불가능하다. 그렇다고 부정적인 첫인상을 그대로 둘 것인가? 이럴 때는 최신 효과Recency Effect를 노려라. 첫인상을 뒤집는 좋은 행동으로 부정적인 이미지를 씻어내는 것이다. 학생들과 보낸 가장 마지막 날이자 가장 가까운 날인 오늘, 긍정적인 행동으로 관계를 개선하자.

온라인 학급운영 꿀팁

## 아이스 브레이킹

→ 서먹서먹한 분위기가 쉽사리 풀리지 않는다면 온라인 교실에서 놀이의 장을 펼쳐 마음의 문을 열 수 있다. 첫인상을 활용한 놀이를 알아보자.

**step 1 리노잇에 접속한다.**

선생님과 학생 모두 리노잇(https://linoit.com)에 접속하여 회원가입한다. 아이디, 비밀번호, 이메일 주소만 적으면 간단히 가입할 수 있다.

**step 2 학생들을 초대한다.**

공동작업이 가능하도록 상단에 있는 '내 그룹' 탭에서 새 그룹을 만든 뒤 학생들의 아이디를 입력하여 초대한다.

**step 3 그룹 캔버스를 만든다.**

'그룹 캔버스'를 만든 후 우측 상단의 사진 아이콘을 클릭하여 학생들 사진을 올린 후 선생님이 받은 긍정적인 첫인상을 하나씩 남긴다.

**step 4 긍정적인 첫인상을 남긴다.**

'그룹 캔버스'에 올라와 있는 친구들의 사진 옆에 서로에 대한 긍정적인 첫인상을 적는다. 모든 친구에게 남겨야 한다는 규칙을 정해 소외되는 학생이 생기지 않도록 한다.

# 나만의 교육과정 만들기

**마음먹은 선생님**

3월 9일 ▼

같은 학년 선생님들과 모여 학년 교육과정에 들어갈 프로젝트 학습에 관해 이야기를 나눴다. 자주 해 보지 않아서 그런지 낯설고 어렵게 느껴졌다. 그래도 즐겁게 참여할 아이들을 생각해서 단단히 마음먹고 교육과정 재구성을 해 보려 한다.

**#할 수 있다 #교육과정 재구성**

좋아요 댓글 달기 공유하기

교육과정 재구성은 주제를 선정하는 게 반이래요. 저는 학생들과 함께 주제를 정해 보았답니다.

저도 이번 학기에는 교육과정 재구성에 도전해 보려 해요. 작심삼일이 되지 않아야 할 텐데…. 저도 선생님처럼 마음 단단히 먹어야겠어요.

학년(급) 교육과정에서 가장 중요한 부분은 무엇일까? 나는 배움과 삶이 공존하는 수업이라고 생각한다. 하지만 이러한 수업을 실행하는 것은 결코 만만한 일이 아니다. 그래서 남이 만들어 놓은 자료를 그대로 가져다 쓰거나, 교과서 내용을 그대로 갖다 붙이는 경우가 비일비재하다. 학기 초 바쁜 일정과 잡무로 인해 어쩔 수 없는 선택이라고 변명하는 선생님도 교육과정 재구성이 아이들에게 배움과 삶을 공존하게 하는, 그리고 행복하게 하는 수업이라는 것을 알기에 괜스레 미안해지곤 한다. '천 리 길도 한 걸음부터'라고 했다. 이번 한 주 적극적인 교육과정 재구성을 통해 한 학기에 한 번 프로젝트를 추진하거나 주제 중심 수업을 계획하는 것이 어떨까?

진영쌤의 마음튼튼 가이드

## 학생들의 삶과 관련된 주제를 정하자

아이들은 자신과 관련된 주제라면 즐거움을 느끼며 적극적으로 수업에 참여한다. 이는 지식은 주어지는 것이 아니라 스스로 조직해 나가는 것이며 사용할 때 그 가치를 발한다는 구성주의 지식관과 맥락을 같이 한다. 학생 가까이에서 수업에 영향을 주는 것들을 차근차근 생각해 보자. 우리 반에 딱 맞고 어울리는 수업 주제를 어떻게 정할 수 있을까?

**첫째, 교사의 필요다.** 우리 반의 강점이나 약점, 좋아하는 교과나 힘들어하는 교과 등을 고려해 주제를 정하는 방법이다.

**둘째, 학생의 흥미다.** 학생들이 더 자세히 공부하고 싶어하는 것을 조사하여 주제를 정하는 방법이다. 단 해당 학년에서 배우는 것과 관련지을 수 있는 주제여야 수업과 연결할 수 있으므로 아이들에게 교과서를 살펴보는 시간을 제공하는 것이 좋다.

**셋째, 학부모의 요구다.** 자녀에게 바라는 점, 학교 교육을 통해 실현하고 싶은 것 등을 파악하여 주제를 정할 수 있다.

**넷째, 지역사회다.** 마을의 인적, 물적 자원을 활용하거나 지역의 정책이나 사업에 관한 주제를 선정함으로써 민주시민의 자질을 길러 줄 수 있다.

진영쌤의 마음튼튼 가이드

## 관련된 성취기준을 찾자

주제를 정했다면 관련된 성취기준을 찾아 배움의 근거를 확실히 해야 한다. 주제와 관련된 성취기준을 찾는 방법은 두 가지다.

**첫째, 국가 수준 교육과정을 살핀다.** 법령에 따라 고시된 '국가 수준 교육과정'은 포괄적인 내용을 다룬 '총론'과 각 교과의 성격과 특성을 다룬 '교과 교육과정'으로 이루어져 있다. 교수·학습·평가의 방향이 수록된 교과 교육과정에는 학습과 평가의 실질적인 근거인 성취기준이 제시되어 있어 주제와 관련된 내용을 찾아 수업으로 구체화할 수 있다.

**둘째, 교과서를 활용한다.** 국가 수준 교육과정이 낯설다면 교과서를 활용해도 좋다. 교과서 또한 교과 교육과정의 성취기준으로 만들어진 하나의 자료이기 때문이다. 교과서에 등장하는 단원 중 주제와 관련된 것을 찾아 성취기준을 확인할 수 있다.

진영쌤의 마음튼튼 가이드

## 성취기준과 관련된 정보를 모으자

한 문장으로 정리된 성취기준으로 적게는 4차시에서 많게는 12차시의 수업을 설계하는 것은 불가능에 가깝다. 관련된 정보를 수집하여 성취기준에 살을 붙여야 한다. 그 방법은 네 가지로 정리할 수 있다.

**첫째, 교과 교육과정이다.** 교수·학습 내용만을 제시하는 데 그쳤던 이전과 달리 현행 교과 교육과정은 성취기준과 관련된 학습 요소, 성취기준 해설, 교수·학습 방법, 평가 유의사항 같은 다양한 정보를 포함하고 있으므로 참고하자.

**둘째, 교과용 도서다.** 교과서는 성취기준 도달을 위해 '잘' 만들어진 자료다. 그렇다면 왜 선생님들은 시간과 노력을 들여 교육과정을 재구성하는 걸까? 그것은 교육 공동체의 바람과 우리 반의 실태가 반영된 수업으로 살아있는 지식을 구성하기 위함이다. 교과용 도서에서 성취기준을 어떻게 풀어냈는지 알아보는 것으로 수업 설계의 아이디어를 얻을 수 있다.

**셋째, 관련된 도서다.** 학교 도서관의 장점은 아이들의 눈높이에 맞는 책이 많다는 것이다. 이 책들을 활용하면 교사가 학생 수준에 맞게 내용을 재구성하는 수고를 덜 수 있다. 도서관에서 성취기준의 키워드나 학습 요소로 자료검색을 하여 좋은 수업 자료를 찾아보자.

**넷째, 수업일기다.** SNS가 활성화되면서 수업일기를 인터넷에 올리는 선생님들이 늘고 있다. 성취기준을 포털사이트에서 검색해 다른 선생님은 이 성취기준을 어떻게 풀어 나갔는지 살펴보는 것도 도움이 될 것이다.

진영쌤의 마음튼튼 가이드

## 학습 내용을 만들고 배치하자

성취기준과 관련된 정보를 모았다면 이제는 그 내용을 바탕으로 지도서의 '차시별 학습 활동'와 같은 실제 학습할 내용을 만든다.

**첫째, 목표를 정한다.** 교육과정 재구성에 활용된 성취기준이 하나라면 그 자체가 단원 목표가 된다. 하지만 성취기준이 여러 개라면 전체 학습을 마쳤을 때 학생들이 보여야 할 구체적인 행동 등 성취기준에 도달했다고 판단할 수 있는 기준을 미리 마련해 놓아야 한다.

**둘째, 내용을 만든다.** 우리 반에 적합한 학습 내용을 만드는 단계다. 선택한 성취기준이 국어, 미술 등 여러 개라면 교과의 특성에 연연하기보다 단원 목표 달성을 위한 조화로운 학습 내용을 만드는 것이 바람직하다.

**셋째, 기승전결로 구성한다.** 탄탄한 시나리오가 있어야 재미있는 영화가 나오듯 학생의 마음을 사로잡아 재미있는 학습 활동을 하기 위해서도 마찬가지다. 그러므로 흥미로운 사실이나 이야깃거리를 던져 단원 전체에 대한 흥미를 불러일으키는 '기', 성취기준 도달에 필요한 기본 학습을 진행하는 '승', 지적 갈등을 최고조로 끌어올리는 '전', 인지적 갈등이 해결되며 모든 학생이 성취기준에 도달하는 '결'로 구성하는 것이 좋다.

**넷째, 성취기준을 재확인한다.** 교육과정 재구성 시 많이 하는 실수는 온전한 성취기준을 가르치지 않는 것이다. 예를 들어 '주민 참여를 통해 지역 문제를 해결하는 방안을 살펴보고, 지역 문제의 해결에 참여하는 태도를 기른다'라는 성취기준을 다룰 때 지역의 문제를 해결하는 방법만 가르치고 주민 참여는 생략하는 식이다. 이러면 성취기준에 도달했다고 할 수 없다. 학습 내용을 조직하고 단원으로 배치한 뒤 혹시 빠진 것은 없는지 재확인하여 모든 학생이 온전한 배움에 도달할 수 있도록 하자.

진영쌤의 마음튼튼 가이드

## 평가를 고민하자

교육과정 재구성의 마지막은 학생들이 성취기준이나 단원 목표에 도달했는지 판단할 수 있는 평가를 준비하는 것이다.

**첫째, 평가 시점을 정한다.** 교사의 평가는 학생 개개인의 성장을 돕는다는 점에서 매우 중요한 행위다. 전체적인 학습 내용을 바라보며 진단, 형성, 총괄 평가가 언제 투입되어야 하는지 살펴보자.

**둘째, 평가 방법을 선택한다.** 무엇을 조사할 때는 보고서, 어떤 기능을 익힐 때는 실습과 같이 수업 장면에 따라 어울리는 평가 방법이 존재한다. 수업의 평가 방법이 고민이라면 수업 장면을 상상해 보자.

**셋째, 평가도구를 제작한다.** 성취기준 도달 정도를 확인하는 평가도구는 필요에 맞게 직접 제작할 수 있고 장학자료를 참고해 재구성할 수도 있다.

**넷째, 피드백을 제공한다.** 피드백을 평가의 꽃이라 부른다. 수준을 파악한 후 거름과 같은 조언을 줌으로써 배움의 꽃이 활짝 필 수 있게 돕기 때문이다. 보통 '상' 수준에는 더 발전할 수 있는 과제를, '중' 수준에는 한 발짝 나아갈 수 있는 조언을, '하' 수준에는 배움을 방해하는 요인을 파악하여 문제를 해결할 수 있는 구체적인 피드백을 주는 것이 바람직하다.

### 마치며

이제 한 가지만 남았다. 실천하자! 열심히 만든 나만의 교육과정으로 수업에 날개를 달아 보자.

온라인 학급운영 꿀팁

## 학생들과 함께 교육과정 재구성하기

→ 프로젝트나 주제 중심 수업의 주제는 학생들과 의견을 나누고 정하는 것이 가장 효과적이다. 생각의 확장 도구인 마인드맵으로 소통하며 주제를 정해 보자.

**step 1 마인드마이스터에 접속한다.**

포털사이트에 '마인드마이스터'(https://www.mindmeister.com)를 검색하여 접속한 뒤 구글 계정으로 로그인한다.

**step 2 템플릿을 만든다.**

상단에 있는 +를 눌러 새로운 템플릿을 만든다.

**step 3 템플릿을 공유하고 마인드맵을 작성한다.**

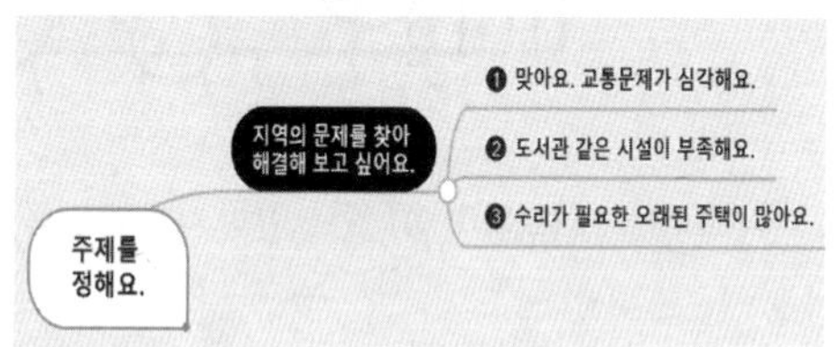


하단의 '공유' 탭에 있는 '공유 링크'에 체크하여 링크를 복사한 후 온라인 교실 게시판에 올려 학생들과 함께 마인드맵을 작성한다.

**step 4 투표를 통해 주제를 확정한다.**

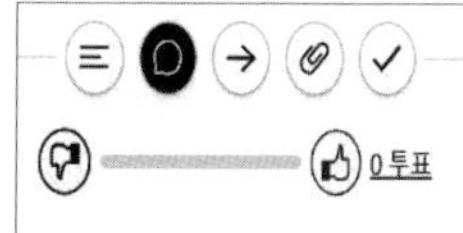


학생들의 의견이 충분히 모였다면 우측의 투표 기능으로 주제를 확정한다. 이때 투표의 이유를 댓글로 달게 하는 것이 좋다.

# 교실 환경판 꾸미기

**감격한 선생님**

3월 18일 ▼

환경판 정리가 드디어 끝났다. 아이들이 직접 만든 타이틀과 내용물을 보고 있자니 괜스레 뿌듯함이 밀려온다. 한 주 동안 고생한 나와 우리 반 모두를 칭찬해~^^

**#고마워 #너희들이 아니었으면 혼자 힘들었을 거야**

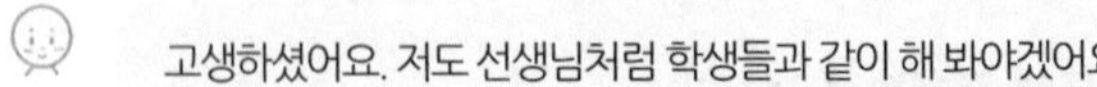


환경판을 평가의 장으로 활용하는 선생님을 본 적이 있어요. 학생 작품도 자주 바뀌고 결과도 누적되고 정말 좋던데요.

학부모 상담 주간을 앞둔 교실은 정신없이 바쁘다. 그 와중에 텅 빈 환경판을 보니 마치 민낯 같아 보여 주기 부끄럽다는 생각이 든다. 학생들의 활용성은 높이고 교사의 부담은 낮추면서 환경판을 정리할 수 있는 방법이 있다면 얼마나 좋을까?

진영쌤의 마음튼튼 가이드

## 학생들과 함께하자

환경판의 주인은 누구일까? 배움의 흔적을 친구들과 공유한다는 점에서 학생이라 하겠다. 그런데 이상하게도 그 짐을 교사 혼자 지고 끙끙 앓는 경우를 종종 보곤 한다. 혼자 고민하고 고생하던 과거는 이제 잊어버리자. 대신 실제 사용자인 학생들과 함께 환경판을 만드는 방법을 찾아보자.

**첫째, 제목을 정한다.** 환경판의 제목은 우리 반의 목표와 추구하는 방향이 온전히 담겨야 한다. 그래야 비로소 제 기능을 해낼 수 있다는 것이 나의 생각이다. 이처럼 중요한 것을 선생님 혼자 고민하는 것보다는 당선자에게 상품을 주는 공모전을 개최하는 것은 어떨까? 이로써 학생들의 주인의식도 함양할 수 있을 것이다.

**둘째, 제목을 만든다.** 제목을 만들 때는 꼭 거창하거나 아름다울 필요는 없다. 글자 테두리를 인쇄해 아이들과 함께 색을 칠해도 좋고, 그냥 예쁜 글자를 프린트해도 된다. 중요한 것은 정체성이다.

**셋째, 상태를 확인한다.** 새 교실에 가 보면 환경판의 상태는 천차만별이다. 구멍 없이 깨끗한 것도 있지만, 테이프 흔적이 덕지덕지 남아 있는 엉망인 것도 있다. 만약 내 상황이 후자라면 흔적을 일일이 지우기보다는 전체를 덮을 수 있는 현수막을 구매하여 활용할 것을 추천한다. 제목과 어울리는 색깔이나 그림이 있는 현수막이라면 금상첨화다.

**넷째, 활용 계획을 세운다.** 환경판을 어떻게 활용할지 의견을 나눈다. 이때 중요한 것은 다양한 아이디어의 발산이다. 브레인스토밍 같은 창의적 사고기법의 활용은 우리 반만의 특색이 가득한 환경판을 만들어 줄 것이다.

**다섯째, 영역별 소모임을 만든다.** 환경판 활용 계획에 따라 이를 담당할 소모임을 만들어 계획의 실행을 준비한다. 해당 영역에 들어갈 내용, 디자인, 꾸미는 데 필요한 물품 등 구체적인 내용을 충분히 의논해야 한다.

**여섯째, 물품을 구매한다.** 각 소모임에서 필요로 하는 물품을 살 때 학습준비물 구매를 위한 예산을 쓰면 안 된다. 이는 수업에 필요한 준비물을 학교가 대신 구매하여 학부모의 경제적, 심리적, 시간적 부담을 줄이기 위한 목적의 예산이기 때문이다. 단 환경판 구성이 교육과정의 일부로 진행된다면 이 예산을 사용해도 무방하다.

**일곱째, 마무리한다.** 이제 남은 것은 협력하여 환경판을 마무리하는 것이다. 교사는 소모임별 진행 상황과 전체적인 어울림을 점검하여 환경판이

일체감을 가질 수 있도록 한다.

## 진영쌤의 마음튼튼 가이드 교육의 장으로 활용하자

환경판을 꼭 학생들에게 내주어야 하는 것은 아니다. 교육적 의도를 가지고 교사가 직접 구성하는 것도 괜찮다. 생활지도를 위한 환경판, 혹은 학습 결과물 공유와 평가라는 목적에 충실한 환경판은 어떨까?

**첫째, 생활지도의 장으로 활용한다.** 환경판은 필요에 따라 영역을 나눌 수 있다. 그러나 대개 공지사항, 학습 결과물 공유, 생활지도 영역으로 구성된다. 생활지도 영역을 어떻게 채울지가 고민이라면 올바른 감정표현을 돕는 '감정 그래프'[4]를 활용하는 것을 추천한다. 활용법은 다음과 같다.

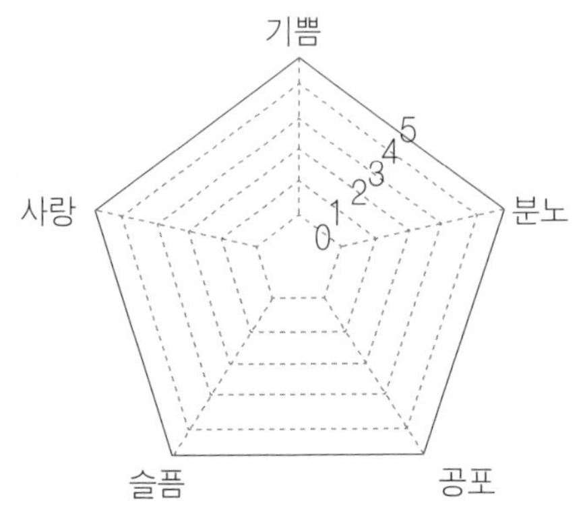


감정 그래프

① 현재의 감정을 들여다본다.
② 다섯 가지 감정에 비추어 0점부터 5점까지 점수를 매긴다.
③ 해당하는 점수에 고무줄을 걸어 5개의 감정을 연결한다.
④ 친구들의 감정 그래프를 살펴본다.
⑤ 도움이 필요한 친구에게 찾

아가 이야기를 들어 주면서 올바른 감정표현을 돕는다.

**둘째, 과정 중심 평가의 장으로 활용한다.** 과정 중심 평가가 강조됨에 따라 포트폴리오가 중요해지고 있다. 그러나 교사는 쏟아져 나오는 결과물이 반갑지만은 않다. 모두 가지고 있자니 공간이 부족하고 학생에게 직접 보관하게 하자니 잃어버리기 일쑤다. 이런 난관에 봉착한 선생님이라면 메모홀더 등의 도구를 활용하여 학습 내용 공유는 물론 결과물 누적 관리까지 함께 해 보자. 다음은 도구 선택을 위한 정보다.

메모홀더는 가격이 저렴하고 가벼우나 양면테이프를 사용하기에 제거 시 자국이 남을 수 있다. 학교에서 쉽게 구할 수 있는 종이 파일은 결과물에 매번 구멍을 뚫어야 하므로 번거롭다. 클리어 파일의 투명 속지는 가시성은 높으나 들어가는 종이의 수가 한정적이기에 많은 양을 한꺼번에 보관하기가 어렵다. 클립보드는 다른 것들에 비해 깔끔하지만 가격대가 높아 부담스럽다.

### 마치며

우리를 고민에 빠뜨리곤 하는 환경판 구성에 대해 알아보았다. 간혹 예쁜 디자인을 위해 야근을 불사하며 스트레스를 받는 교사를 보곤 한다. 정신없이 바쁜 학기 초, 정말 중요한 것이 무엇인지 다시 생각해 보자.

# 온라인으로 사진 관리하기

→ 환경판 꾸미기에 열심인 아이들의 모습을 사진으로 남겨 온라인 교실에 공유함으로써 몰입과 협동의 아름다움을 느끼도록 하자.

**step 1 구글 포토를 설치한다.**

스마트 기기에 '구글 포토'를 설치한다.

**step 2 앨범을 만든다.**

온라인 교실에 올릴 사진들을 선택하여 앨범을 만든다. 'ㅇ년 ㅇ학년 ㅇ반' 같은 제목을 설정하고, 1년 동안의 사진을 체계적으로 관리한다.

※ '구글 포토'의 사진으로 영상을 만들고 싶다면 '12월 4주' 편을 참고하자.

**step 3 설정한다.**

'옵션' 탭에서 '공동작업'을 선택하여 학생들도 사진이나 영상을 앨범에 추가할 수 있도록 한다. '댓글 및 좋아요 표시'도 선택할 수 있다.

**step 4 공유한다.**

'공유' 탭에서 복사한 링크를 온라인 교실 게시판에 올려 앨범을 아이들과 공유한다. 공유된 사진을 살펴보며 댓글을 달도록 안내한다.

# 학부모 상담하기

**분주한 선생님**

3월 21일 ▼

학부모 상담 주간이다. 월요일 하루 상담을 마쳤을 뿐인데 벌써 힘이 쭉 빠졌다. 베테랑 선생님답게 1년 계획을 멋지게 설명하고 싶었지만 그러지 못해 속상할 뿐이다. 다른 선생님들은 학부모 상담을 어떻게 하고 계실까?

**#힘들다 #목 아파 #정신없어**

저도 매일매일 대여섯 분의 학부모님과 만나 이야기를 나누고 있답니다. 가장 힘든 게 시간 관리던데, 선생님은 어떻게 하고 계시나요?

저는 미리 질문을 만들어 상담에 들어갑니다. 이러니 조금은 수월해지는 것 같아요.

학부모 상담은 어렵다. 학부모를 마주하기만 하면 무슨 말을 해야 할지, 대화를 어떻게 이끌어 갈지 막막하다. 게다가 더 큰 문제는 상담 시간이 매우 짧다는 것이다. 매일 두 시간 남짓의 상담 시간을 효율적으로 사용하는 방법을 찾아 상담의 달인이 되어 보자.

## 진영쌤의 마음튼튼 가이드 단단히 준비하자

무슨 일을 할 때 원하는 결과를 이루기 위해서는 준비가 필요하다. 학부모 상담도 마찬가지다. 무엇에 대해 이야기 나눌 것인지 철저히 준비해야 매끄러운 상담을 이어 나갈 수 있다. 성공적인 상담의 밑거름이 될 네 가지 준비는 다음과 같다.

**첫째, 설문을 배부한다.** 학부모 상담의 첫걸음은 설문 배부다. 학교 차원의 설문은 대개 상담 여부와 시간을 묻는 데 그치므로 별도의 설문지를 만들어 배부하는 편이 이야깃거리를 만드는 데 유리하다. 설문에 들어가야 할 내용은 무엇일까?

먼저 상담을 원하는지 묻는다. 이때 신경 써야 할 것은 상담을 하고 싶어도 시간을 내기 어려운 학부모들이다. 학기 초 상담은 교사가 자녀를 이해하는 데 도움이 되는 수단일 뿐 의무가 아님을 강조하여 일하는 학부모의 부담을 덜어 주는 것이 좋다. 그리고 상담할 수 있는 여러 방법을 제시한다. 학교에서 만나는 대면 상담 이외에 전화, 전자 우편, 문자 같은 다양한 소통 창구를 열어 놓음으로써 이런 학부모를 배려해야 한다. 다음은 희망하는 날짜와 시간을 묻는다. 상담을 신청받다 보면 선호하는 날짜와 시간이 겹쳐 조율이 필요한 상황이 생긴다. 이러한 경우를 대비하여 희망하는 날짜와 시간을 3차까지 받는 것이 좋다. 마지막으로 교사에게 궁금한 것이 있는지 묻는다. 낯선 사람끼리 대화를 주고받는 것은 정말 어색한 일이다. 특히 교사와 학부모 사이의 대화는 더욱더 그렇다. 사전에 학부모의 질문을 받아 놓으면 대화가 막혔을 때 유용하게 활용할 수 있으므로 꼭 포함시켜야 한다.

**둘째, 시간을 조율한다.** 학생 수가 많지 않다면 시간을 조율하는 데 그리 골치를 앓지 않아도 된다. 하지만 많다면 상담 주간은 며칠인지 신청한 학부모는 몇 명인지 꼼꼼히 확인해 일정을 조정해야 한다. 이 과정에서 시간이 변경된다면 반드시 안내해 혼란을 막아야 한다.

**셋째, 자료를 제작한다.** 학부모가 바쁜 시간을 쪼개 학교를 방문하는 이유는 한 가지다. 선생님을 보기 위함이다. 그러므로 선생님은 학부모에게 교육관을 소개하고 1년 동안 학생들과 어떤 활동을 할 것인지에 대한 정보를 제공함으로써 믿음을 주어야 한다. 그러나 짧은 상담 시간 동안 깊은 신뢰를 형성하기란 어려운 것이 사실이다. 그래서 나는 학급 경영관과 한 학기의 계획 등이 담긴 자료를 활용한다. 학급 경영관은 아이들을 대할 때 가장 중요하게 생각하는 원칙으로 나의 교직 생활의 지표다. 그리고 학교 행사나 체험학습 일정도 담는다. 마지막으로 체험학습 신청

방법과 같이 학부모가 자주 질문하는 것들을 포함한다. 이로써 매번 대답해야 하는 수고를 덜 수 있다.

**넷째, 학생을 살핀다.** 상담 시 학생에 대한 선부른 '아는 체'는 매우 위험하다. 사실이 아닌 경우 오히려 자신의 자녀에게 관심이 없다는 인상을 남겨 불신으로 연결될 수 있기 때문이다. 상담 당일 하루 동안 누구와 친한지, 어떤 과목을 좋아하는지 유심히 관찰함으로써 이러한 불상사를 막아야 한다.

진영쌤의 마음튼튼 가이드

## 절차에 따라 상담을 진행하자

성공적인 학부모 상담을 위해서는 나만의 절차를 마련해 놓는 것이 좋다. 흐름이 정해져 있으면 막막함이 줄어들어 긴장감 역시 낮아지기 때문에 상담 내용이 깊어질 수 있다. 상담의 절차는 다음과 같다.

**첫째, 상담 책상을 배치한다.** 아무리 친한 사이라도 마주 앉아 오랫동안 이야기하는 것은 부담스러운 일이다. 상담에 앞서 책상 4개를 붙여 입 구자(口) 형으로 배치하는 것을 추천한다. 자연스러운 시선 처리가 가능해 편안한 상담 분위기가 만들어질 수 있다.

**둘째, 밝은 인사로 다가간다.** 만나거나 헤어질 때 나누는 인사는 사람의 됨

됨이를 판단하는 데 큰 영향을 미치곤 한다. 학부모가 교실에 들어서면 반가운 표정으로 한 걸음 다가가 인사를 건네 보자. 그렇게 긍정적인 첫인상을 형성하면 원만한 상담이 가능해져 1년 동안 편안한 관계를 이어갈 수 있다.

**셋째, 자리로 안내한다.** 학부모 상담에 앞서 자녀의 자리로 안내하는 것도 괜찮다. 책상 서랍 속 정리 상태를 직접 확인하게 하면 자녀의 평소 학교생활 습관을 알 수 있기 때문이다.

**넷째, 자리에 앉는다.** 학부모가 자녀의 자리에 앉았다면 교사는 대각선 위치에 앉도록 하자. 너무 가깝지도 멀지도 않은 이런 자리 배치는 자연스러운 시선 처리와 심리적 안정에 도움이 되기 때문에 학부모의 마음의 문을 여는 비결이다.

**다섯째, 상담 시간과 내용을 간단히 소개한다.** 주어진 시간은 몇 분이고 어떤 이야기를 나눌 것인지 소개하는 구조화 단계다. 여기서 확실히 해야 할 것은 시간이 되면 상담이 종료된다는 사실을 인지시키는 것이다. 일단 한 사람의 시간이 연장되면 뒤에 기다리는 학부모는 모두 그만큼의 시간을 기다려야 하기 때문이다. 그러므로 타이머를 활용하는 것이 좋다.

**여섯째, 학급 경영관을 설명한다.** 한 학기의 생활이 담긴 자료를 바탕으로 본인의 학급 경영관을 설명한다.

**일곱째, 학부모의 질문을 받는다.** 학부모는 궁금한 게 많다. 고학년일수록 그렇다. 저학년은 하루의 일을 조잘조잘 이야기하지만 고학년은 그렇지 않기 때문이다. 학업, 교우관계, 학교생활과 관련된 학부모 질문에 답변하는 시간으로 선생님의 관찰 내용이나 심리검사 같은 객관적인 자료를 근거로 대답한다. 혹은 아이를 유심히 관찰했던 내용을 상세하게 설명하는 것도 좋다.

**여덟째, 선생님이 질문한다.** 1학기 상담의 목적은 말하기가 아닌 듣기다. 가정에서의 학습환경, 교우관계, 부족한 생활 습관 등에 대해 질문하고 귀 기울여 듣는 것이 기본이다.
가정에서 주로 누가 학습을 도와주는지, 학교에서 공부한 것을 복습하는지, 숙제는 주로 어떤 시간에 하는지, 책을 얼마나 가까이하는지 등을 질문하여 학습환경을 파악한다. 집에서 주로 어떤 친구에 관해 이야기하는지를 묻고 혹 이전에 학교폭력으로 힘들어한 적은 없는지 질문하여 교우관계도 확인한다. 가정에서 가장 지켜지지 않는 습관이 무엇인지 물어 생활지도의 자료로 삼는 것도 괜찮다.

**아홉째, 상담을 종료한다.** 상담이 끝날 즈음이 되면 교사는 많은 에너지를 쏟은 탓에 심리적으로 피곤을 느낀다. 그렇다고 상담의 마무리를 대충해서는 안 된다. 시간을 내어 학교를 방문한 것에 대해 고마운 마음을 전하고 웃는 얼굴로 인사한다.

**열째, 상담 내용을 정리한다.** 학부모와 나눈 이야기는 추후 학생과 상담 시 유용한 정보가 될 수 있으므로 교무일지나 교육행정정보시스템 상담 탭에 최대한 자세히 작성한다. 단 개인정보에 해당하므로 비밀을 유지해야 한다.

## 마치며

학부모 상담을 어려워하는 선생님들이 많다. 그러나 이 자리는 1년 동안 함께할 학생에 대해 정보를 얻을 수 있는 소중한 기회다. 괜스레 움츠리기보다 적극적으로 임하여 학부모에게는 자녀교육에 대해 이해할 기회를 주고, 아이들에게는 믿음을 주는 선생님이 되자.

## 온라인 학급운영 꿀팁

# 상담 일정 관리하기

→ 학부모 상담 일정 조율에 골머리를 앓고 있다면 구글 스프레드시트를 활용한 선착순제를 활용하자.

**step 1 구글 스프레드시트에 접속한다.**

'구글 스프레드시트'를 검색해 구글 계정으로 로그인한다.

**step 2 스프레드시트를 만든다.**

상단의 +를 눌러 새 스프레드시트를 만든 뒤 제목, 날짜, 시간, 신청자를 입력한다. 이때 미리 빈칸에 적도록 안내하여 먼저 신청한 사람의 이름이 지워지지 않도록 한다.

| 1학기 학부모 상담 신청 | | |
|---|---|---|
| 날짜 | 시간 | 신청자(학생 이름) |
| 3월 21일 | 14:40~15:00 | |
| | 15:00~15:20 | |
| | 15:20~15:40 | |
| ※ 선착순이므로 빈칸에만 입력해주시기 바랍니다. | | |

**step 3 학부모에게 공유한다.**

'공유' 탭의 '링크 보기'를 누른 후 '제한됨' 설정을 '링크가 있는 모든 사용자에게 공개'로, '뷰어' 설정을 '편집자'로 변경한다. '링크 복사'를 눌러 학부모와 공유한다.

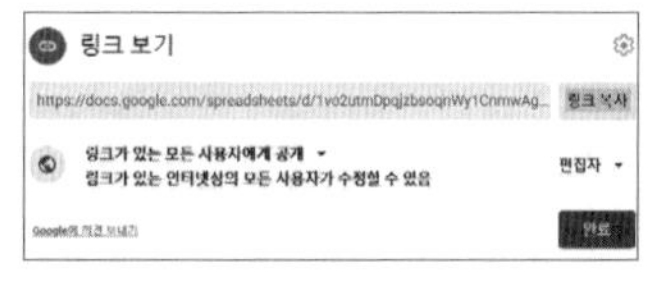


**step 4 안내한다.**

최종적으로 확정된 상담 일시를 온라인 교실 게시판에 올린다.

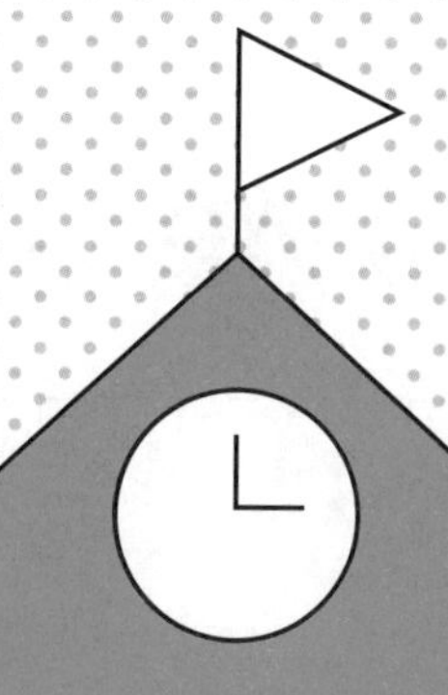

# 4월

## 아이들의 텐션을 높인다

정신없는 3월이 지나고 꽃피는 4월이 다가왔다. 정신없는 것은 여전한데 마음이 들뜨고 나른한 것을 보면 봄이 온 것이 확실하다. 모든 것이 아름답게만 보이는 4월, 그 아름다움을 교실에서도 느껴 보자.

# 신념을 가진 교사 되기

고민에 빠진 선생님
4월 5일 ▼

꽃피는 4월, '신념을 가진 교사가 꽃보다 아름답다'는 한 선배의 말이 떠올랐다. 나는 아이들에게 어떤 선생님일까?

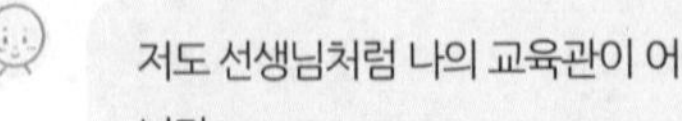


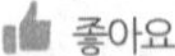

저도 선생님처럼 나의 교육관이 어디를 향하고 있는지 생각해 봐야겠습니다.

신념을 가질 때 가장 아름답다는 선생님의 말에 공감합니다. 봄꽃처럼 아름다운 선생님의 고민을 응원합니다.

4월 초가 되면 여기저기서 꽃망울이 터지기 시작한다. 활짝 핀 봄꽃이 아름다운 것은 예쁘고 고운 생김새 때문만은 아니다. 겨울이라는 힘든 시기를 잘 참고 견뎠기에 더욱 아름다워 보이는 것이다. 교사에게도 힘든 시기는 존재한다. 특히 새 학년을 준비하는 2월과 새 학생들을 맞이하는 3월이 그렇다.

그래서일까? 지난 두 달 동안 느낀 감정들을 떠올려 보면 대부분 부정적인 감정이다. 이런 선생님에게 필요한 것은 어떠한 어려움에도 흔들리지 않을 굳은 마음, 즉 신념이다. 꽃피는 4월 한 달 동안 자신의 교육관에 대해 생각해 보고 신념을 가진 아름다운 교사가 되자.

## 진영쌤의 마음튼튼 가이드 신념을 가진 교사가 되자

이제까지 만난 은사 중 가장 기억에 남는 분은 누구인가? 교육개발원 설문에 따르면 현직 교사들 대부분은 '신념을 가진 교사'를 이상적인 교사로 뽑았다고 한다.[5, 6] 뚜렷한 교육관을 가지고 수업과 학생지도에 임하는 교사를 멋지다고 생각하는 것이다. 아이들의 마음속에 평생 기억에 남는 선생님이 되고 싶다면 가장 먼저 교육자로서의 '신념'을 가져야 한다.

**첫째, 나의 현재 위치를 확인한다.** 다음 8개의 척도는 로이드Lloyd[7]와 듀이Dewey[8]가 제시한 '교육은 무엇인가?', '학교는 무엇을 위해 존재하는가?', '수업 중 교사는 어떤 역할을 해야 하는가?'를 바탕으로 제작한 문항이다. 각각의 척도를 살펴보며 현재 나의 점수를 매겨 보자.

| 전통주의 교육관 | 점수 | | | | | 진보주의 교육관 |
|---|---|---|---|---|---|---|
| | 1 | 2 | 3 | 4 | 5 | |
| 학교는 지식을 가르치는 곳이다. | | | | | | 학교는 삶을 살아가는 지혜를 가르치는 곳이다. |
| 지식은 주어지는 것이다. | | | | | | 지식은 만들어 가는 것이다. |
| 교과서를 가르친다. | | | | | | 교육과정을 가르친다. |
| 강의식 교육이 편하다. | | | | | | 협동학습을 사용한다. |
| 교사는 왕이다. | | | | | | 교사는 친구다. |
| 질서가 중요하다. | | | | | | 즐거움이 우선이다. |
| 억압적 분위기가 편하다. | | | | | | 자유로운 분위기가 좋다. |
| 보편적인 것을 선호한다. | | | | | | 개성이 중요하다. |

**둘째, 나의 경향성을 파악한다.** 대다수 척도가 1, 2점에 머물러 있다면 당신은 전통주의 교육관을 갖고 있을 확률이 높다. 지식 전수를 목적으로 하는 '전통주의'는 선생님은 불변의 진리를 아는 존재이기에 존중받아야 하며 학생들은 선생님의 말씀에 복종해야 한다고 여긴다. 이에 엄격한 규칙을 적용하고 질서를 강조한다. 반면에 '진보주의'는 교육은 준비가 아닌 현실 그 자체이기에 학습자의 흥미와 자발성을 강조하고 학생의 행복을 소중하게 여긴다.

**셋째, 교육관을 선택한다.** 과거 교육의 주된 흐름은 '답은 정해져 있고 넌 대답만 하면 돼' 식의 '전통주의'였다. 그러나 절대적이고 영원한 것은 없는 법! 지식은 주입하는 것이 아니라 맥락 속에서 얻는다는 구성주의가 힘을 얻게 되면서 '답정너' 식 전통주의에서 때에 따라 달라지는 '케바케(case by case)' 식 진보주의로 교육의 페러다임이 바뀐 것이다. 그 결과 교육의 주도권은 자연스럽게 학생으로 이동했다. 이러한 '진보주의' 교육의 흐름은 현행 교육과정에도 고스란히 반영되어 있다. 학습의 결과뿐만 아니라 과정까지를 고려해야 한다는 평가관과 능동적으로 학습에 참여함으로써 쓸모있는 지식을 구성해야 한다는 수업관이 그 예다.

이제 선생님은 선택해야 한다. 과거의 전통주의를 고수할 것인지 아니면 다양한 경험과 자료를 학습자에게 제공함으로써 가치 있는 지식을 구성하도록 도울 것인지를 말이다. 학생 중심의 진보주의 교육관으로 선생님의 발걸음을 한 걸음 옮겨 보자. 학생들에게 열 걸음 이상의 영향을 미칠 것이다.

**넷째, 나만의 교육관을 정립한다.** 현행 교육과정이 표방하는 '진보주의' 교육관으로 마음을 굳혔다면 이제는 나만의 교육관을 정립할 때다. 여러 가지 질문에 신중히 대답하며 나의 교육관을 정리하자. 혹 답변이 어렵다면 학창시절의 은사님이나 주변에 롤모델로 삼고 싶었던 선생님을 떠올려 보자.

| 구분 | 질문 |
| --- | --- |
| 교육철학 | 교육이란 무엇인가?<br>교육의 본질적인 목적은 무엇인가? |
| 학교관 | 학교는 무엇을 해야 하는가?<br>학교의 주인은 누구인가? |

| | |
|---|---|
| **교사관** | 교사의 역할은 무엇인가?<br>어떤 교사가 되고 싶은가? |
| **학생관** | 학생은 어떤 존재인가? |
| **지식관** | 쓸모 있는 지식이란 무엇인가? |
| **수업관** | 내가 추구하는 수업은 무엇인가? |
| **평가관** | 평가는 왜 필요한가? |
| **학부모관** | 학부모는 어떤 존재인가? |

## 마치며

강릉원주대 연구팀에 따르면 앙상한 가지보다 봄꽃을 보았을 때 더 긍정적인 감정을 느끼며, 그 꽃의 색이 하얄수록 긴장은 완화되고 안정감이 높아진다고 한다. 그 힘든 3월을 잘 버텨 내고 교육자로서 가져야 할 신념과 자세에 대해 열심히 고민한 선생님이라면 이제 봄꽃을 즐길 자격이 충분하다.

온라인 학급운영 꿀팁

## 학생들이 원하는 선생님 알기

→ 학생들이 원하는 선생님은 어떤 모습일까? 학생들이 원하는 교사상을 알아 보면 교육관을 정립하는 데 도움이 될 수 있다.

**step 1 멘티미터에에 접속한다.**

'멘티미터'(https://www.mentimeter.com)에 접속, 구글 계정으로 로그인한다.

**step 2 슬라이드를 제작한다.**

'New presentation'을 눌러 'Type'에서 'Word Cloud'를 선택한다.

**step 3 질문 내용을 입력한다.**

'Your question'에 질문을 적은 뒤 'Entries per participant'에서 참여 횟수를 입력한다. 값이 클수록 학생들의 답변 횟수가 늘어난다.

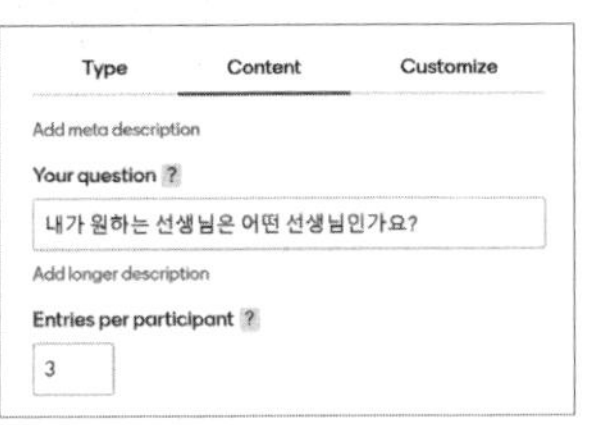


**step 4 링크를 공유한다.**

상단에 있는 'Share'를 클릭하여 링크를 확보해, 온라인 교실 게시판에 공유한다. 결과는 같은 답변이 많을수록 글자가 커진다.

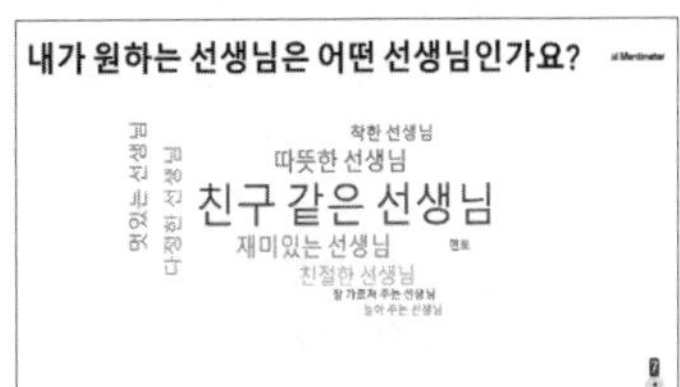

# 학교폭력 예방하기

**속상한 선생님**

4월 13일 ▼

엊그제 우리 반에서 학교폭력이 발생했다. 관계 형성에 최선을 다했다고 생각했는데 막상 사건이 발생하니 나는 어느새 무너져 버렸다. 마음을 다친 아이를 보듬어 주기는커녕 갈피를 잡지 못해 우왕좌왕하는 선생님을 보며 아이들은 얼마나 실망했을까. 나 자신에게 너무나 실망스럽다. 참 속상한 한 주다.

**#미안해 #속상해**

참 힘드셨겠어요. 저도 사건 사고를 달고 사는 6학년 담임교사라 남 일 같지 않네요. 매일매일 조용히 넘어가는 것이 제 목표랍니다. 같이 힘내요!

막상 사건이 벌어지면 머리가 하얘진다는 선생님들이 적지 않더라고요. 얼마 전 받은 학교폭력 매뉴얼을 다시 찬찬히 살펴봐야겠네요.

학교폭력 신고 및 상담을 담당하는 117센터에 따르면 학생들 간 다툼이 가장 많은 달이 4월이라고 한다. 서로에 대한 탐색이 끝난 이맘때 일어나는 서열 다툼 때문이다. 이런 일이 발생하면 교사는 참 마음이 아프다. 바쁜 3월에 학생들의 원만한 관계 형성을 위해 큰 노력을 기울였음에도 불구하고 불미스러운 일이 발생한 것에 대한 서운함과 죄책감 때문이다. 그렇다고 이런 감정을 그대로 드러낼 수도 없고 그 감정에 머물러 있을 수도 없다. 지금 이 순간 가장 힘든 건 당사자인 아이들이니 말이다. 학교폭력에 관한 한 최선의 해법은 예방이다. 학생들 간 다툼이 발생하는 이유와 대처 방법을 미리 알아봄으로써 교실의 평화를 지켜 내자.

진영쌤의
마음튼튼 가이드

## 미워하기보다 이해하자

어떤 문제에 대해 이리저리 궁리해 봐도 해결 방법이 나오지 않을 때 'No답'이라는 표현을 사용한다. 일종의 포기선언이다. 사실 문제를 일으키는 학생들과 함께하다 보면 'No답'만큼 교사의 심정을 잘 표현하는 단어도 없다. 하지만 포기할 수는 없다. 앞으로 함께할 날들이 많기에 그럴 순 없다. 유달리 문제행동에 취약한 그들, 왜 그런지 알아보며 'Know답' 해 보자.

**첫째, 실망감이다.** 초등학교 고학년이 되면 스스로 신체적 · 정신적으로 완성되었다고 생각한다. 하지만 이런 생각과 달리 어른들의 태도는 여전히 어린아이 취급이다. 이 때문에 아이들은 실망하게 되고, 그 실망감이 무례함, 공격적인 행동, 거짓말, 방황, 도둑질 등의 문제행동으로 연결되곤 하는 것이다. 어른을 향한 학생들의 반항은 권위에 대한 도전이자 반기다.

**둘째, 감정을 이해하지 못해서다.** 어른에게 실망한 아이들은 대부분 이런 속상함을 친구들에게 위로받고 싶어한다. 하지만 의도와 달리 때론 감정을 표현하는 방법이 서툴러 다툼과 갈등으로 이어지고, 그 결과 소중한 또래 관계에 문제가 생기기도 한다. 학교폭력, 따돌림 같은 문제행동은 서로의 감정을 이해하지 못해서 발생하는 현상이다.

**셋째, 전두엽의 가지치기 결과다.** 미국 국립정신건강연구소의 기드Giedd 박사는 청소년기 이성적인 판단과 감정조절에 관여하는 전두엽을 연구하던 중 흥미로운 한 가지 사실을 발견한다.[9] 바로 신경세포들의 집합체인 전두엽의 회백질에서 자주 활용하는 시냅스를 강화하는 한편 사용하지 않는 것은 잘라 버리는 가지치기가 일어난다는 것이다. 바로 이 때문에 이성적인 판단이라는 전두엽 본연의 업무에 빈틈이 생기게 되어 타인의 감정을 파악하거나 자신의 감정을 조절하는 데 어려움을 겪는 것이라는 얘기다. 학생들의 불안한 감정조절은 전두엽의 가지치기 때문이다.

**넷째, 전두엽과 편도체의 발달 차이다.** 불안한 감정의 이유는 편도체에서도 찾을 수 있다. 흔히 편도체를 공포의 뇌라 부른다. 두려움에 민감하게 반응하여 나를 지키기 때문이다. 한편 편도체의 발달 속도는 다른 뇌들을 능가한다. 이성적인 판단을 관장하는 전두엽이 20대 후반에 완성되는 것에 비해 편도체는 유아기에 폭발적으로 발달하여 청소년기에 이르면 완성된다. 그 결과 상대적으로 발달한 편도체가 더 활성화되어 자신과 타인에게 해가 되는 행동을 선택하게 되는 것이다. 학생들의 감정적이고 공격적인 표현은 전두엽과 변연계 내 편도체의 발달 차이[10]에서 발생하는 현상이다.

진영쌤의 마음튼튼 가이드

## 감정형 선생님이 되자

아이가 문제행동을 일으키면 선생님은 고민에 빠진다. 다시는 문제행동을 일으키지 않을 정도로 무섭게 호통을 칠 것인지, 그럴 만한 이유가 있을 거라 여기고 이야기를 들어 줄 것인지 말이다. 가장 좋은 방법은 무엇일까? 문제행동에 대처하는 네 가지 자세에 대해 살펴보며 어떤 선생님이 될지 생각해 보자.

**첫째, 하지마 형이다.** 나쁜 성격이나 잘못된 습관 때문에 문제행동이 발생한다고 여겨 훈계하는 유형으로 '학생은 이런 모습이어야지'라는 생각이 강하게 자리 잡고 있다. 그래서 자신이 생각한 기준에서 벗어나면 인정하지 않을뿐더러 권위에 대한 도전으로 생각해 불쾌하게 여긴다. 이 유형의 선생님을 만난 학생은 잦은 비난과 훈계로 인하여 스스로를 나쁜 사람으로 여기며 답답한 마음을 술, 담배 같은 강한 자극으로 달랠 가능성이 높다.

**둘째, 왜그래 형이다.** 학생들이 좋아하는 것들을 활용하여 부정적인 감정을 최대한 빨리 해소하려 노력하는 유형으로 언뜻 보기에는 웃음이 넘치고 화기애애하게 문제 상황에 대처한 것 같다. 하지만 내면의 갈등이 해결되지 않았기 때문에 또 다시 문제행동을 반복하게 된다. 왜그래 형 선생님과 함께한 학생은 화를 냈다가 금세 웃는 자신의 일관성 없는 모습에 혼란스러워하거나 자신감이 모자란 모습을 보이기도 한다.

**셋째, 무관심 형이다.** 문제행동을 성장의 과정에서 발생하는 자연스러운 현상으로 여기는 이 유형은 부정적인 감정을 어떻게 조절하고 표현해야 하는지조차 알려 주지 않는다. 이런 유형의 선생님을 만난 학생은 브레이크가 고장 난 자동차처럼 계속 질주하여 결국 가출, 학교폭력 등 자신과 타인에게 피해가 되는 행동을 일삼게 된다.

**넷째, 감정형이다.** 감정은 수용하되 감정으로 인한 행동에 스스로 한계를 정할 수 있도록 선도하는 유형이다. 이 유형의 선생님은 문제행동을 보인 학생에게 다가가 감정은 삶에 있어서 자연스러운 것이나 감정으로 인한 행동에는 한계가 필요하다는 사실을 알려 주어 올바른 감정표현 방식을 찾을 수 있도록 도와준다.

학생들에게 필요한 선생님은 누구일까? 바로 알아차렸을 테지만 바로 감정형 선생님이다.

감정형 선생님이 되기 위해서는 엄청난 노력이 필요하다. 나의 감정보다 아이들의 감정에 귀 기울여야 하고 넓은 마음으로 품어야 한다. 때로는 밑 빠진 독에 물 붓는 느낌이 들어 허탈할 때도 있을 것이다. 그래도 포기하면 안 된다. 왜냐하면 그들을 가장 잘 이해할 수 있는 사람도, 그들을 올바른 길로 인도할 사람도 결국 선생님이기 때문이다. 문제행동을 일삼는 아이들을 'No답'이라 여기기보다 한 걸음 가까이 다가가 올바른 감정표현의 길로 인도하는 것은 어떨까?

## 진영쌤의 마음튼튼 가이드 학교폭력이 발생하면 절차대로 행동하자

학교폭력이 발생하면 교사는 당황할 수밖에 없다. 자주 일어나는 일도 아닐뿐더러 우리 반에서 이런 일이 일어났다는 그 자체가 충격이기 때문이다. 그러나 지금 이 순간 가장 힘든 것은 피해를 당한 학생이다. 학교폭력 발생 시 다음과 같이 행동함으로써 2차 3차 피해를 막도록 하자. 교사가 흔들리면 추가 피해의 발생을 방관하게 될 수 있기에 교사는 중심을 잘 잡아야 한다. 만약 우리 반에서 학교폭력 사안이 발생했다면 지체 없이 교육부에서 발행한 『학교폭력 사안처리 가이드북』부터 찾아 절차대로 처리하도록 하자. 혹여 쉬쉬하거나 감싸기 식으로 일을 처리할 요량이라면 애초에 그만두는 것이 좋다. 이렇게 해결될 일도 아니거니와 나

중에 그에 따른 모든 결과를 홀로 감당해야 할 수도 있다. 지금 당장은 마음 아플지라도 매뉴얼대로 하는 것이 최선이라는 것을 잊지 말자. 학교폭력이 발생했을 때 담임교사가 해야 할 일의 순서는 다음과 같다.

**첫째, 학교폭력을 감지한다.** 학교폭력이 발생하면 학생들은 입을 다문다. 복잡한 일에 연루되기 싫은 까닭이다. 그러나 이로 인한 심적인 동요는 행동이나 말투에 드러나기 마련이다. 혹 평소와 다른 분위기나 수상한 움직임이 감지되거든 교실에서 학교폭력이 발생하지 않았는지 자세히 살피자.

**둘째, 학교폭력을 인지한다.** 감지와 인지의 차이는 신고자의 유무다. 학생 또는 학부모, 목격자 등의 신고로 학교폭력을 인지한 경우 다음과 같이 행동해야 한다.

먼저 학부모가 폭력의 징후를 알아채고 담임교사에게 신고하는 경우 학부모를 안심시키고 학교에서 절차대로 처리할 것이라는 믿음을 주어야 한다. 가해자로 의심되는 학생을 두둔하거나 편을 드는 행동은 신뢰를 잃을 수 있으므로 금한다.

피해 학생이 직접 신고했을 때는 신체적으로 심리적으로 다친 곳은 없는지 확인해야 한다. 만약 학교폭력이 지속해서 발생될 것이 염려되는 경우라면 피해 학생을 주변에 두고 보살핌으로 신변 위협에서 벗어날 수 있게 해 준다. 이때 가장 많이 하는 실수 중 하나는 가해 학생과 피해 학생을 대면시키는 것이다. 이는 피해 학생의 입을 막아 진실을 말할 수 없도록 위축시킬 가능성이 크므로 피해야 한다. 목격자가 신고한 경우라면 연락처를 확보하여 추후 조사 시 참고할 수 있도록 한다.

**셋째, 즉시 학교장에게 보고한다.** 「학교폭력예방법」 제20조 4항에 따르면 학교폭력을 인지한 담임교사는 곧바로 학교장에게 보고해야 한다. 이는 담임교사 혼자 원만히 해결하려고 머리를 싸매고 끙끙 앓지 말라는 의미이기도 하다. 담임교사가 혼자 해결할 수 있는 학교폭력 사안은 절대 없다는 사실을 잊지 말자. 절차대로 보고하는 것이 최고의 선택이다. 담임교사의 보고를 받은 학교장은 학교에 있는 전담기구 또는 담임교사를 통해 사실 여부를 확인하도록 해야 한다.

**넷째, 학부모에게 알린다.** 아이가 학교에 있는 시간에 걸려 오는 담임교사의 전화를 반기는 학부모는 없다. 반가운 소식보다는 아이가 다치거나 문제를 일으켰다는 가슴 철렁한 연락일 가능성이 높은 탓이다. 학부모에게 자녀가 학교폭력에 연루되었다는 사실은 아이가 가해자이든 피해자이든 그 자체로 실로 엄청난 충격이다. 그러므로 학부모에게 연락할 때는 절대 놀라지 않도록 흥분하지 말고 조곤조곤 상황을 설명하자. 아울러 피해 학생의 학부모에게는 이 상황을 절차대로 처리하고 있음을 강조하여 투명성을 확보해야 한다.

**다섯째, 전담기구의 조사에 응한다.** 학교폭력이 발생하면 학교장은 전담기구를 통해 가해·피해 정도를 파악한다. 이때 담임교사의 역할은 인지한 피해 및 가해 사실을 육하원칙에 따라 사실 그대로 교감, 전문상담교사, 보건교사 및 책임교사, 학부모 등으로 구성된 전담기구에 보고하는 것이다. 선생님의 역할은 여기까지다. 이후는 전담기구 및 교육지원청에 설치된 학교폭력대책심의위원회에서 처리한다.

### 마치며

학교폭력이 발생하면 교사 역시 마음에 상처를 입고 아파한다. 불미스러운 일이 발생한 것에 대한 죄책감과 미안함 때문이다. 그러나 선생님이 누구보다 아이들을 사랑했으며 그들의 마음을 헤아리기 위해 노력했다는 것은 변함없는 사실이다. 지나친 죄책감이나 괴로움으로 스스로를 너무 힘들게 하지는 말자.

온라인 학급운영 꿀팁

## 비밀 상담하기

→ 학급을 운영하다 보면 비밀 상담이 필요할 때가 있다. 안심하고 고민을 나눌 수 있는 비밀 상담법에 대해 알아보자.

**step 1 대화 창구를 만든다.**

교사와 대화를 나눌 수 있는 창구를 만든 뒤 학생들에게 안내한다. 단, 허위사실이나 장난으로 상담을 신청하지 않도록 지도한다.

온라인 교실의 비밀 게시판을 이용할 수도 있고 메신저를 활용할 수도 있다. 스마트폰 메신저 애플리케이션의 경우에는 교사의 개인정보인 휴대전화번호를 공개해야 하므로 신중히 판단해야 한다.

※ 온라인 Wee센터(www.wee.go.kr)에 고민상담을 신청할 수 있다.

**step 2 접수한다.**

상담이 접수되었다면 우선 아이를 안심시키자. 상담 내용이 외부에 공개되지 않음을 알려 속마음을 털어놓을 수 있도록 한다.

※ 성폭력 사안의 경우 당사자가 신고를 꺼릴지라도 사실을 안 이상 반드시 신고해야 한다.

**step 3 조치한다.**

학생을 괴롭히는 문제의 원인을 찾고 방법을 모색하여 고민을 해결한다. 전문가의 도움이 필요하다면 Wee센터에 도움을 요청한다.

# 재미있는 수업으로 춘곤증 날려 버리기

**나른한 선생님**
4월 20일 ▼

요새는 점심만 먹으면 나른해진다. 오후 수업에 꾸벅꾸벅 조는 아이들을 보며 눈꺼풀이 무거운 것은 나뿐만이 아님을 느낀다. 춘곤증이 장악한 우리 반, 어떻게 해야 할까?

**#아 졸려 #하품 #이기자 춘곤증**

좋아요  

우리 반도 꾸벅이가 늘어 걱정입니다. 나름대로 열심히 준비한 수업인데 조는 학생들을 보면 속상하지요.

얼마 전 '수업의 성공은 학생의 동기에 달려 있다'라는 글을 본 적이 있어요. 학생들의 의욕을 자극할 수 있는 수업만이 답인 것 같아요.

봄이 되면 찾아오는 불청객인 춘곤증을 반기는 사람은 드물다. 배움의 길로 안내해야 하는 교사의 입장에서는 더욱더 그렇다. 지난겨울을 잊지 못해 발생하는 부적응적 생체 리듬인 춘곤증으로부터 우리 반 아이들을 지킬 방법은 없을까?

## 진영쌤의 마음튼튼 가이드 재미있는 수업을 하자

인간을 끊임없이 요구하고 기대하는 존재로 바라본 매슬로Maslow는 인간의 모든 행동 이면에는 욕구를 충족시키고자 하는 동기가 존재한다고 믿었다. 지적 욕구를 충족시키고자 하는 동기가 일어날 때 비로소 책상에 앉는 것처럼 말이다. 그럼 어떻게 해야 아이들의 학습 동기를 자극할 수 있을까? 켈러Keller는 주의집중Attention, 관련성Relevance, 자신감Confidence, 만족감Satisfaction을 자극하면 된다고 말한다.[11] ARCS 모형을 통해 춘곤증이 파고들지 못할 정도로 아이들이 푹 빠질 수 있는 수업을 만드는 비법을 알아보자.

**첫째, 주의집중이다.** 우리는 주변에서 수많은 정보를 받아들이며 살아간다. 그중 하나를 선택해서 정신을 쏟는 것이 바로 집중이다. 집중, 즉 무엇에 몰두하는 것은 결코 쉬운 일이 아니다. 책을 읽고 있는 이 순간 들려오는 이런 저런 소음이 선생님의 정신을 흐트리는 것처럼 말이다. 이는 집중하는 것만큼이나 유지 역시 어렵다는 의미이다. 수업 중 집중력을 잃지 않을 수 있는 방법은 무엇일까?
바로 흥미를 끄는 것이다. 최근 일어난 사건이나 아이들이 좋아하는 연예인을 활용한 수업은 이목을 끌어 집중력을 높이는 데 효과적이다. 흥미를 끄는 데 성공했다면 다음으로 과제를 제시한다. 수업 중 도전 가능한 과제를 제시하거나 딜레마를 제공하여 고민하게 하면 학생의 호기심을 붙잡아 둘 수 있다. 또 다른 방법은 수업 방식에 변화를 주는 것이다. 기존의 수업 방식에서 벗어나 새로운 교육 방법, 예를 들어 학생이 중심되는 수업을 시도한다면 집중력을 유지할 수 있다.

**둘째, 관련성의 확보이다.** 학생의 주의를 집중시켰다면 이제는 공부하는 내용이 자신의 삶과 관련 있고 쓸모 있다고 여기게 하여 수업에 적극적으로 임하게 만들어야 한다. 학생들의 참여 욕구를 자극하는 방법들을 알아보자.
우선 학습의 목적을 분명히 하는 것이다. 현재 배우는 것이 현재는 물론 미래의 삶에도 도움이 될 것임을 강조하면 학생의 참여 욕구를 자극하여 학습의 실효성을 높일 수 있다. 그리고 익숙함으로 욕구를 자극하는 것도 좋은 방법이다. 누구에게나 낯섦은 불편하다. 익숙하지 않은 것을 배울 때도 마찬가지다. 이때 이미 알고 있는 것을 활용하는 지혜가 필요하다. 기존의 지식을 활용하여 새로운 것을 궁금하게 만듦으로써 지적 욕구를 일으키는 것이다.

**셋째, 자신감을 불어넣는다.** 가능과 불가능은 단 한 글자 차이지만 이를 대하는 태도는 정반대다. 전자는 할 수 있다는 자신감을 가지고 도전하며 노력을 쏟아붓지만, 후자는 쉽게 포기하고 주저앉아 버린다. 학습에도 가능과 불가능의 모습이 존재한다. 만약 무기력한 모습으로 수업 시간이 빨리 지나가기만을 기다리는 학생이 보인다면 다음과 같은 방법으로 자신감을 불어넣음으로써 공부 의지를 높여 보자.

먼저 성공을 경험하게 한다. 학습 중 맛보는 성공은 자신에 대한 믿음이 되어 무엇이든 할 수 있다는 자신감으로 발전한다. 이때 성공 경험을 위해서는 너무 어려운 과제를 피해야 한다. 그것은 오히려 자신감을 떨어뜨리는 요인이 된다.

자신을 믿도록 이끌어 주어야 한다. 성공의 원인을 쉬운 난이도나 운에서 찾는 아이들은 어떤 어려운 과제를 맞닥뜨리거나 실패했을 때 쉽게 포기하는 경향을 보인다. 그러므로 성공이나 실패 시 그 원인을 내부 즉 나의 노력이나 능력으로 돌리게 하여 자신에 대한 믿음을 갖도록 해야 한다. 그래야 오뚝이처럼 다시 일어날 수 있다.

다른 학생들과 목표와 과정을 공유한다. 수업은 어떤 것을 배우거나 익힌다는 목적 아래 교사가 치밀하게 짜놓은 계획에 참여한다는 점에서 의도가 명확한 행위다. 이런 계획이 제대로 실현되기 위해서는 목표와 과정을 함께 공부하는 이들과 나누는 것이 좋다. 함께 목표를 이루는 순간, 자신감은 배가 될 것이다.

**넷째, 만족감을 선물한다.** 만족은 묘한 중독성이 있어 한 번 경험하면 자꾸만 느끼고 싶게 만든다. 한 수업에 즐겁게 참여한 학생이 다음 수업에도 즐겁게 참여하여 뭔가를 성취해 내는 것도 같은 이치다. 만족감을 선사함으로써 춘곤증에서 벗어나는 방법은 두 가지다.

하나는 학습한 내용을 실천하게 하는 것이다. 학습 후 배운 내용을 적용할 기회를 제공함으로써 스스로 만족감을 느끼게 한다. 이는 아는 것에서 실행하는 것으로의 전환을 의미하기도 한다. 그 가운데 자신감과 성취감을 자연스레 느낄 수 있다.

나머지 하나는 칭찬과 격려로 치켜세우는 것이다. 성취한 것에 대한 칭찬과 격려를 아끼지 않음으로써 보람을 느끼게 한다. 외적 요인은 내적 요인에 비해 지속력이 짧으나 긍정적인 효과가 빨리 나타난다. 그러므로 둘 모두를 조화롭게 사용하는 것이 바람직하다.

진영쌤의 마음튼튼 가이드

## 전략적으로 접근하자

이 세상에서 가장 무거운 것은 눈꺼풀이라는 말이 있다. 이렇게 무거운 것을 들어올리기 위해서는 명확한 전략이 필요하다. 뇌과학에서 답을 얻어 보자.

**첫째, 체육 수업을 한다.** 움직임은 춘곤증을 날려 버리는 가장 효과적인 방법이다. 점심 식사 후 졸린 아이들을 가만히 의자에 앉아 무거운 눈꺼풀과 씨름하게 내버려 두지 말자. 만약 오전에 체육 수업이 배치되어 있다면 점심시간 이후로 옮겨 아이들의 몸과 마음에 활력을 불어넣자.

**둘째, 음악을 듣는다.** 음악을 들으며 쾌감을 느낀 경험을 모두 가지고 있을 것이다. 자토르Zatorre 연구팀은 유쾌한 음악을 들을 때 우리 뇌에서 벌어지는 일을 관찰하여 인간의 동기와 음악이 매우 밀접한 관계에 있음을 밝혀냈다.[12] 특히 신나는 음악을 들을 때 활성화되는 보상영역은 목적 지향적인 행동을 도와 학습력을 향상시킨다니 음악으로 오후 수업을 열어 보는 것도 좋겠다.

**셋째, 신청곡을 받는다.** 음악과 관련된 자토르의 재미난 연구가 한 가지 더 있다. 바로 기대하는 음악을 들었을 때 더 큰 쾌감이 느껴진다는 연구다.[13] 교실에 재활용할 수 있는 상자가 있다면 지금 당장 미술 시간을 활용하여 음악상자로 만들자. 그리고 신청곡과 사연을 넣어 두게 하자. 이후에 아이들이 졸림을 호소하거나 처져 있을 때 선생님이 디제이가 되어 음악상자에 손을 넣어 여러 개의 사연 중에서 하나를 뽑아 읽어 주고 음악을 들려주자. 친구들의 사연과 음악이 아이들의 춘곤증을 쫓아 줄 것이다.

위의 세 가지 전략은 사실 일시적인 효과를 노린 것이다. 보다 근본적인 해결책은 앞서 이야기한 재미있는 수업이라는 것을 잊지 말자.

### 마치며

이제까지 춘곤증을 날려 버리는 수업과 전략을 살펴보았다. 재미있는 수업은 쉽게 주어지지 않는다. 선생님의 고민이 흥미로운 수업을 만들고,

선생님의 노력이 아이들의 눈을 반짝반짝 빛나게 한다. 졸음과 싸워 이길 선생님의 교실을 기대한다.

온라인 학급운영 꿀팁

# 마인크래프트

→ 체험 중심의 수업이 강조됨에 따라 게임에 학습적 요소를 녹인 게이미피케이션gamification 콘텐츠가 늘고 있다. 마이크로소프트에서 개발한 '마인크래프트 에듀'도 그중 하나다. 게임으로 학습 동기와 재미를 모두 챙겨 보자.

**step 1 프로그램을 설치한다.**

마인크래프트 에듀케이션 사이트(https://education.minecraft.net)에 들어가 사용 중인 운영체제에 적합한 파일을 내려받아 설치한다.

**step 2 로그인한다.**

마인크래프트를 실행하고 '오피스 365' 아이디로 로그인한다.

※ 교육기관에서 근무 중인 교사와 학생에게 제공하고 있는 오피스 365 계정이 없다면 해당 사이트를 방문하여 발급받도록 한다.

**step 3 수업에 활용한다.**

학생은 플레이→라이브러리 보기→교과→학년순으로 들어가 콘텐츠를 활용한다.

※ 수업 전 콘텐츠 활용 방법을 고민하여 효율성을 높이자.

※ 서버를 만들어 반 아이들과 함께 월드를 구축할 수도 있다.

# 신나는 체육대회 준비하기

**열정이 넘치는 선생님**

4월 27일 ▼

5월 1일 체육대회를 앞두고 학년별 종목과 필요한 물품을 오늘까지 제출하라는 쪽지를 받았다. 교육과정과의 연계는 물론 재미까지 챙기고 싶은데, 어떤 종목이 좋을까?

**#체육대회 #교육과정 연계 #열광**

좋아요 댓글 달기 공유하기

우리 학교도 근로자의 날에 체육대회를 합니다. 올해는 전문업체를 부르기로 했어요. 재미있는 진행자가 와야 할 텐데 걱정입니다.

학생들이 준비하고 운영하는 체육대회를 준비하고 있습니다. 아이들이 꾸민 체육대회는 과연 어떤 모습일지 기대됩니다.

근로자의 날에 체육대회를 여는 학교가 많다. 축제의 장을 열어 학생들과 그 가족들에게 즐거움을 선사하려는 것이다. 5월의 시작을 알릴 체육대회를 알차게 준비해 교육 공동체를 열광하게 만들어 보자. 먼저 체육대회를 준비하는 방식에 대해 알아보자.

진영쌤의 마음튼튼 가이드

## 장단점을 따져 보자

체육대회를 준비하는 방식은 학교마다 다르다. 교사가 중심이 되기도 하고 학부모나 학생이 주체가 되어 준비하기도 한다. 각각의 운영 방법에는 장단점이 존재한다.

교사가 직접 준비하는 경우 학교 교육과정과 연계할 수 있어 수업의 연장선이 되는 반면 종목을 정하는 것부터 진행까지 모든 것을 선생님들이 해야 하기에 신경 써야 할 것이 많다. 서로서로 도와 준비하는 분위기라면 그나마 괜찮을 수 있다. 하지만 그런 문화가 아니라면 담당자 혼자 머리를 싸매고 고민하는 최악의 사태가 발생한다.

학부모나 학생이 체육대회를 운영할 경우에도 교사의 역할이 아주 없는 것은 아니다. 종목 선정부터 물품 구매까지 모든 것을 옆에서 도와야 하니, 사실 두 가지 모두 선생님의 수고가 필요하다.

최근에는 전문 행사 업체를 이용하기도 하는데 진행자의 역량에 따라 행사의 질이 하늘과 땅을 오가기에 유능한 진행자를 섭외하기 위해 다양한 업체에 연락하거나 동료 교사들에게 수소문하는 등의 노력이 필요하다.

하지만 직접 보지 않는 한 실력을 알 수 없으니 체육대회 당일까지 걱정은 계속될 수밖에 없다.

| 주최 | 운영 방법 | 장점 | 단점 |
|---|---|---|---|
| **교사** | 교사가 중심이 되어 체육대회를 준비하는 방법 | 체육대회를 교육과정과 연계하여 단순한 행사가 아닌 수업의 연장선으로 활용할 수 있다. | 교사의 노력과 에너지가 많이 필요하다. |
| **학부모** | 각 종목의 진행을 학부모가 맡는 방법 | 학부모를 학교 교육의 동반자로 끌어들일 수 있다. 모두가 즐기는 축제의 장이 된다. | 학부모가 진행한다고 해서 교사의 수고가 줄어드는 것은 아니다. |
| **학생** | 행사에 대한 아이디어 생산부터 진행까지 학생이 중심이 되는 방법 | 행사의 주인공인 학생들의 의견이 적극 반영되므로 자치 능력이 향상된다. | 교사가 어디까지 개입해야 하는지 혼란스럽다. |
| **행사 업체** | 준비, 진행, 마무리까지 업체에 맡기는 방법 | 교사들이 학생들과 함께 체육대회를 즐기며 관계를 돈독히 할 수 있다. | 비용이 많이 들고 진행자의 역량에 따라 행사의 질이 달라진다. |

이처럼 모든 방식의 장단점이 확실하기 때문에 교육과정 운영·점검 주간이 되면 다음 학년도 체육대회 운영 방식을 두고 열띤 논쟁이 벌어지곤 한다. 이때 피해야 할 것이 무작정 지난해를 답습하는 것이다. 지난해의 운영 방식을 되돌아보며 더 나은 방식을 선택하여 모두가 즐거운 체육대회를 열어 보자.

진영쌤의 마음튼튼 가이드

## 교육과정과 연계하자

지금부터는 교사가 중심이 되어 준비하는 체육대회의 경우, 선생님이 선택할 수 있는 교육과정 연계 종목들을 학년별로 소개하려 한다. 체육대회를 수업의 연장선으로 만드는 놀이다.

**첫째, 저학년을 위한 놀이다.** 통합교과 '봄'이 끝날 즈음인 4월 말, 5월 초가 되면 체육대회에서 활용할 수 있는 몇 가지 놀이를 만날 수 있다. 놀이 이름과 활동 방법은 다음과 같다.

### ● 판 뒤집기

〔관련교과〕 1학년 통합교과 '봄'
〔성취기준〕 여러 가지 놀이나 게임을 하면서 봄나들이를 즐긴다.
〔준비물〕 색종이, 콘, 팀 조끼

① 콘으로 경기장을 표시한 뒤 그 안에 색종이를 흩트려 놓는다.
② 두 모둠으로 나눈 뒤 팀을 구별할 수 있도록 조끼를 입는다.
③ 각 모둠을 대표하는 색을 정한다.
④ 시작과 동시에 자신 모둠의 색이 보이도록 색종이를 뒤집는다.
⑤ 정해진 시간이 끝나면 손을 떼고 제자리에 선다.
⑥ 모둠의 색이 가장 많이 보이는 모둠이 승리한다.

## ● 8자 놀이

〔관련교과〕 2학년 통합교과 '봄'
〔성취기준〕 봄의 모습과 느낌을 창의적으로 표현한다.
〔준비물〕 경기장

① 8자 모양의 경기장을 그린다.

② 두 모둠으로 나눈 뒤 술래를 정한다.

③ 참여자(첫 번째 모둠)와 술래(두 번째 모둠)는 경기장에 들어간다.

④ 8자 안에서만 돌아다니되 술래는 강을 건널 수 없음을 알린다.

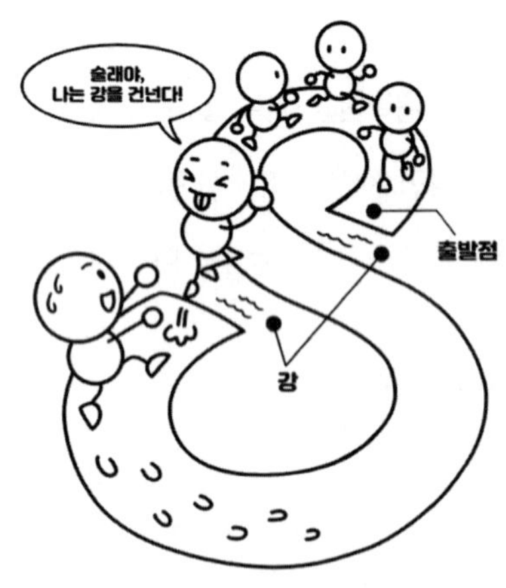


⑤ 술래는 하나부터 열까지 센 후 출발한다. 술래에게 잡히거나 금을 밟으면 아웃된다.

⑥ 정해진 시간이 지나면 참여자와 술래의 역할을 바꿔 다시 진행한다.

**둘째, 중학년을 위한 놀이다.** 3, 4학년 체육 교과에 제시된 놀이 중 규칙이 단순하고 여러 명이 참여 가능한 종목이 적당하다. 복잡한 규칙은 학생들을 혼란스럽게 만들고 긴 설명으로 놀이 시간을 빼앗을 뿐이다.

### ● 줄넘기 이어달리기

〔관련교과〕 3학년 체육
〔성취기준〕 다양한 운동 수행을 통해 체력의 향상과 건강한 생활을 경험한다.
〔준비물〕 콘, 줄넘기, 팀 조끼

① 콘으로 코스를 표시한 뒤 삼등분한다.

② 각 영역에 어울리는 줄넘기 임무를 정한다.

③ 줄넘기를 각 코스 시작 지점에 둔다.

④ 두 모둠으로 나눈 뒤 팀 조끼를 입는다.

⑤ 각 모둠 내에서 4인 1조를 편성한다.

⑥ 신호에 맞춰 각 모둠의 첫 번째 조부터 출발한다.

⑦ 4명이 이어 달린다.

⑧ 먼저 결승선에 도착한 모둠이 승리한다.

### ● 인간 농구

〔관련교과〕 4학년 체육
〔성취기준〕 공동의 목표 달성을 위해 협동의 필요성을 알고 팀원과 협력하며 게임을 수행한다.
〔준비물〕 팀 조끼

① 두 모둠으로 나눈 뒤 팀 조끼를 입는다.

② 각 모둠별로 공격과 수비, 골대의 역할을 할 사람을 선정한다.

③ 골대로 선정된 다섯 명은 손을 마주 잡아 원형을 만든다.

④ 골대가 움직일 수 있는 영역을 표시한다. 골대는 그 영역을 벗어날 수 없다.

⑤ 공격과 수비가 이루어지는 영역을 표시한다. 인간 골대와 마찬가지로 공격과 수비도 이 영역을 벗어날 수 없다.

⑥ 심판의 신호에 맞춰 놀이를 시작한다.

⑦ 정해진 시간 동안 가장 많이 득점한 모둠이 승리한다.

**셋째, 고학년을 위한 놀이다.** 고학년은 유연성과 순발력을 기를 수 있는 놀이로 선정했다. 교육과정과 연계된 체육대회로 학생건강 체력평가(PAPS)를 준비하는 것도 괜찮다.

### ● 공 옮기기

〔관련교과〕 5학년 체육
〔성취기준〕 신체 활동 참여를 통해 부족했던 체력의 향상을 체험함으로써 타인과 다른 자신의 신체적 기량과 특성을 긍정적으로 수용한다.
〔준비물〕 팀 조끼, 공

① 두 모둠으로 나눈 뒤 팀 조끼를 입는다.

② 각 모둠을 한 줄로 세운 후 가장 앞에 있는 사람에게 공을 준다.

③ 시작 신호와 함께 몸을 뒤로 젖혀 뒷사람에게 공을 전달한다.

④ 마지막 사람은 나란히 서 있는 아이들의 가랑이 사이로 공을 굴려 맨 앞 사람에게 되돌려 보낸다.

⑤ 맨 앞의 사람은 몸을 ㄱ자로 만들어 가랑이 사이로 오는 공을 받는다.

⑥ 가장 빨리 공이 돌아오는 모둠이 승리한다.

## ● 전략 줄다리기

〔관련교과〕 6학년 체육

〔성취기준〕 운동 능력을 향상시키기 위한 체력 운동을 선택하고 자신의 수준에 맞는 운동 계획을 세워 실천한다.

〔준비물〕 줄

① 두 모둠으로 나눈 뒤 4인 1조로 편성한다.

② 경기장 가운데 2미터 정도 되는 줄 3개를 떨어뜨려 놓는다.

③ 양편에 출발선을 표시한다. 이때 각 조의 거리는 같아야 한다.

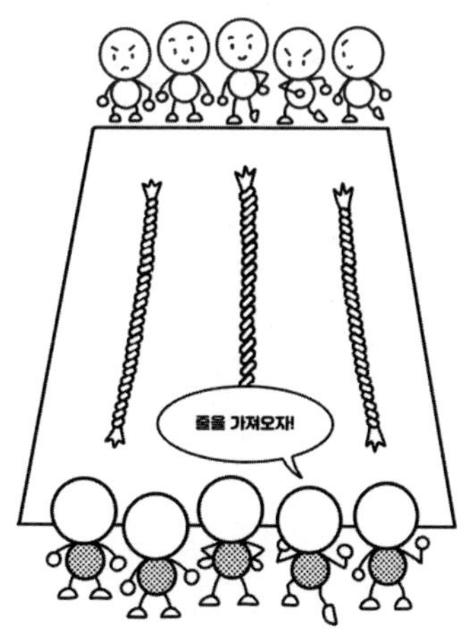

④ 출발하기 전에 각 조는 어떤 줄을 가지고 올 것인지 마음속으로 정한다.

⑤ 신호에 맞춰 재빨리 달려가 줄을 가지고 온다. 단 출발점으로 가지고 온 줄은 빼앗을 수 없다.

⑥ 더 많은 줄을 가지고 오는 모둠이 승리한다.

### 마치며

한때 체육대회가 일제의 잔재라는 이야기도 있었다. 하지만 사실이 아니다. 체육대회는 대한제국 때부터 시행된 주체적인 행사이자 민족 협력의 장이었다. 그래서 일본은 체육대회를 폐지했다가 1910년 식민교육을 위해 부활시켜 우리 민족의 협력 정신을 변질시키려 했다. 이제 승패에 집착하기보다 하나 됨을 강조했던 조상들의 협력 정신을 기억하며 체육대회를 즐겨 보자.

온라인 학급운영 꿀팁

# ON림픽

→ 아이들을 설레게 할 온라인 체육대회, ON림픽에 대해 알아보자.

**step 1 ON림픽을 연다.**

사진, 동영상 게시판에 ON림픽 개최 포스터를 올린다.

**step 2 종목을 설명한다.**

개인전과 단체전을 선택할 수 있다. 각각에 알맞은 종목들이 있다.

| 종목 | 게임 방법 | 비고 |
|---|---|---|
| 탁구 | 탁구공을 튕겨 멀리 떨어져 있는 종이컵에 넣는다. 이때 종이컵의 거리는 미리 정해 준다. 세 번 튕겨 넣기 등의 조건을 추가하여 더 어렵게 진행할 수 있다. | 개인전 |
| 체조 | 코끼리 코로 5바퀴 돈 뒤 들고 있는 물병을 던져 세운다. | 개인전 |
| 배구 | 벽과 풍선치기를 한다. 가장 많이 튕긴 사람이 승리한다. | 개인전 |
| 볼링 | 휴지심 10개를 세운 뒤 공을 던져 가장 많이 쓰러트리는 사람이 이긴다. | 단체전 |
| 높이뛰기 | 집에 있는 물건을 높이 쌓는다. 단 같은 물건을 연달아 쌓는 것은 무효임을 알린다. | 단체전 |
| 축구 | 빨대로 탁구공을 불어 골을 넣는다. 식탁 위에서 진행하되 공이 떨어진 경우 프리킥으로 진행한다. | 단체전 |

**step 3 인증샷이나 동영상으로 참여한다.**

게임을 하는 사진이나 동영상을 게시판에 올려 참여한다.

**step 4 ON림픽을 닫는다.**

우승자나 MVP를 선정하여 소정의 상품을 제공한다.

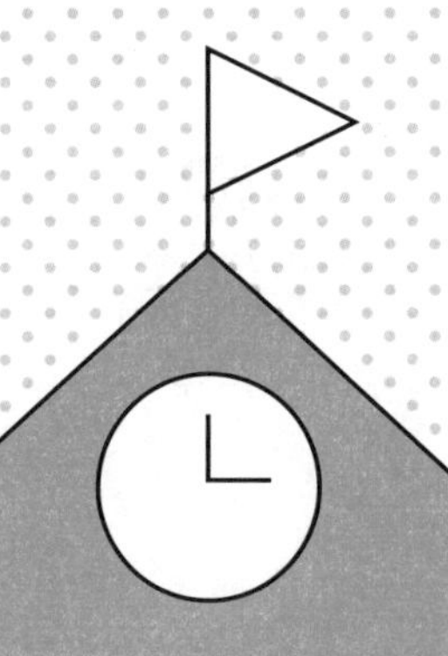

# 5월

## 모두를 살피고 지키고 보듬는다

계절의 여왕 5월이다. 하지만 교실 분위기는 그리 밝지 못하다. 바쁜 3, 4월을 보낸 탓에 신체적, 정서적으로 지친 것이다. 1학기 중반인 5월, 다시 한번 힘을 내 불평불만 대신 웃음이 가득한 교실을 만들어 보자.

# 어린이날, 어버이날 챙기기

**행복한 선생님**
5월 5일 ▼

이제 곧 우리 반 학생들이 기다리고 기다리던 어린이날이다. 가정의 달인 5월 어린이날, 어버이날을 좀 더 특별하게 보내게 해 주고 싶은데 좋은 방법이 없을까?

**#축하해 #지금을 즐겨**

좋아요 댓글 달기  공유하기

저와 같은 고민에 빠지셨군요. 저는 과자 파티밖에 떠오르지 않아요. 좋은 생각 있으시면 저와 공유해요!

저는 어버이날 어떤 수업을 할지 고민이에요. 낳아 주시고 길러 주신 은혜를 어떻게 표현할 수 있을까요?

아이들에게 5월은 행복 그 자체다. 어린이날이 되면 평소 갖고 싶었던 것을 선물로 받고 가족과 함께 가고 싶었던 곳도 가니 얼마나 신날까? 온 세상이 내 것인 것처럼 한껏 들떠 있는 아이들을 더 행복하게 해 줄 방법은 없을까?

## 진영쌤의 마음튼튼 가이드 어린이날의 의미를 알려 주자

'애기', '어린 것'이라 불리며 하루종일 공장이나 들판에서 노동해야만 했던 이들에게 '어린이'라는 이름을 붙여 하나의 인격체로 인정해 준 것이 불과 100년도 되지 않았다. 하지만 이런 의미를 기억하는 사람들은 거의 없다. 그저 갖고 싶었던 선물을 받는 날일 뿐이다. 알맹이보다 껍데기에 더 주목한다는 느낌을 버릴 수가 없다. 어떻게 하면 의미와 재미를 모두 챙긴 어린이날을 선물할 수 있을까?

**첫째, 어린이 헌장을 활용하라.** 보건복지부에 따르면 우리나라 아동과 청소년의 행복도는 OECD 회원국 최하위권이다.[14] 어떻게 하면 행복한 아동과 청소년이 될 수 있을까? 그 정답은 어린이 헌장에 나와 있다. 어린이 헌장은 1957년 2월에 한국동화작가협회의 아동 문학가 7명이 발표한 것을, 당시 보건사회부가 전문가들과 함께 보완하여 그해 5월 5일 제35회 어린이날을 기하여 발표한 것이다. 그리고 1988년 보건사회부가 전문가들을 모아 시대 의식에 맞게 개정해 공표했다.

어린이 헌장에는 어린이가 차별 없이 인간의 존엄성을 지니고 나라의 앞날을 이어 갈 새 사람으로 존중되며 아름답고 씩씩하게 자랄 수 있는 비법이 담겨 있다. 어린이 헌장을 단순히 읽는 것보다는 중요한 단어를 가린 뒤 함께 맞춰 보거나 마음에 드는 항목을 가족과 함께 실천한 뒤 인증 사진을 찍으면서 진정한 의미를 되새길 수 있으면 더욱 좋을 것이다.

### 어린이 헌장

1. 어린이는 건전하게 태어나 따뜻한 가정에서 사랑 속에 자라야 한다.
2. 어린이는 고른 영양을 섭취하고, 질병의 예방과 치료를 받으며, 맑고 깨끗한 환경에서 살아야 한다.
3. 어린이는 좋은 교육시설에서 개인의 능력과 소질에 따라 교육을 받아야 한다.
4. 어린이는 빛나는 우리 문화를 이어받아, 새롭게 창조하고 널리 펴 나가는 힘을 길러야 한다.
5. 어린이는 즐겁고 유익한 놀이와 오락을 위한 시설과 공간을 제공받아야 한다.
6. 어린이는 예절과 질서를 지키며, 한겨레로서 서로 돕고 스스로를 이기며 책임을 다하는 민주시민으로 자라야 한다.
7. 어린이는 자연과 예술을 사랑하고 과학을 탐구하는 마음과 태도를 길러야 한다.
8. 어린이는 해로운 사회환경과 위험으로부터 먼저 보호되어야 한다.
9. 어린이는 학대를 받거나 버림을 당해서는 안 되고, 나쁜 일과 힘겨운 노동에 이용되지 말아야 한다.
10. 몸이나 마음에 장애를 가진 어린이는 필요한 교육과 치료를 받아야 하고, 빗나간 어린이는 선도되어야 한다.
11. 어린이는 우리의 내일이며 소망이다. 나라의 앞날을 짊어질 한국인으로, 인류의 평화에 이바지할 수 있는 세계인으로 자라야 한다.

**둘째, 교실을 축제의 장으로 만들어라.** 약포지에 비타민을 담고 '나에 대한 사랑이 샘솟는 약', '친구의 마음을 이해하게 도와주는 약'이라는 글을 붙여 선물했던 적이 있다. 과정은 번거롭고 힘들었지만, 그것을 받아든 아이들의 미소를 보며 정말 행복했다. 어린이날을 맞아 교우관계 개선이나 어린이날의 의미를 되새기는 데 도움이 되는 작은 선물을 주는 것도 좋다. 하지만 꼭 물질적인 선물이 답은 아니다. 학생들과 힘을 합쳐 칠판을 어린이날 포토존으로 만들거나 기발한 쿠폰을 제공할 수도 있다. 중요한 것은 그들을 인격적으로 대하는 선생님의 마음이니 말이다.

## 진영쌤의 마음튼튼 가이드 어버이날에는 감동을 선물하도록 도와주자

이 세상에서 가장 아름다운 단어는 무엇일까? 영국문화원이 102국 4만 명을 대상으로 조사한 결과 'mother'가 뽑혔다고 한다. 자식을 위해 헌신하는 모습이 그 무엇보다 아름답기에 이런 결과가 나온 것 아닐까? 그래서인지 어버이날이 다가오면 교실에서 무언가 감동을 주는 이벤트를 준비해 집으로 보내야만 할 것 같다. 어버이날 어떤 활동을 할 수 있을까?

**첫째, 효도 쿠폰을 발행한다.** '낳아 주셔서 고맙습니다', '엄마 아빠 딸이라서 행복해요' 같은 말이 담긴 편지 한 장만으로도 고마움을 전달하기에 충분하지만, 여기에 안마하기, 설거지하기 같은 효도 쿠폰까지 곁들이면 부모님을 더욱 감동시킬 수 있다. 단 교사가 일방적으로 쿠폰 내용을 정하기보다 각자 부모님이 좋아할 행동을 생각해 실천 가능한 것을 선택하는 편이 바람직할 것이다. 다음은 효도 쿠폰으로 사용할 만한 것들이다.

| 이름 | 내용 |
|---|---|
| 공연 쿠폰 | 듣고 싶은 노래나 보고 싶은 춤을 요청하여 볼 수 있다. |
| 사진 쿠폰 | 가족이 단란하게 앉아 단체 사진을 찍는다. 부모님이 요청하는 세 가지 포즈를 취해야 한다. |
| 소통 쿠폰 | TV나 핸드폰을 끄고 30분 동안 이야기한다. |
| 안마 쿠폰 | 10분 동안 정성을 다해 안마한다. |
| 심부름 쿠폰 | 부모님의 부탁을 기쁜 마음으로 들어준다. |
| 그림자 쿠폰 | 부모님을 졸졸 따라다니며 도움이 필요할 때 돕는다. |
| 사랑해 쿠폰 | '사랑해'라고 말하며 꼭 안아 드린다. |

**둘째, 부모님의 사진첩을 만든다.** 부모가 되면 나를 잠시 내려놓게 된다. 삶의 중심이 내가 아닌 자식이 되는 것이다. 나는 몇 해 전부터 부모님이 나를 위해 애쓰시는 모습을 카메라에 담아 그것으로 사진첩을 만드는 일을 아이들과 함께하고 있다. 이때 작가는 학생들이다. 그런 사진과 함께 혹은 사진 뒤에 감사의 편지를 써서 드리면 그것만으로도 부모님은 아이들의 사랑과 존경을 충분히 느낄 수 있을 것이다.

### 마치며

아이들과 부모님을 기쁘게 할 방법을 생각하고 실천하며 선생님의 행복감도 높아졌을 것이다. 흔히 교육의 질은 교사의 질을 넘지 못한다고 말한다. 우리 반의 교육의 성패가 선생님에게 달려 있는 셈이다. 학생들을 기쁘게 하고 싶은가? 그렇다면 나 먼저 행복해지자!

온라인 학급운영 꿀팁

## QR코드로 과제 제출하기

→ 아이들이 효도하는 모습을 담은 사진이나 영상 등의 과제를 QR코드로 제출해 친구들과 공유하는 것은 어떨까? QR코드 제작법에 대해 알아보자.

**step 1 영상을 올린다.**

효도하는 모습이 담긴 영상을 유튜브에 올린 후 링크를 복사한다.

**step 2 QR Code Generator에 들어간다.**

포털사이트에 'QR Code Generator'(www.the-qrcode-generator.com)를 검색하여 들어간다.

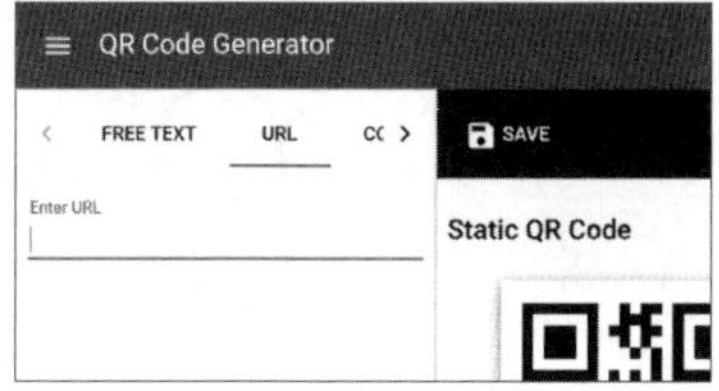


**step 3 QR코드를 만든다.**

복사한 유튜브 링크를 'URL' 탭에 넣고 QR코드를 저장한다.

**step 4 QR코드를 올린다.**

제작한 QR코드를 온라인 교실 게시판에 올려 나의 효도하는 모습을 친구들과 공유한다.

**step 5 친구들의 모습을 살펴본다.**

효도하는 친구와 좋아하는 부모님의 모습이 담긴 영상을 시청하며 실천 의지를 다진다.

# 안전사고로부터 우리 반 지키기

**깜짝 놀란 선생님**

5월 10일 ▼

체육 수업을 하다 학생 한 명이 팔이 골절되는 일이 벌어졌다. 얼마나 놀랐는지 머릿속이 하얘져 버렸다. 오늘은 보건 선생님이 도와주셔서 여차여차 해결되었지만 내일 당장 사고발생통지서를 작성하라는데 어떻게 해야 할지 모르겠다.

**#안전사고 #부끄러워 #연수를 잘 들어야겠다.**

좋아요 댓글 달기 공유하기

정말 놀라셨겠어요. 당황하면 누구나 머릿속이 하얘지지요. 다음에는 매뉴얼대로 잘 처리하실 수 있을 거예요. 너무 상심하지 마세요.

사고발생통지서는 공제급여관리시스템에서 작성할 수 있습니다. 담당 선생님께 여쭤보면 자세히 알려 주실 거예요.

한껏 피어나던 봄꽃들이 자취를 감추고 산과 들이 초록으로 옷을 갈아입는 입하가 되면 학교에서는 체험학습 등의 다양한 야외활동을 전개하기 시작한다. 그래서인지 이맘때가 되면 안전사고가 부쩍 늘곤 한다.[15] 아이들의 안전에 빨간불이 켜진 셈이다. 교실을 떠나 다양한 경험을 계획하고 있는가? 그렇다면 철저한 안전 지도로 모두가 안전하고 건강한 5월을 보내 보자.

## 진영쌤의 마음튼튼 가이드 통계로 안전사고를 막자

데이터 분석을 통해 현실을 진단하고 미래를 예측하는 통계는 건강한 생활에 도움이 된다. 언제 어디에서 어떤 사고가 자주 일어나는지 숙지하여 같은 일이 반복되지 않도록 좀더 조심할 수 있고 이는 안전사고 예방에 도움이 되기 때문이다. 그동안 학교에서 발생했던 안전사고의 종류와 예방법에 대해 알아보고 우리 반의 안전을 위협하는 요소들을 하나씩 제거해 보자.

**첫째, 준비운동을 한다.** 신체 활동이 많은 체육 교과는 부상에서 자유로울 수 없다. 이를 증명하듯 전국 초·중·고등학교 안전사고 발생 교과 1위는 단연 체육(9,477건)이다. 이는 본격적인 운동 전 충분한 스트레칭과 준비운동으로 학생들의 부상을 예방해야 함을 의미한다. 체육 수업 전 준비운동은 선택이 아니라 필수임을 잊지 말자.

**둘째, 점심시간의 생활양식을 정한다.** 인진사고 발생 시간 2위는 놀랍게도 점심시간(9,465건)이다. 1위와 12건밖에 차이 나지 않는다. 교사의 눈이 닿지 않는 곳으로 혈기왕성한 아이들이 몰려다니니 사고는 불가피한 일일지도 모른다. 그렇다고 손 놓고 있을 수는 없다. 점심시간에 일어나는 사고를 막기 위해서는 학기 초 점심시간에 지켜야 할 생활양식에 대해 정해 놓는 것이 도움이 될 것이다.

**셋째, 회피 자극을 활용한다.** 운동장과 부속시설(강당 등) 같은 밀집 장소를 제외한 공간 중 사고가 가장 빈번하게 일어나는 곳은 복도(7,696건)다. 우측통행이 중요한 까닭도 여기에 있다. 걷는 것보다 뛰는 것을 좋아하는 학생들에게 복도는 운동장의 트랙과 마찬가지다. 그렇다면 어떻게 해야 복도에서의 사고를 예방할 수 있을까?
바로 회피 자극을 활용하는 것이다. 충돌이나 넘어짐으로 인한 상처나 골절 사례를 보여 주어 걷게 만드는 것이다. 학생들이 복도에서 걸어 다니길 바란다면 다양한 멀티미디어 자료를 활용해 복도예절의 필요성을 부각시키자.

**넷째, 슬리퍼 착용을 금한다.** 학교에서 넘어져 다치는 사고가 한 해에 무려 1만 1,098건이나 된다. 특히 최근에는 뒷부분이 터진 슬리퍼를 신는 경우가 많은데, 이는 발과 밀착된 실내화에 비해 제동과 방향 전환에 불리하여 신체 균형을 잡는 데 방해가 되어 넘어지는 사고의 원인으로 지적되기도 한다. 그러므로 슬리퍼 착용을 금하는 것이 사고 예방에 도움이 될 것이다. 안전과 스타일 중 하나를 택하라면 당연히 안전을 선택해야 한다.

진영쌤의 마음튼튼 가이드

## 신속하게 대처하자

사고가 일어나지 않는다면 더 좋겠지만, 만약 우리 반 학생이 다치는 사고가 일어났다면 신속하게 대처해야 한다. 우물쭈물하는 사이에 상처가 더 악화될 수도 있고 심한 경우 생명이 위험할 수도 있기 때문이다. 안전사고가 발생했을 때는 신속하게 다음의 매뉴얼대로 실행하자.

**첫째, 신고한다.** 사고 발생 시 가장 피해야 할 것은 자의적 판단이다. 전문가가 아니기에 정확하게 판단할 수 없을뿐더러 오판일 경우 뒤따르는 책임이 크기 때문이다. 이에 인사사고가 발생했다면 학교 내 전문가인 보건교사에게 도움을 청하거나 119에 신고하여 적절한 조치를 받을 수 있도록 하자.

**둘째, 구조한다.** 언제 닥칠지 모르는 만일을 위해 매년 안전연수를 받고는 있으나 막상 위급상황이 닥치면 어떻게 대처해야 할지 혼란스럽기만 하다. 그럴 때는 119 상황센터의 도움을 받자. 스피커폰으로 구급대원의 안내에 따라 응급조치를 취하면 귀한 생명을 살릴 수 있다.

**셋째, 보고한다.** 보건교사나 119 구급대가 와서 현장을 지휘한다면 교사는 관리자와 학생 보호자에게 현 상황을 알려야 한다. 이때 주의할 점은 보고할 때 개인적인 생각을 덧붙이지 말아야 한다는 것이다. 이는 정확한 사실을 인지하는 데 방해가 되므로 보고 들은 것만 정확하게 보고하는 것이 바람직하다. 그리고 다친 학생이 병원으로 이송되어야 한다면 동행하되, 수업 중이거나 다른 학생들을 돌봐야 한다면 학교 관계자에게 부탁하는 것도 괜찮다.

## 진영쌤의 마음튼튼 가이드 학교안전공제회에 청구하자

우리나라는 현재 학교안전사고로 인한 피해를 보상하기 위해 학교안전공제제도를 운영 중이다. 이는 「학교안전사고예방 및 보상에 관한 법률」에 근거를 두고 있으며 교육과정이나 학교 안팎에서 학교장의 관리·감독 아래 행해지는 행사 중 발생하는 사고에 대비하기 위함이다. 만약 학생이 사고로 다쳐 치료가 필요하거나 요양을 종료한 후에도 장애가 남는다면 학교안전공제회에 그에 상응하는 비용을 청구할 수 있다.

**첫째, 청구가 가능한지 확인한다.** 「학교안전사고예방 및 보상에 관한 법률」 제44조에는 학교안전사고가 발생하면 지체 없이 공제회에 통지해야 한다고 명시되어 있다. 여기서 말하는 사고는 의료기관의 처치가 필요한 것으로 단순한 감기나 복통 등 보건교사의 치료로 호전될 수 있는 것은 해당되지 않는다.

**둘째, 사고발생통지서를 입력한다.** 청구가 가능한 사항이라면 공제급여관리시스템(https://www.ssif.or.kr)에 접속하여 사고발생통지서에 사고 일시, 장소, 경위, 긴급조치 내용 등을 입력한다. 이 단계에서 주의할 것은 사고가 난 후 즉시 입력해야 한다는 것이다. 학부모가 비용을 청구하지 않을 것이라는 막연한 추측으로 입력하지 않고 넘어갔다가는 나중에 사유서나 기타 서류를 준비해야 하는 수고를 해야 할 수 있다.

**셋째, 사고발생통지서를 보관한다.** 공제급여관리시스템에서 사고발생통지서를 작성한 후에는 내부결재를 받고 원본은 별도로 보관한다.

**넷째, 청구서를 작성하고 필요한 서류를 준비한다.** 적절한 치료가 이루어졌다면 이제는 비용을 청구해야 한다. 여기서부터는 담당 교사가 할 수도, 학부모가 직접할 수도 있다. 이 역시 공제급여관리시스템에서 청구하는데, 금액에 따라 준비해야 하는 서류가 다르므로 꼼꼼한 확인이 필요하다. 50만 원 미만이라면 공제급여관리시스템에서 출력한 청구서 1부와 진료비계산서 영수증 원본 1부, 보호자 통장 사본 1부면 충분하나, 그 이상이라면 진단서 원본과 주민등록등본을 추가로 준비해야 한다.

**다섯째, 청구서 등 서류를 우편 발송한다.** 서류가 모두 준비되면 시도 공제회로 우편 발송한다.

**여섯째, 치료비 지급을 확인한다.** 치료비는 대개 청구서를 작성하고 14일 이내에 지급된다. 만약 학부모가 공제급여 결정에 불복한다는 의사를 밝히면 90일 이내에 재심사를 청구할 수 있다.

## 마치며

학교에서 안전사고가 발생했을 때 대처 방법과 후속 처리에 대해 알아보았다. 우리는 이제까지 소 잃고 외양간 고치는 모습을 수없이 많이 봐 왔다. 그러나 모두가 알다시피 재난은 예방이 최선이다. 선생님과 학생들의 안전한 학교생활을 위하여 후속 처리보다는 예방에 좀더 힘을 집중해야 할 것이다.

온라인 학급운영 꿀팁

## 학교안전 VR

→ 가상현실 기술이 적용된 안전교육으로 몰입력과 실천 의지를 높여 보자.

**step 1 기기를 준비한다.**

스마트 기기와 VR 기기를 준비한다. 골판지로 된 VR 기기는 1,500원 선에서 구입할 수 있다.

**step 2 애플리케이션을 내려받는다.**

스마트 기기에 '안전한 학교생활 실감형 콘텐츠' 애플리케이션을 내려받아 설치한다.

**step 3 애플리케이션으로 체험한다.**

애플리케이션을 실행한 스마트 기기를 VR 기기에 장착하여 안전교육을 체험한다. 교실, 복도, 계단 등 다양한 공간에서 잊지 말아야 할 안전문제에 대해 학습하며 차근차근 미션을 달성한다.

**step 4 느낀 점을 나눈다.**

안전교육에 참여한 소감과 나의 다짐을 온라인 교실의 과제방에 올린다.

# 교사 효능감 높이기

**자존감이 바닥까지 떨어진 선생님**

5월 15일 ▼

오늘은 스승의 날이다. 재량휴업일이라 제자들을 만나지도 못하는 오늘, 교권이 땅에 떨어졌다느니 교단을 등지는 선생님들이 늘었다느니 우울한 기사가 자꾸만 눈에 띄는 하루다. 괜히 우울해진다. 그래도 몇몇 제자들에게 감사하다는 문자가 오는 것을 보며 헛되이 살지 않았음을 느낀다. 스승의 날, 자존감을 먼저 챙겨야 하는 현실이 슬프다.

**#우울해 #은사님께 연락드려야지**

좋아요 댓글 달기 공유하기

스승의 날이 우울하다고 느끼는 것이 저뿐만은 아니었나 봐요. 교권에 대한 부정적인 뉴스로 위축된 교사들이 더 소심해질까 봐 걱정이에요.

스승의 날, 자존감을 먼저 챙겨야겠다는 선생님의 의견에 동의해요. 저 또한 내 직업을 사랑하고 즐기면서 삶의 질을 높이고 싶어요.

5월 15일 스승의 날은 선생님께 감사의 마음을 전한다는 것이 본래의 목적이다. 하지만 최근에는 스승의 날이 되면 '선생님이 된 것을 후회한다', '교단을 등지는 선생님이 늘고 있다'와 같은 암울한 기사들이 마구 쏟아져 나온다. 자존감이 땅에 떨어질 대로 떨어진 것이다. 스승의 날을 이렇게 우울하게 보낼 수는 없다. 교사로서의 자존감을 높여 보자.

## 진영쌤의 마음튼튼 가이드 후회의 원인을 파악하자

당신은 교사라는 직업에 만족하는가? OECD 회원국을 대상으로 한 국제 학습환경 조사[16]에 따르면 대한민국 선생님의 20퍼센트는 교사가 된 것을 후회한다고 한다. 전체 평균인 9.5퍼센트의 두 배가 넘는 수치다. 게다가 '이 직업을 다시 선택할 것인가?'라는 질문에 '그렇지 않다'라고 답한 비율은 34퍼센트나 되었다. 엄청난 노력으로 어려운 관문을 수차례 넘어 이뤄 낸 교사라는 직업이 만족스럽지 못한 까닭은 무엇일까?

**첫째, 외적인 이유다.** '교직이 행복하지 않다면 그 이유는 무엇인가?'라는 질문의 답을 떠올려 보자. 만약 버거운 행정업무와 추락한 교권 등이 이유라면 그 원인은 외부에 있는 것이다. 이런 이유는 내가 어떻게 한다고 해결할 수 있는 것이 아니고, 정책이나 제도가 바뀌어야만 해소되는 것이다. 그러므로 개인의 차원에서는 현실을 받아들이는 것만이 유일한 해결책이 될 수 있다.

**둘째, 내적인 이유다.** 수업이 두렵거나 생활지도의 어려움 때문에 교직이 행복하지 않다면 후회의 이유가 내부에 존재하는 것이다. 후회는 마음먹기에 따라 금세 벗어날 수도 있고 더욱 얽매이게 될 수도 있다. 나를 불행하게 만드는 내적인 후회 요소 세 가지를 살펴보자.

① 수업이다. 새로운 전략 활용하기, 동기 부여하기, 수업목표 제시하기, 배우는 걸 즐기도록 돕기, 비판적 사고력 자극하기, 천천히 배우는 학생에 대한 전략 세우기 중 '그래! 이것은 자신 있어'라고 생각하는 것이 있는가? 아쉽게도 대한민국 선생님들의 수업 효능감은 OECD 회원국의 평균보다 낮은 편이다. 특히 수업 중 학생들이 나아갈 방향을 알려 주는 명확한 목표 제시와 고차원적 사고력에 해당하는 비판적 사고력을 자극하는 부분에서 어려움을 토로한다. 주제에 어울리는 전략을 수립하고 이를 실천하는 것에 자신이 없다면 수업이 후회의 원인일 수 있다.

② 평가다. 평가가 없는 수업은 기승전결에서 결이 빠진 것과 같다. 이처럼 중요한 평가를 우리가 이제까지 등한시해 온 것이 사실이다. 외부업체에서 만든 시험지를 구매해 중간, 기말평가를 치르기도 했으니 말이다. 그 결과 우리나라 교사들의 평가 효능감 역시 OECD 회원국 중 하위권이다. 평가가 부담스럽다면 후회의 근원이 평가일 수 있다.

③ 관계다. 수업 중 학생들과의 상호작용에 적극적으로 참여하고 돌발상황에 당황하지 않으며 침착하게 대처하는 능력은 ADHD와 분노조절 장애 학생이 꾸준히 증가하는 현시대에 꼭 필요한 능력이

다. 그러나 우리나라 교사들의 관계 효능감은 수업 효능감과 마찬가지로 OECD 회원국의 평균보다 낮다. 수업 중 배움을 방해하는 학생들의 문제행동을 통제하거나 흥분한 학생을 진정시키는 데 부담을 느낀다면 교직의 후회 원인이 관계에 있을 수도 있다.

## 진영쌤의 마음튼튼 가이드 교사 효능감을 높이자

교사가 된 것을 후회하는 원인이 어디에 있는지를 알아보았다. 다행인 것은 후회라는 감정은 내가 어떻게 마음먹고 행동하느냐에 따라 극복할 수도 있다는 것이다. 자존감이 가득한 교사로서의 삶을 살아갈 수 있는 두 가지 비법을 소개한다.

**첫째, 자기암시다.** 눈을 감고 수업과 평가, 관계의 전문가가 된 나를 상상해 보자. 그리고 '할 수 있다'고 자기암시를 해 보자. 상상만으로도 힘이 불끈 솟지 않는가? 그리스 신화에 등장하는 피그말리온은 자신이 조각한 여인상을 마음을 다해 사랑한 인물로, 아프로디테는 그의 진심에 반하여 조각상에 생명을 불어넣어 준다. 이처럼 어떤 것을 간절히 소망하면 불가능한 일도 실현된다는 심리적 효과를 일컬어 '피그말리온 효과'라 한다. 피그말리온 효과는 나에게도 유효하다. 수업이든 관계든 평가든 나의 자존감을 낮췄던 것들을 피하려고 하지 말고 '할 수 있다'고 생각하면서 적극적으로 부딪쳐 보자. 상상이 현실로 이루어질 것이다.

**둘째, 긍정적인 자극을 찾는다.** 사실 수업과 관계, 평가에 대해서는 선생님들을 따라올 자가 없다. 누가 뭐래도 이 분야의 전문가는 우리다. 그런데도 자존감이 낮아진 까닭은 예전과 같은 열정이 사라졌기 때문일 수도 있다. 열정이 불타오르는 순간 자존감은 높아질 것이며 이 세상에서 가장 행복한 교사가 될 것이다. 수그러든 열정을 다시 불태우는 방법이다. 우선 동료 선생님의 수업에서 자극을 받는 것이다. 수업에 임하는 동료 선생님의 열정이나 아이들의 행복한 표정 그 무엇이라도 좋다. 다음은 독서다. 처음에는 가볍게 읽고 실천할 수 있는 것으로 선택한다. 작은 성공이 자신감을 불러일으켜 더 큰 도전을 할 수 있도록 도울 것이다. 연수에 적극적으로 참여하는 것도 좋은 방법이다. 연찬회는 전문성을 함양하기에 더할 나위 없이 좋은 기회다. 그 분야의 전문가를 만나 비결을 전수받을 수 있는 엄청난 기회를 놓치지 말자. 마지막으로 전문적 학습공동체의 일원이 되는 것이다. 학습공동체는 배움의 연쇄 효과를 느끼는 데 효과적이다. 선한 영향력으로 동반 성장하는 즐거움을 느껴 보자.

## 마치며

어떤 것이든 그 가치는 바라보는 사람의 생각에 따라 달라진다. 생각에 따라 귀한 것이 되기도 하고 천한 것이 되기도 한다. 스승의 날도 마찬가지다. 교사인 우리가 가치 없다고 여기는 순간 스승의 날은 쓸모없는 기념일이 된다. 선생님은 누구보다 열심히 가르치고 있으며 학생들에게 사랑받는 존재임을 기억해야 한다. 스스로를 가치 있는 존재로 여겨 세상에서 가장 행복한 교사가 되어 보자.

온라인 학급운영 꿀팁

## 영상 편지 제작하기

→ 적은 수고로 큰 감동을 전달하는 영상 편지 제작법에 대해 알아보자.

**step 1 영상을 찍는다.**

전년도 담임선생님에 대한 감사의 말이 담긴 영상을 찍는다.

**step 2 애플리케이션을 내려받는다.**

스마트 기기에 영상 편집 애플리케이션을 내려받는다.

| 앱 | 장점 | 비고 |
|---|---|---|
| Vllo | • 사용법이 간단하며 아기자기한 스티커가 많다.<br>• 결제를 하지 않아도 워터마크가 남지 않는다. | 부분 유료 |
| Quik | • 몇 번의 클릭으로 영상을 만들 수 있다.<br>• 기존의 템플릿을 이용할 수 있다. | 무료 |
| 키네마스터 | • 기능이 많아 전문적인 느낌을 낼 수 있다.<br>• 음악이나 효과음이 많다. | 부분 유료 |
| 비바비디오 | • 멀티 영상이 가능하다.<br>• 목소리 변조 같은 재미있는 요소가 많다. | 부분 유료 |

※ Vllo와 Quik은 인터페이스가 직관적이기에 쉽게 영상을 편집할 수 있다.

**step 3 편집한다.**

편집할 영상을 선택한 후 화면 비율, 시간, 배경음악 등을 설정한다.

**step 4 마음을 전한다.**

제작한 영상 편지를 전년도 담임선생님께 전송한다.

# 번아웃 극복하기

무기력한 선생님
5월 25일 ▼

요새 나는 매우 불량하다. 아무것도 하고 싶지 않고 입맛을 잃은 지도 오래다. 패기 넘치던 내 모습을 되찾고 싶지만, 의욕이 생기지 않아 큰일이다. 어떻게 하지?

#무기력 #피곤 #힘들어

 좋아요  댓글 달기 공유하기

휴식이 필요해 보여요. 지나친 열정은 도리어 독이 되어 돌아온답니다. 오늘도 고생한 선생님, 평안한 밤 되세요.

저도 무기력해 한의원을 찾았더니 번아웃이라고 하더군요. 취미를 가지라고 권해 주시던데 정작 의욕이 생기지 않아 걱정입니다.

시업식부터 지금까지 앞만 보고 달려온 교사들은 알게 모르게 엄청난 스트레스에 시달려 왔다. 학생들의 마음을 열기 위해 먼저 다가가는 노력을 게을리하지 않았고, 학부모와의 첫 만남을 준비하느라 고군분투했으며, 낯설고 새로운 업무를 파악하여 틈틈이 처리했다. 이 모든 것을 수업이라는 교사의 기본 업무를 하면서 동시에 해낸 것이다. 그렇게 3개월이라는 시간을 달려왔으니 지치고 무기력해지는 것은 어찌 보면 당연한 결과일지도 모른다. 조금씩 쌓이던 피로감은 결국 선생님을 '번아웃'에 빠지게 만들었다. 아래의 질문에 답하며 나의 '번아웃' 지수를 확인해 보자.

| | 질문 | 아니다 | 보통이다 | 그렇다 |
|---|---|---|---|---|
| 1 | 정신적으로나 정서적으로 지쳐 있다. | | | |
| 2 | 퇴근만 하면 녹초가 된다. | | | |
| 3 | 출근하기 싫다는 말을 입에 달고 산다. | | | |
| 4 | 교실에 들어서는 것이 부담스럽고 긴장된다. | | | |
| 5 | 수업에 대한 열정이 사라졌다. | | | |
| 6 | 학생에 대한 관심이 크게 줄었다. | | | |
| 7 | 맡은 업무가 귀찮고 하기 싫다. | | | |
| 8 | 학교에 피해를 주는 것 같아 마음이 불편하다. | | | |
| 9 | 스트레스를 풀기 위해 폭음 같은 쾌락을 즐긴다. | | | |
| 10 | 학생들에게 괜한 짜증을 낸다. | | | |

3개 이상의 질문에 '그렇다'라고 대답했다면 '번아웃'을 의심해 보아야 한다. 직장인의 85퍼센트가 겪는 흔한 증상이라고 쉽게 넘기려 할 수도 있겠지만 그대로 방치하면 무기력증, 자기혐오 등으로 악화될 수 있으므로 반드시 개입이 필요하다. 정신적, 정서적, 신체적 고갈이 심각해지는 5월 말 다시 한번 힘을 내는 방법에 대해 알아보자.[17]

진영쌤의 마음튼튼 가이드

## 정신적 고갈에서 벗어나자

멘붕, 즉 '멘탈붕괴'라는 단어가 유행한 적이 있다. 현재 내가 무엇을 하는지, 왜 하는지 모르는 멘붕 상황이라면 정신적 고갈을 의심해 봐야 한다. 만약 그렇다면 정신적 에너지를 회복하는 방법들을 실행해 보자.

**첫째, 죄책감을 버린다.** 교사들의 주요 스트레스 원인은 과도한 업무와 그에 따른 부담감과 시간적 압박이라고 한다.[18] 여기서 과도한 업무란 수업 외의 행정업무들인 경우가 많다. 이는 선생님이 제시간 안에 공문을 발송하지 못하거나 행사를 진행하다 실수를 저지르는 것 등을 의미한다. 물론 책임감을 느끼지 않아도 된다는 것은 아니다. 다만 자책하고 좌절하기보다 그 이유를 찾아 다시 반복하지 않도록 노력하는 것이 더 바람직한 대처법일 것이다.

**둘째, 우선순위를 정하여 가지치기를 한다.** 스트레스 요인이 교사의 직분과 관련된 것이 아니라면 과감하게 가지치기를 하는 것도 도움이 된다. 선택과 집중으로 정신적인 여유를 확보하는 것이다. 이것도 잘하고 저것도 잘하려다 보면 모든 것을 놓칠 수 있다. 지금 당장 나를 괴롭히는 것들을 모두 적은 후 우선순위를 정해 보자. 그것만으로도 머릿속이 한결 가벼워진 것을 느낄 수 있을 것이다.

## 정서적 고갈에서 벗어나자

'번아웃'은 좋아하던 모든 것을 귀찮은 존재로 만들어 버린다. 그리고 결국 나를 잠식해 모두를 놓아 버리게 만든다. 학교에서의 일상이 재미없고 우울하고 무기력하다면 정서적 고갈을 의심해 봐야 한다. 모든 것이 귀찮아진 선생님께 추천하는 방법들이다.

**첫째, 우울증인지 확인한다.** 우울증과 번아웃의 증상은 매우 유사하다. 전문가조차 명확히 둘을 구별하는 데 어려움을 겪는다고 고백한다. 증상이 비슷하다고 해서 모든 무기력함을 번아웃으로 자가진단해서는 안 된다. 조기에 발견하지 못한 우울은 마음을 더 병들게 하기 때문이다. 우울증과 번아웃을 구분하는 방법은 충분한 휴식을 가져 보는 것이다. 쉬어도 나아지지 않는다면 우울증일 확률이 높으므로 병원을 찾아야 한다.

**둘째, 대화상대를 만든다.** 마음을 털어놓을 수 있는 사람이 곁에 있는 것만으로도 든든하다. 속 이야기를 나눌 수 있는 동료 선생님을 만들어 위로와 힘을 얻어 보자.

**셋째, 쓸데없는 걱정을 버린다.** 젤린스키Zelinski는 그의 저서에서 "우리가 하는 걱정의 40퍼센트는 절대 일어나지 않을 일이고 30퍼센트는 이미 일어난 일이며 22퍼센트는 고민할 가치가 없는 사소한 일이다."라고 했다.[19] 8퍼센트만이 정말 걱정할 일인 셈이다. 그런데 이 중 4퍼센트는 걱정해 봤자 어쩔 수 없는 일이라고 하니 결국 우리가 걱정해서 바꿀 수 있는 것은 고작 4퍼센트에 불과하다. 만약 쓸데없는 걱정으로 머릿속이 복잡하다면 현재에 집중하도록, 지금의 나를 챙기도록 생각을 전환하자.

진영쌤의 마음튼튼 가이드

## 신체적 고갈에서 벗어나자

번아웃은 정신적, 정서적 고갈뿐만 아니라 신체적 고통을 동반한다. 오랜 기간 잠을 잘 자지 못하여 피곤이 누적되어 있거나 소화가 잘 되지 않아 속이 쓰린 고통이 지속된다면 신체적 고갈 상태에 빠져 있는 것인지도 모른다. 아프고 무기력해진 내 몸에 활력을 불어넣는 방법을 알아보자.

**첫째, 건강한 간식을 섭취한다.** 스트레스를 받은 우리 몸은 바빠진다. 신장에 위치한 부신은 코르티솔을 분비하여 혈압을 올리고 호흡을 가쁘게 만들어 스트레스로부터 나를 지키기 위한 방어 전선을 구축한다. 그러나 빛이 있으면 어둠이 있듯 과한 코르티솔의 분비는 대사 불균형을 일으켜 복부비만이나 심혈관 질환의 발병 가능성을 높이는 데 일조한다. 이를 두고 코르티솔의 역습이라 한다. 만약 가슴을 찌르는 듯한 통증이 자주 느껴지거나 갑자기 뱃살이 늘었다면 혹 만성 스트레스로 고통받고 있는지 확인해야 한다. 만약 그렇다면 아몬드 같은 건강한 간식을 섭취하자. 견과류는 체내 마그네슘 수치를 높여 부신 호르몬을 억제한다고 하니 이보다 좋은 것이 없을 것이다.

**둘째, 취미생활을 즐긴다.** 심리적 고갈로 인한 공허함을 채워 줄 신체 활동을 동반한 취미를 찾아라. 평소에 즐길 수 있는 것이라면 더할 나위 없이 좋다. 다행히도 최근 일과 삶의 균형을 중요하게 여기는 분위기가 사회 전반에 나타나고 있다. 이른바 '워라밸'이다. 덕분에 조금만 알아보면 즐길 수 있는 취미를 지척에서 찾을 수 있으니 이 얼마나 다행인가.

### 진영쌤의 마음튼튼 가이드 먼저 손을 내밀자. 내민 손은 잡아 주자

번아웃을 느낀 사람은 자신이 소외당했다고 생각한다. 다른 이들은 열정이 가득한데 나만 무기력해진 것 같아 스스로를 위축시킨다. 소외감은 때론 공격적인 행동으로 연결되곤 한다. 자신은 힘들어 죽겠는데 주변 사람들은 너무 평화로운 것 같아 샘이 나고 괴로운 것이다. 혹시 옆에 있는 선생님이 과거와 달리 협의 시간에 욱하는 모습을 자주 보이거나 한껏 예민해져 있다면 번아웃을 의심해 봐야 한다. 사실 부정적인 감정표현은 도와 달라는 메시지다.

동료의 번아웃을 알아챈 선생님이 가장 먼저 해야 할 것은 다가가 손을 내미는 것이다. 관심 어린 말 한마디로 다시 받아들여질 수 있다는 희망을 건네도록 하자. 오지랖 넓은 행동은 아닐까 고민할 수도 있지만 그렇게 생각하지 말자. 그 작은 행동이 소외감을 느끼는 사람에게는 엄청난 영향력을 미친다.

드웰DeWall 박사는 이를 증명하기 위해 한 가지 실험[20]을 했다. 참가자들과 미리 이야기해서 한 사람을 의도적으로 따돌리면서 그의 반응을 살폈다. 심리적 고갈을 느낀 그는 이내 화풀이 대상을 찾아 자신의 부정적인 감정을 쏟아 냈다. 번아웃에 빠져 소외감을 느낀 선생님과 같은 행동이다. 그런데 이때 그의 마음을 알아주는 한 사람이 등장하면 어떻게 될까? 신기하게도 공격성이 눈 녹듯이 사라지고 일반인 수준의 스트레스를 유지하게 된다. 단 한 사람의 영향력은 이처럼 대단하다. 주변에 무기력하고 예민해진 선생님이 있는가? 그럼 다가가서 따뜻한 말 한마디를 건네라. 그것만으로도 충분한 힘이 된다.

### 마치며

번아웃은 어쩌면 선생님이 치열하게 살아왔다는 증거일지 모른다. 쉬고 싶은 욕구를 억누르고 교육 활동에 전념한 결과다. 하지만 우리의 갈 길은 멀다. 기껏 4분의 1 지점에 와 있을 뿐이다. 무기력한 삶에 빠져 있지 말고 정신적, 정서적, 신체적 활력을 되찾아 학년 말에도 건강한 안녕을 외쳐 보자.

## 온라인 학급운영 꿀팁

# 우울증 자가진단

→ 매사에 무기력한 아이가 걱정이라면 온라인을 통해 아동용 우울증 자가진단 검사를 진행해 볼 수 있다.

**step 1 사이트에 접속한다.**

포털사이트에서 '아동 우울 척도'를 검색하면 27개 문항으로 구성된 간단한 검사를 제공하는 공공기관을 찾을 수 있다.

※ 예: 홍천군 정신건강복지센터→ 정신건강 자가평가 →아동 청소년→아동 우울 척도

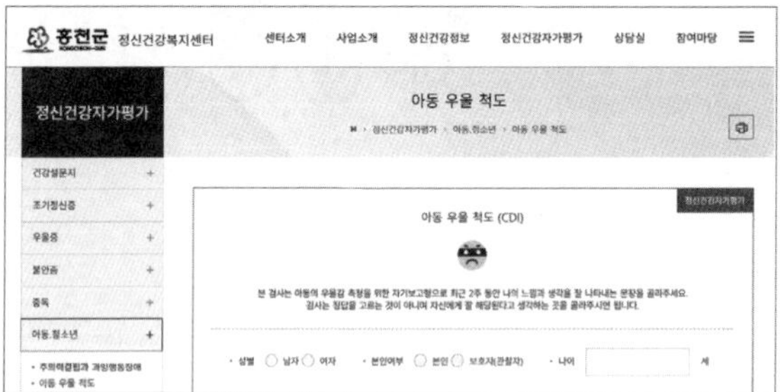


**step 2 검사에 임한다.**

최근 2주 동안 가졌던 느낌이나 생각에 가까운 문장을 선택하게 한다.

**step 3 결과에 따라 후속 조치를 한다.**

특히 아이가 우울감 고위험군인 경우, 상담센터 또는 병원과 연계하여 치료받게 한다.

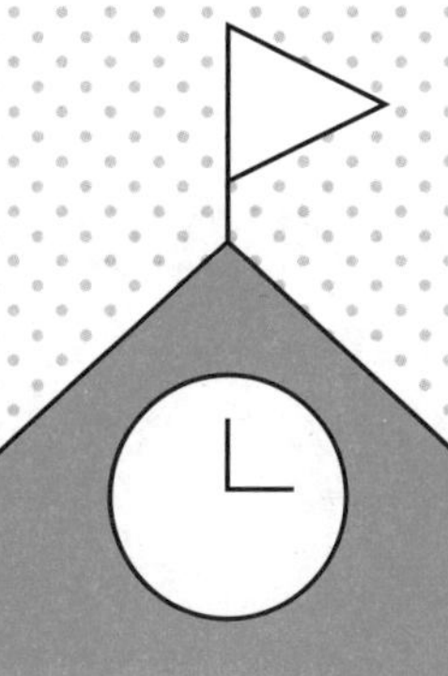

# 6월

## 상담과 공개수업을 준비한다

계절의 여왕 5월이 지나고 6월이 되었다. 6월의 교실은 여전히 바쁘다. 공개수업도 고민해야 하고 여름방학 중 무엇을 배울 것인지 계획도 세워야 한다.

# 학생 상담하기

**친근한 선생님**

6월 1일 ▼

벌써 6월이다. 3개월이라는 시간 동안 학생들을 많이 파악했다고 생각했는데 이야기를 나누다 보면 여전히 새로운 것투성이다. 심층 상담으로 보다 친근한 선생님이 되어야지!

**#친근한 선생님 #개인 상담**

좋아요  댓글 달기 공유하기

6월을 학생 상담으로 시작하셨네요. 어떤 방법으로 학생들과 상담하는지 여쭤봐도 될까요? 저도 하고는 싶은데 막막해서요.

잘 안다고 생각했는데 모르는 것투성이라는 선생님의 말에 공감합니다. 저도 시간을 내서 아이들과 이야기를 해 봐야겠어요.

망종이 되면 농촌은 바쁘다. 거둬들일 곡식도 있고 볏모도 옮겨 심어야 하기 때문이다. 하지만 왠지 모르게 마음만은 풍요롭다. 이 시기가 되면 교실도 분주하다. 이제껏 아이들과 함께 쌓은 신뢰와 믿음을 수확하는 동시에 끈끈한 관계를 유지하기 위한 파종도 이뤄지기 때문이다. 몸은 고되지만 마음만은 풍요로운 이번 주, 학생들과의 관계를 더욱 견고히 해 보자.

## 진영쌤의 마음튼튼 가이드 열린 창을 더 넓히자

대화는 솔직하다. 상대가 나를 어떻게 생각하는지, 얼마나 친근하게 느끼는지 고스란히 드러난다. 그래서인지 대화는 과거부터 현재까지 관계의 건강함을 파악하는 수단으로 활용되어 왔다. 우리가 활용할 '조하리 창'[21]도 마찬가지다. 대화로 서로의 마음에 노크하여 보다 친근한 관계를 만들어 보자.

**첫째, 조하리 창을 파악한다.** 인간관계의 현주소를 파악하고 사이를 더 끈끈하게 만들기 위해 무엇을 해야 하는지 알려 주는 '조하리 창'은 네 가지 창으로 이루어져 있다. 각각의 창이 무엇을 의미하는지 살펴보자.

① 열린창이다. 이름, 나이, 형제 관계, 사는 곳, 좋아하는 음식과 같이 선생님과 학생이 익히 알고 있는 부분이다.

② 매력창이다. 선생님만 알고 있는 학생의 매력 포인트다. 당사자가

모르기에 '맹인창'이라고 불리기도 하나 교사의 마음을 사로잡은 매력이 숨겨진 곳이기에 '매력창'이라는 이름으로 대신했다.

③ 비밀창이다. 타인이 모르기 바라는 부분으로 어린 시절의 콤플렉스 등이 여기에 속한다. 학생이 의도적으로 감추고 있기에 교사가 알아차리기 어렵다.

④ 미지의 창이다. 나도 모르고 너도 모르는 부분이다. 대개 무의식에 감춰져 있기에 들춰내기 어렵지만, 숨겨진 잠재성은 대단하다.

**둘째, 형용사를 선택한다.** 관계에서는 '열린창'이 매우 중요하다. 이것을 바탕으로 나누는 대화를 통해 관계를 유지하고 더 나아가 발전시킬 수 있기 때문이다. 교사와 학생의 열린창을 확장하는 방법이다.
우선 성격과 관련된 형용사 30개를 준비한다. 선생님이 먼저 학생을 잘 표현하는 형용사 6개를 학생 모르게 선택하고, 학생도 자신에게 어울리는 형용사 6개를 선택한다.

용기있는, 믿음직한, 재치있는, 참을성 있는, 낙천적인, 행복한,
솔직한, 자존심 강한, 재능있는, 사려깊은, 활동적인, 겸손한,
사교적인, 차분한, 긴장한, 관대한, 조심성 있는, 소심한, 영리한,
융통성, 자신감 있는, 감정적인, 수줍어하는, 민감한, 자발적인,
철저한, 친절한, 독립적인, 내성적인, 논리적인

모두 선택했으면 서로 선택한 형용사를 비교한다. 겹치는 형용사는 '열

린창'에, 교사만 선택한 형용사는 '매력창'에, 학생만 선택한 형용사는 '비밀창'에 적는다. 둘 다 선택하지 않은 형용사는 '미지의 창'에 적는다.

**셋째, 실망하지 않는다.** 아이를 잘 안다고 생각했는데, 겹치는 단어가 적어 선생님이 적잖이 실망할 수도 있다. 하지만 대부분의 선생님이 그렇다. 함께한 날보다 함께할 날이 더 많으니 절대 실망하지 말자. 처음부터 친한 사람은 없다. 이런 시간을 통해 알아가는 과정을 거치면 공감대가 형성되면서 그 누구보다 가까운 관계가 될 것이다.

**넷째, 열린창을 넓힌다.** 선생님과 아이들은 속마음을 털어놓으며 비밀창으로 한 발, 몰랐던 나의 모습에 귀 기울이며 매력창으로 한 발 나아갈 수 있다. 그러면 자연스레 열린창은 넓어지기 마련이다. 이는 자기 표현과 경청의 힘이다. 특히 매력창을 주제 삼아 대화하는 것은 이제껏 몰랐던 자신의 모습을 발견해 준 상대에게 호감을 느끼게 해 상호작용을 증가시킨다. 다만 대화를 할 때 주의해야 할 점이 몇 가지 있다.

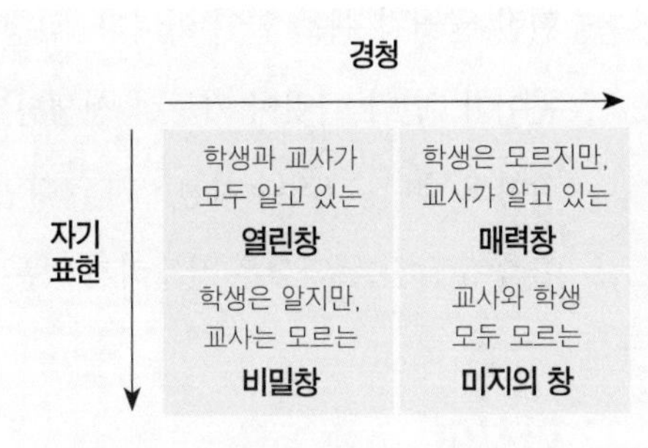


조급함을 버려야 한다. 심층 상담의 목적은 단순한 친교가 아닌 내면의 이야기를 나누는 것이고, 이를 위해서는 반드시 어느 정도의 시간이 필요하다. 이 시간을 기다리지 못하는 조급함은 대화 자체를 망쳐 버릴 수 있다. 조급함을 버리고 진심으로 다가가자.

개인적인 비밀을 캐물어서는 안 된다. 비밀창은 말 그대로 숨기고 싶거나 알리기를 꺼리는 나만의 공간이다. 이곳의 내용을 주제로 대화를 시도할 경우 자칫 지나치게 사적인 부분을 침범한다는 느낌을 줄 수 있다. 그 결과 관계 자체가 나빠질 수도 있다. 그러므로 비밀창의 주제는 본인이 먼저 이야기를 꺼내기 전까지는 캐묻지 말아야 한다.

마지막으로 무의식을 건드리지 않도록 조심해야 한다. 문제행동의 근원을 무의식에서 찾는 정신분석학은 의식 아래에 감춰진 사건들을 수면 위로 들추기 위해 노력한다. 그러나 감춰진 무의식을 의식 위로 끌어 올리기란 말처럼 쉬운 일이 아니다. 엄청난 불안과 저항을 불러일으키기 때문이다. 만약 이것이 가능한 선생님이라면 '미지의 창'을 대화의 주제로 삼아도 좋다. 그러나 가능하지 않다면 콤플렉스 덩어리이자 어린 시절의 아픔이 담긴 무의식은 건드리지 않는 편이 낫다.

### 마치며

학생들과 더 깊은 관계를 맺는 방법에 대해 살펴보았다. 처음에는 너무 멀어 손이 닿지 않을 것만 같았지만 서로 한 발짝씩 다가가다 보면 어느새 손을 마주 잡을 정도로 가까워진 사제지간을 발견할 수 있다. 이번 주가 바로 기회다. '조하리 창'을 이용한 대화로 학생과의 끈끈한 관계를 형성하여 보자.

온라인 학급운영 꿀팁

## 성격유형검사로 심층 상담하기

→ 다섯 가지 측면으로 아이들의 성격을 바라본 온라인 검사 도구를 아이들과의 심층 상담에 활용해 보자.

**step 1 무료 성격유형검사 사이트에 접속한다.**

포털사이트에 '16personalities'(http://www.16personalities.com/ko)를 검색해 접속한다.

**step 2 문항에 응답한다.**

문항을 찬찬히 살펴보며 자신에게 맞는 것을 선택하되, 가능하다면 '보통'은 피하도록 한다.

**step 3 성격유형을 확인한다.**

마음, 에너지, 본성, 전술, 자아를 중심으로 분석한 학생들의 성격유형을 확인한다.

**step 4 검사 결과를 인쇄한다.**

무료 성격유형검사는 검사 결과가 따로 보관되지 않으므로 마우스 오른쪽 버튼을 눌러 인쇄하여 보관한다.

**step 5 상담에 임한다.**

성격유형검사를 바탕으로 심층 상담에 임한다.

# 공개수업에서 떨지 않기

**공개수업이 걱정인 선생님**
6월 7일 ▼

이번 주 공개수업을 앞두고 걱정이 태산이다. 준비한 대로 잘할 수 있을지, 학생들은 잘 따라올지 불안하기만 하다. 잘할 수 있겠지?

**#걱정이 태산 #잠도 안 와 #피하고 싶다**

 좋아요  댓글 달기 공유하기

저는 공개수업 주제조차 정하지 못하고 있네요. 조용한 주제는 재미없을까 걱정이고, 활동적인 주제는 수업 분위기가 방방 뜰까 불안해요.

아무도 없는 교실에서 모의 수업을 했더니 자신감이 생겼어요. 선생님도 도~전!

공개수업 날짜가 다가온다. 매일 밥 먹듯 하는 수업이지만 공개수업이라니 유난히 떨린다. 단 한 번의 수업으로 선생님이 하는 모든 수업이 평가된다는 생각 때문이다. 이래저래 부담스러운 공개수업, 어떻게 떨리는 마음을 진정시키고 잘 해낼 수 있을까?

## 진영쌤의 마음튼튼 가이드 준비, 또 준비하자

누구든 많은 사람 앞에서 이야기하는 것은 두렵다. 학생들과 호흡을 맞추는 모습을 보여 주어야 하는 교사는 더욱더 그렇다. 그렇다고 학부모, 학생, 동료 선생님들 앞에서 불안으로 실수를 연발하는 모습을 보여 줄 수는 없지 않은가. 공개수업에서 불안을 낮추고 싶다면 다음과 같이 해 보자.

**첫째, 즐길 수 있는 과목을 선택한다.** 교사들은 지도안 같은 수업을 꿈꾼다. 그러나 완벽한 수업은 없다. 많은 아이들과 함께하다 보니 변수가 많을 수밖에 없고, 따라서 내 의도대로 흘러가지 않을 가능성이 매우 크다. 이는 완벽한 수업보다는 즐길 수 있는 수업을 준비하는 편이 나음을 의미한다. 선생님이 자신 있거나 학생들과 함께했을 때 시너지를 발휘하곤 했던 과목을 선택하여 즐거운 공개수업을 만들어 보자.

**둘째, 동료 교사에게 도움을 요청한다.** '백지장도 맞들면 낫다'고 했다. 쉬운 일도 함께하면 수월하니 공개수업같이 어려운 일은 함께하는 것이 더욱 도움이 된다. 수업을 준비하다 막혔을 때 동료 교사에게 조언을 요청해 힘을 얻어 보자.

**셋째, 지나친 욕심을 버린다.** 공개수업이 교사를 성장시킨다고는 하나 평가받는다는 느낌을 버리기는 어렵다. 아직도 점검표를 활용하여 수업을 평가하는 학교가 많으니 이런 감정은 어쩌면 당연하다. 그래서일까? 수업 시간 내에 끝내기 어려울 정도로 다양한 활동을 준비하는 선생님들을 종종 볼 수 있다. 이런 욕심은 오히려 수업에서 여유를 빼앗아가 버린다. 성취기준을 달성할 수 있는 최소한의 활동으로 수업의 질과 여유를 높여 보자.

**넷째, 수업을 머릿속에서 시연한다.** 공개수업 전날, 불안한 마음에 아무것도 손에 잡히지 않는다면 수업 5분 전, 도입, 전개, 정리를 찬찬히 상상하며 분위기를 느껴 보자. 이미지트레이닝이 시합을 앞둔 선수의 기량을 높이듯 선생님의 마음을 준비시켜 줄 것이다.

## 진영쌤의 마음튼튼 가이드 즐기자

가슴이 두근거리기 시작했다면 공개수업이 얼마 남지 않았다는 신호다. 애써 준비한 것을 망치고 싶지 않다면 과도한 긴장은 금물이다. 두려움을 즐거움으로 바꾸는 네 가지 비법을 활용하자.

**첫째, 수업 5분 전 수업의 흐름을 점검한다.** 이리저리 요동치던 가슴이 시험지를 받아든 순간 잠잠해진 경험이 한 번쯤은 있을 것이다. 공개수업을 앞둔 선생님의 심장도 마찬가지다. 좋은 수업을 보여 주기 위한 준비운동일 뿐이다. 두근거림을 설렘으로 변화시킬 준비가 되었는가? 수업 5분 전, 눈을 감고 수업의 흐름을 다시 한번 점검해 보자. 마지막 점검이 수업의 꽃을 활짝 피워 낼 것이다.

**둘째, 지도안을 가까이 둔다.** 공개수업만 되면 교사도 갓 입학한 1학년처럼 분리 불안을 느끼곤 한다. 긴장감을 줄여 줄 지도안과 떨어져야 한다는 생각에 불안이 커지는 것이다. 지도안이 불안을 감소시켜 준다면 꼭 떨어지지 않아도 괜찮다. 방송인처럼 큐카드로 만들어 활용해도 되고 포스트잇에 내용을 적어 교탁이나 칠판에 붙여 놓아도 된다. 다만 지도안 자체를 들고 수업을 진행하는 것은 자칫 준비가 미흡한 것처럼 보일 수 있으므로 피하는 것이 좋다.

**셋째, 부정적인 생각을 무시한다.** 눈덩이 효과라고 들어 본 적이 있는가? 아주 작은 것이 순환을 반복하며 주체하지 못할 만큼 커지는 것을 의미하는 말이다. 부정적인 생각 역시 눈덩이 효과를 일으킬 수 있다. 찡그린 참관자의 표정이 신경 쓰여 결국 수업을 망치는 것처럼 말이다. 수업 중 부정적인 생각이 머릿속에 떠오르면 마음에 담아 두지 말고 무시하자.

당신의 수업은 계획대로 잘 되고 있다고 믿어라.

**넷째, 협의회를 통해 배운다.** 한 설문조사에 따르면 공개수업을 부담스러워하는 교사가 46.2퍼센트에 육박한다고 한다.[22] 선생님들은 왜 공개수업을 그토록 두려워하는 것일까? 다양한 이유가 있겠으나 과거 수업 협의회 문화도 한 가지 이유일 듯하다. 수업 협의회 분위기는 거의 전쟁터였다. 노력한 교사를 응원해 주기는커녕 이것이 옳은가, 그른가로 물어뜯기 바빴다. 모두가 적군이요, 아군은 자신뿐인 싸움에 남는 것은 상처뿐이니 달가워할 교사가 있을 리 만무했다. 다행히도 이제는 모두 과거의 이야기다. 지금은 수업 혁신이라는 말에 걸맞게 자신의 수업을 돌아보고 반성적인 성찰로 한 단계 나아가기 위한 장이 되고 있다. 어렵사리 준비한 수업을 마쳤는가? 그렇다면 이제는 배움의 자세로 협의회에 임하자. 모두가 선생님을 응원할 것이다.

## 마치며

수업을 끝낸 선생님의 마음을 대변하는 단어는 아마도 '시원하다'일 것이다. 그런데 오늘이 가기 전 꼭 해야 할 일이 남았다. 바로 잘한 점과 아쉬웠던 점, 다음 공개수업에 해 보고 싶은 것을 기록으로 남겨 다음 공개수업을 준비하는 것이다. 이것까지 마친 선생님에게 한 마디. 정말 고생했고 고생했습니다!

온라인 학급운영 꿀팁

## 온라인 공개수업

→ 아이들이 얼어 버릴 것이 고민이라면 실시간 방송 도구를 이용해 보자.

**step 1 플랫폼을 결정한다.**

실시간 온라인 공개수업을 위해 가장 먼저 해야 할 일은 플랫폼 선정이다. 각 플랫폼의 특징을 알아보자.

| 플랫폼 | 특징 |
|---|---|
| 줌 | • 참관자의 가입이 필요 없으며 많은 인원이 동시에 참여할 수 있다.<br>• 조작법은 간단한 편이나 무료로 주어진 시간은 40분에 불과하다. |
| 밴드 | • 대형 포털사이트에 기반을 두고 있어 접근성이 쉽다.<br>• 온라인 교실을 밴드로 활용하고 있는 경우, 연계가 가능하다. |
| 행아웃 | • 방송 시간은 무제한이나 참여 인원이 10명으로 제한적이다.<br>• 별도의 프로그램 설치가 필요 없다. |

※ 수업 영상 녹화 후 유튜브에 올려 참관자들과 공유할 수도 있다.

**step 2 플랫폼 정보를 안내한다.**

일시, 접속 방법 등 공개수업 참관에 필요한 정보를 알린다.

**step 3 송출한다.**

스마트 기기 카메라를 이용하여 수업 장면을 송출한다.

**step 4 사후협의를 한다.**

수업 공개와 같은 방법으로 사후협의를 진행한다. 단 실시간 협의가 어렵다면 참관록을 통해 피드백을 받을 수 있다.

# 배움이 있는 연수 신청하기

**오매불망 선생님**

6월 17일 ▼

한 달여 앞으로 다가온 여름방학을 맞이하여 음악 시간에 활용할 수 있는 우쿨렐레 연수를 신청했다. 방학이 끝난 후 일취월장할 내 실력을 생각하니 괜히 설렌다. 방학아, 어서 와!

**#오매불망 #기대 #신남**

 좋아요 댓글 달기 

악기 연주와 관련된 연수를 신청하셨나 보군요. 저는 2학기 때 프로젝트 학습을 제대로 해 보려고 관련된 원격 연수를 찾아보고 있답니다.

저는 동료 선생님들과 국외자율연수를 위한 공무외 국외여행을 기획 중이랍니다. 다른 나라의 학교는 어떤지 궁금해서요.

6월 셋째 주가 되면 선생님의 지적 욕구를 자극하는 다양한 연수 신청 공문이 쏟아진다. 방학을 이용하여 관심 있었던 분야를 공부하거나 체험할 수 있는 것이다. 최근에는 교수법 이외에 마음 챙김, 명상 등 연수 종류가 다양해져 교사들의 전문성과 안녕 모두를 챙길 수 있어서 더할 나위 없이 좋다. 배움이 가득한 방학을 보내고 싶은가? 그럼 이번 주 마음을 끄는 연수를 신청하거나 견문을 넓히기 위한 계획을 수립해 보자.

진영쌤의 마음튼튼 가이드

## 연수를 신청하자

「교육공무원법」 제41조[23]는 1953년 제정된 이래 지금까지 시행되고 있는 교원 연수에 관한 규정으로 수업에 지장을 주지 않는 범위에서 소속 기관장의 승인을 받아 근무지 외의 장소에서 연수를 받을 수 있음을 명시하고 있다. 우리는 이 조항을 바탕으로 방학이나 재량 휴업일에 학교 외의 장소에서 자기 연찬 및 연수에 참여한다.

2018년 「교육공무원법」 제41조를 없애라는 국민청원이 이슈가 된 적이 있다. 사람들이 교사들의 방학을 달가워하지 않는 이유는 다양하다. 다른 직장인처럼 교사도 일과 후에 자기계발을 해야 한다며 형평성을 주장하는 사람도 있고, 방학의 취지인 「교육공무원법」 제41조와 상관없는 일을 하는 사람도 적지 않으니 없애야 한다는 사람도 있다. 결국 무노동 무임금 원칙을 적용하자는 것이다.

사실 교사는 방학 동안 노는 것이 아니다. 전문성 함양을 위해 온종일 의

자에 앉아 연수에 참여하기도 하고 다음 학기, 다음 학년도의 교육계획을 수립하기 위해 머리를 싸매고 고민한다. 이를 몰라주는 사람들이 야속하지만, 이런 노력들이 알려져 교사들이 당당해질 날이 속히 오기를 바란다.

교직에 대한 지식과 경험을 쌓을 수 있는 시간을 법적으로 보장해 놓은 것이 방학이다. 나에게 꼭 필요한 연수를 찾아 방학 동안 배움을 실천하여 참 스승으로 발돋움해 보자.

**첫째, 연수 방법을 선택한다.** 교사의 역량을 강화하기 위한 수단은 다양하다. 대학원에 진학할 수도 있고 관심 분야의 전문가를 찾아 강의를 들을 수도 있다. 그렇다고 대면 연수가 꼭 정답은 아니다. 시간이나 장소가 여의치 않다면 원격 연수를 이용해도 좋다. 관심과 열정만 있다면 배움은 어디에나 있다.

**둘째, 연수를 신청한다.** '교원 등의 연수에 관한 규정' 제6조에 따르면 교원 연수는 직무연수와 자격연수로 구분할 수 있다.[24] 직무연수란 말 그대로 수업과 평가, 생활지도 같이 교실과 관련된 내용의 연수를 의미한다. 그렇다고 꼭 교수법 같은 것만 신청해야 하는 것은 아니다. 외국어, 한국사, 악기 연주 등 아이들을 가르치는 데 도움이 되는 것이라면 무엇이든 괜찮다. 직무연수는 공문을 통해 신청할 수도 있고 원격연수원에 들어가 직접 신청할 수도 있다.

자격연수는 다르다. 직무연수는 본인 의지에 따라 신청했다면 자격연수는 교육부령에 의해 대상자가 선정되어 통보된다. 신규교사나 정교사 1급 연수가 이에 해당한다. 직무연수 대상자로 선정되지 않았다면 끌리는 자율연수를 신청하도록 하자.

**셋째, 시간과 장소를 기록해 둔다.** 연수를 신청했다면 이제는 방학을 기다리면 된다. 단 학기 말이 되어 바쁜 일들을 처리하다 보면 간혹 잊어버리는 경우가 있으므로 시간과 장소를 다이어리나 달력에 표시해 놓는 것이 좋다.

## 진영쌤의 마음튼튼 가이드 경험하자

교단을 내려오는 순간까지 공부해야 하는 교사에게 배우는 일은 숙명과도 같다. 직접경험이든 간접경험이든 교단에서 활용할 삶의 지혜를 쌓는 것이라면 무엇이라도 경험하는 것이 좋다.

**첫째, 여행 등 직접경험을 계획한다.** 일상에서 벗어나 보고 싶었던 것을 보고, 가고 싶었던 곳을 가는 경험은 말할 수 없을 정도로 짜릿하다. 그런데 교원의 여행이 법적으로 보장받는 일이라는 사실을 알고 있는가? 여행 중 찍은 사진을 수업에 활용할 수도 있고 경험한 것들을 들려주어 학생들의 상상력을 자극할 수도 있으니 마다할 필요가 없는 것이다. 단 '공무외 국외여행'[25]이나 '국외 자율연수'[26]는 목적과 성격이 다르므로 구분해서 사용해야 한다. 이번 여름방학 특별한 계획이 없다면 배움을 넓힐 수 있는 곳을 찾아 떠나 보는 것은 어떨까?

**둘째, 독서, 영화감상 등 간접경험을 계획한다.** 여러 가지 환경과 시간의 제약으로 직접경험이 불가능하다면 다양한 지식과 경험이 녹아 있는 책을 읽거나 영화를 감상하는 등의 간접체험도 좋다. 꼭 새로운 책이나 영화가 아니어도 괜찮다. 과거와는 다른 새로운 감동과 깨달음을 얻을 수 있을 것이다. 방학을 함께할 책과 영화 리스트를 만들면서 방학을 준비해 보자.

### 마치며

'기회와 행운은 준비하는 자에게 온다'고 한다. 한 달 앞으로 다가온 방학, 지금부터 준비해 선생님에게 도움이 될 좋은 배움으로 채워 보자.

온라인 학급운영 꿀팁

## 방학 스케줄 관리하기

→ 어린 시절 만들었던 원 모양의 방학 생활계획서를 기억하는가? 요즘 아이들은 매일매일 스케줄이 달라서 이런 생활계획표는 별 의미가 없다. 이제 온라인 스케줄 관리로 알찬 방학을 계획해 보자.

**step 1 구글 캘린더에 접속한다.**

포털사이트에 '구글 캘린더'(https://calendar.google.com)를 검색하여 접속한 뒤 구글 계정으로 로그인한다.

**step 2 시간별 일정을 입력한다.**

방학 중 일정을 시간별로 추가한다. 이때 함께하는 친구의 메일주소를 '참석자 추가' 항목에 표기하면 일정을 공유할 수 있다.

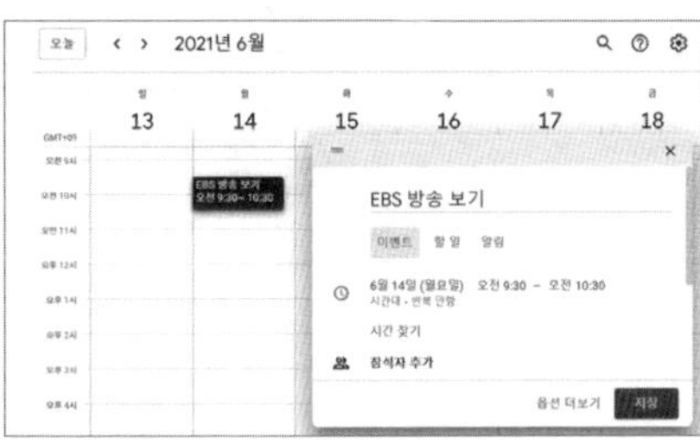


※ 항공권이나 숙소예약 확인 같은 내용을 구글 메일로 받을 경우 그 내용이 캘린더에 자동으로 추가된다.

**step 3 캘린더를 공유한다.**

'다른 캘린더' 탭에서 '캘린더 구독'을 눌러 친구나 가족 간에 일정을 공유할 수 있다. 개인정보 유출이 염려된다면 공유하지 않아도 된다.

# 화 다스리기

**미안한 선생님**

6월 28일 ▼

•••

최근 학생들에게 화를 내거나 짜증을 내는 일이 잦아졌다. 아무래도 장마가 몰고 온 불쾌지수 때문인 것 같다. 아무리 화가 나도 참았어야 했는데…. 꿉꿉하고 불쾌한 6월 말, 나의 감정을 다스릴 방법은 없을까?

**#꿉꿉해 #짜증나 #미안해**

좋아요 댓글 달기 공유하기

교사는 자신의 초감정을 잘 다스려야 한대요. 자칫 이제까지 쌓은 신뢰와 믿음을 무너뜨릴 수도 있다니 감정표현에 좀더 신중해야겠어요.

저는 서로의 감정을 이해하고 보듬어 줄 수 있는 감정놀이를 교실에서 운영 중이에요. 선생님도 한번 해 보세요!

폭력 사건이 가장 많은 달은 언제일까? 2017년도 대검찰청 자료에 따르면 비가 집중적으로 내리는 6~8월이라고 한다. 장마가 몰고 온 불쾌지수 때문일까? 누가 살짝만 건드려도 끓어오르는 감정을 주체할 수 없는 무덥고 습한 여름날, 잔뜩 짜증 난 마음을 다스리는 방법을 알아보자.

## 진영쌤의 마음튼튼 가이드 초감정을 다스리자

나도 모르게 버럭 댄 후 괜스레 미안했던 경험이 누구나 한번은 있었을 것이다. 이런 감정(분노)으로 인한 감정(미안함)을 초감정이라 한다. 초감정을 다스려야 하는 까닭은 이것이 이제까지 쌓아온 학생들과의 관계를 무너뜨리는 위협 요소가 될 수 있기 때문이다. 초감정을 다스리지 못해 순간 교실 분위기를 망쳐 버린 한 선생님의 고백을 들어 보자.

"주말 동안 맛있는 것도 먹고 충분히 쉬어서 그런지 기분이 좋다. 마침 라디오에서는 좋아하는 노래가 흘러나온다. 모든 것이 완벽한 월요일이다. 그런데 아이들의 분위기는 썩 다르다. 남학생 한 명은 울고 있고 여학생 한 명은 씩씩거리며 나를 쳐다본다. 그 순간 나도 모르게 여학생에게 친구를 울리면 되겠냐고, 그리고 남학생에게는 남자가 쉽게 울음을 보여서는 안 된다고 버럭 댔다. 몇 분 전까지만 해도 모든 것이 좋은 월요일이었는데…."

우는 사람을 보면 보통 사람들은 연민의 감정을 느낀다. 그런데 이상하게도 이 선생님은 분노와 맞닥뜨렸다. 무언가가 정상적인 감정의 흐름을 막은 것이다. 초감정은 대개 특별했던 사건에서 기인하는 경우가 많은데, 이 선생님의 경우도 그랬다. 선생님의 어린 시절 이야기를 들어보자.

"저는 눈물이 많은 아이였습니다. 툭하면 울어선지 어느샌가 반에서 왕따가 되어 있었습니다. 저는 이런 내가 싫어 슬픈 영화를 보며 일부러 울음을 참는 연습까지 했습니다. 그때부터 울음에 대한 혐오가 시작된 것 같습니다. 그 남학생은 너무나 서럽고 슬펐을 텐데 무턱대고 화부터 낸 제가 너무 부끄럽습니다."

교사도 사람이기에 문제행동을 일삼는 아이들과 오랜 시간을 함께하다 보면 초감정을 느낄 수밖에 없다. 당연히 자신도 모르게 감정의 찌꺼기가 튀어나온다. 그러나 이것은 모든 관계에 백해무익이다. 한순간의 실수로 공든 탑을 무너뜨릴 수 없다면 초감정을 다스리는 방법을 신호등을 통해 알아보자.

**첫째, 빨간불이라면 일단 정지한다.** 학생의 행동으로 인하여 초감정이 발생했는가. 그렇다면 빨간불이 들어온 것이다. 일단 멈춰야 한다. 선생님이 하려 했던 말과 행동은 분명 서로에게 상처가 되었을 것이다. 이제 현재의 감정을 한 발짝 떨어져 객관적으로 바라보자.

**둘째, 주황불이라면 판단한다.** 신호등의 주황불은 흔히 두 가지 의미로 해석된다. 금방 신호가 바뀔 테니 더 빨리 움직여! 혹은 움직이기 전 주변 상황을 확인해! 어떤 것이 맞을까? 물론 후자다. 초감정이 나타났을 때 '판단한다'는 것은 그로 인한 말과 행동이 가지고 올 결과에 대해 생각하라는 것이다. 앞서 우는 학생을 혼내기 전 나무랐을 때의 결과를 예상해 보는 것이다. 만약 이 과정을 거쳤다면 선생님은 절대 쉽게 '눈물을 보이지 말라'고 소리치지 않았을 것이다.

**셋째, 초록불이 되면 행동한다.** 주황불에서 초감정을 판단한 후 초록불이 켜진다면 이제 행동할 때다. 이때 긍정적인 상황을 가져올 행동을 선택하고 실천해야 한다. 우는 학생에게 소리를 지르는 대신 가까이 다가가 이야기를 들어 주고 토닥여 주는 것이다. 이렇게 하는 것이 결코 쉽지는 않다. 불쾌한 감정을 억누르는 동시에 타인의 부정적 감정까지 수용해야 하기 때문이다. 그러나 이러한 노력은 분명 더 좋은 결과로 돌아올 것이다.

## 진영쌤의 마음튼튼 가이드 감정조절, 놀이로 알아가 보자

아이들의 감정은 태풍과 같다. 거친 비바람처럼 감정을 주체하지 못해 위험과 충동을 일삼는다. 이런 아이들에게 필요한 것은 감정조절이다. 복받치는 감정에 지배당하지 않고 균형을 유지하는 것은 자신과 타인 모두에게 좋은 결과를 낳는다. 감정조절에 효과적인 놀이로 아이들을 올바른 감정표현의 길로 안내하자.

**첫째, 저학년을 위한 풍선 터트리기 놀이다.** 바르지 않은 감정표현 방법이 적힌 풍선을 찾아 터트리며 올바른 감정표현을 다짐해 보자.

① 학생 수만큼 풍선을 준비한다.

② 올바른 감정표현과 그렇지 않은 것에 대해 알아본다.

③ 풍선을 분 뒤 50cm 정도 되는 끈을 묶는다.

④ 올바르지 않은 감정표현 한 가지를 정해 두꺼운 펜으로 풍선에 적는다.

⑤ 풍선에 달린 끈을 발에 묶는다.

⑥ 놀이 반경을 정한 뒤 '시작' 소리와 함께 다른 학생의 풍선을 터트린다.

⑦ 터진 풍선을 보며 올바른 감정표현을 다짐한다.

**둘째, 중학년을 위한 나만의 의식 만들기다.** 불쾌한 감정으로 괴로울 때 이를 벗어날 수 있는 자신만의 특별한 방법이 있다면 어떨까? 특정 상황에서 슬기롭게 행동할 수 있는 나만의 의식을 '리추얼rituals'이라고 한다. 감정을 조절하는 나만의 의식을 만들어 감정조절의 힘을 길러 보자.

① 아이들에게 각각 포스트잇을 3장씩 나눠 준다.

② '멈춰', '판단', '행동'이라는 단어를 각각의 포스트잇에 적는다.

③ 내용에 어울리는 신체 부위를 생각해 포스트잇을 붙인다.

④ 친구는 포스트잇을 어디에 붙였는지 살펴본다.

⑤ 포스트잇을 그 위치에 붙인 까닭을 서로 이야기한다.

⑥ 불쾌한 감정이 발생했을 때 포스트잇을 붙였던 신체 부위를 떠올리는 나만의 의식으로 감정조절을 실천해 본다.

**셋째, 고학년을 위한 숫자 심호흡 놀이다.** 감정조절 방법 중 가장 먼저 떠오르는 것은 아마도 때와 장소에 구애받지 않는 심호흡일 것이다. 실제로 깊은 심호흡을 통해 우리 몸에 들어온 산소가 폐를 통하여 각종 기관에 전해지면 각 세포에서 긴장 완화와 불안을 감소시키는 에너지를 생성한다니 매우 효과적인 방법이다. 숫자를 이용한 심호흡으로 휘몰아치는 감정을 다스려 보자.

① 3초 동안 눈을 감고 긴장을 푼다.
② 4초 동안 최대한 숨을 들이마신다.
③ 5초 동안 숨을 참으며 잡념에서 벗어난다.
④ 6초 동안 숨을 내뱉으며 몸속에 있던 이산화탄소를 배출한다.
⑤ 이 과정을 총 7회 반복한다.
⑥ 감정조절이 필요한 순간에 자연스럽게 심호흡할 수 있도록 평소에도 연습한다.

**넷째, 전체 학년을 위한 감정 라벨링 놀이다.** 감정 라벨링은 교사의 감정을 다스리기에도 좋지만 학생들의 감정조절에도 효과적이다. 신호등의 색깔을 바탕으로 '멈춰', '판단', '행동'이 지닌 힘에 대해 알아보자.

① 칠판에 큰 신호등을 그린다.
② 빨간색, 주황색, 초록색의 포스트잇을 나눠 준다.
③ 신호등 각각의 색이 의미하는 것을 알아본다.
④ 강한 감정에 사로잡혔던 때를 떠올린다.
⑤ 그때의 감정 이름을 빨간색 포스트잇에 적는다.

⑥ 칠판 신호등의 빨간 부분에 빨간색 포스트잇을 붙인다.

⑦ 선택하고 싶은 행동과 그 행동을 했을 때 벌어질 일을 떠올려 주황색 포스트잇에 적는다.

⑧ 칠판 신호등의 주황 부분에 주황색 포스트잇을 붙인다.

⑨ 과거 경험 중 긍정적인 상황을 불러일으켰던 행동을 선택하여 초록색 포스트잇에 적는다.

⑩ 칠판 신호등의 초록 부분에 초록색 포스트잇을 붙인다.

### 마치며

세상에는 나쁜 교사도 나쁜 학생도 없다. 표현이 서투른 사람만 있을 뿐이다. 감정조절은 하루아침에 얻을 수 있는 능력이 아니다. 타인을 위해 자신의 욕구를 참을 때 비로소 완성되는 힘이다. 한두 번 해 보고 안 된다며 포기하지 말고 끝까지 노력하여 주변 사람에게 힘이 되는 존재가 되자.

온라인 학급운영 꿀팁

## 사춘기의 뇌 알아보기

→ 가지치기가 진행 중인 사춘기의 전두엽은 문제행동에 취약하다. 사실 이런 모습이 가장 낯선 것은 그 누구도 아닌 본인이다. 뇌에서 일어나는 변화를 알고 미리 대처하는 힘을 길러 올바른 감정표현에 한 발짝 더 다가서 보자.

**step 1 유튜브에 접속한다.**

'유튜브'(https://www.youtube.com)를 검색하여 접속한다.

**step 2 영상을 검색한다.**

'뇌에도 사춘기가 온다고?'를 검색하여 영상 주소를 확보한다. 영상 주소는 우측 하단 '공유' 탭에서 얻을 수 있다.

**step 3 영상 주소를 공유한다.**

영상 주소를 온라인 교실 게시판에 올려 학생들과 공유한다.

**step 4 올바른 행동을 다짐한다.**

과제 제출방에 '화가 날 때, 슬플 때, 두려울 때' 평소 나는 어떻게 행동하는지 그리고 어떻게 행동하는 것이 올바르다고 생각하는지를 댓글로 적게 한다.

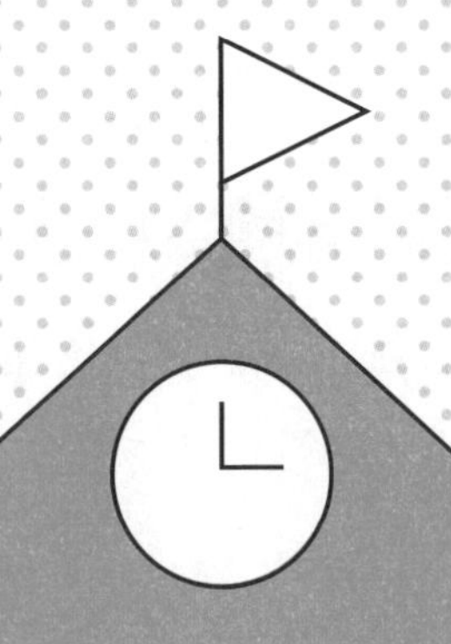

# 7월

## 1학기를 마무리한다

어느덧 1학기를 마무리하는 7월이 되었다. 쉴 새 없이 달려온 탓에 지칠 대로 지쳤지만, 또 다시 힘이 나는 걸 보면 방학이 얼마 남지 않았다는 증거다. 수고와 희망이 공존하는 7월, 교사의 삶으로 함께 들어가 보자.

# 급여명세서 살펴보기

흐뭇한 선생님
7월 4일 ▼

•••

이번 달 급여명세서를 보고 놀랐다. 평소보다 많은 금액이 적혀 있었기 때문이다. 혹시 잘못된 것은 아닌가 해서 지난달과 비교해 봤더니 정근수당이 추가되어 있었다. 선배님들에게 여쭤보니 1월과 7월에 정근수당이 나온다는데…, 이게 뭐지?

**#가방 살까 #정근수당 #흐뭇해**

좋아요　댓글 달기　공유하기

교직에 들어선 지 10년이 넘었지만, 급여명세서는 여전히 어려운 것 같아요. 정근수당, 시간외근무수당 등 도통 모르는 단어투성이에요.

정근수당은 이제까지 열심히 일한 대가랍니다. 그동안 수업하랴 업무 처리하랴 고생하셨어요.

7월이 되면 괜히 흐뭇해진다. 껑충 뛴 월급 덕분이다. 큰 금액은 아니지만, 통장에 찍힌 숫자를 보면 웃음이 절로 난다. 7월에 더 많은 월급을 받은 까닭은 무엇일까? 휴가철이라서? 1학기를 잘 마무리해서? 모두 정답이 아니다. 정근수당이 추가되어서다. 평소 월급 체계에 관심이 있던 선생님이 아니라면 처음 들어 보았을 것이다.

월급은 내가 열심히 일한 대가로 받는 보수다. 급여명세서를 살펴보며 나의 피, 땀, 눈물을 기억하자.

## 진영쌤의 마음튼튼 가이드 급여명세서를 제대로 살펴보자

급여명세서를 확인하기 위해서는 교육행정정보시스템(이하 'NEIS')에 접속해야 한다. NEIS 좌측 하단 '나의 메뉴' 탭에서 나의 급여를 살펴보자.

● **[○○초등학교] [특정직 / 교사 / ① 호봉 / 0년]**

| 공무원 구분 | 행정부국가공무원 | 급여 관리구분 | 호봉제 | 급여직종 구분 | 교원 | 최초 임용일 | |
|---|---|---|---|---|---|---|---|
| 기관명 | ○○초등학교 | 급여 관리기관 | ○○교육지원청 | 직위 | 교사 | 현직급 임용일 | |
| 보직구분 | | 담당과목 | | 교원구분 | 교사 | 현직위 임용일 | |

| 급여내역 | | 세금내역 | | 공제내역 | |
|---|---|---|---|---|---|
| ② 본봉 | | ⑬ 소득세 | | ⑮ 일반기여금 | |
| ③ 정근수당 | | ⑭ 지방소득세 | | ⑯ 건강보험 | |
| ④ 정근수당가산금 | | | | ⑰ 노인장기요양보험 | |
| ⑤ 정액급식비 | | | | ⑱ 교직원공제회비 | |
| ⑥ 도서벽지수당 | | | | ⑲ 식대 | |
| ⑦ 교직수당 | | | | ⑳ 친목회비 | |
| ⑧ 교직수당가산금 | | | | | |
| ⑨ 가족수당 | | | | | |
| ⑩ 시간외근무수당(정액분) | | | | | |
| ⑪ 시간외근무수당(초과분) | | | | | |
| ⑫ 교원연구비 | | | | | |
| 급여총액 | | 세금총액 | | 공제총액 | |
| 실수령액 | | | | | |

**① 호봉**

신규교사는 대개 9호봉부터 시작한다. 기본 8호봉에 사범계열학교를 졸업한 사람에 한해 주어지는 1호봉이 가산된 결과다. 그런데 문제는 8호봉이라는 숫자가 일반직공무원보다 특혜를 받는 것으로 오해하기 좋다는 것이다. 그럼 신규교사가 9호봉부터 시작하는 까닭은 무엇일까? 이는 대학 졸업 후 임용되는 요즘과 달리 과거에는 고등학교 졸업부터 4년제 대학 졸업까지 교사의 학력이 다양했기 때문이다. 그러다 보니 형평성에 맞는 보수를 지급하기 위한 기준이 필요했고 그 척도를 '4년제를 졸업한 자를 8호봉으로 삼는다'로 잡은 것이다. 사실 8호봉은 0호봉인 셈이다.

**② 본봉**

교원의 본봉은 금융위기가 발생했던 2009년과 2010년을 제외하고 매년 적게는 1.7퍼센트에서 많게는 5.1퍼센트까지 인상되었다. 이는 경제성장으로 인한 물가상승률을 반영한 것이다. 매년 바뀌는 교원의 본봉은 '공무원보수규정' 제5조 별표11[27]에서 확인할 수 있다.

**③ 정근수당**

선생님을 설레게 한 정근수당이다. 정근수당은 1년에 두 번, 1월과 7월에 지급된다, 이름에서 유추할 수 있듯이 제자리에서 성실히 일한 대가로 그 노고를 위로하기 위해 지급되는 수당이다. 정근수당은 1년 미만인 신규교사에게는 지급되지 않으며, 10년 이상의 교사는 월봉급액의 50퍼센트를 받는다. 근무연수에 따라 다른 정근수당 지급률은 '공무원수당 등에 관한 규정' 제7조에서 확인하자.

**④ 정근수당가산금**

정근수당에 이어 정근수당가산금이다. 정근수당이 1년에 두 번 들어온다면 가산금은 매달 지급되는 수당이다. 이 또한 경력에 따라 금액이 다르다. 5년 미만은 지급되지 않으며 5~9년은 5만 원, 10~14년은 6만 원, 15~19년은 8만 원, 20년 이상은 10만 원이다.

**⑤ 정액급식비**

대한민국의 모든 공무원은 정액급식비로 14만 원을 받는다. 한 달에 20

일을 근무한다고 했을 때 한 끼에 7,000원 정도를 받는 셈이다.

**⑥ 도서벽지수당**

도시와 떨어져 인적이 드물거나 교통·편의시설이 부족한 도서벽지에 근무할 때 지급되는 수당으로 급지에 따라 3만 원에서 6만 원까지 다양하다. 근무하고 있는 곳의 급지는 각 시도교육청의 '인사급지 및 근속상한연한'에서 찾아볼 수 있다.

**⑦ 교직수당**

교육과 관련된 일에 종사하는 교원이면 누구나 받을 수 있는 수당으로 교육장, 장학관(사), 교육연구관(사)과 각급 학교에 근무하는 교원들에게 월 25만 원이 지급된다.

**⑧ 교직수당가산금**

교직수당가산금은 총 여덟 가지로 매우 다양하다. 자신의 급여명세서를 살펴보며 나는 어떤 가산금을 왜 받았는지 알아보자.

⑧-1 원로수당이라고 불리는 가산금1은 30년 이상 교육경력과 55세 이상인 교사들이 받는 것으로 금액은 5만 원이다.

⑧-2 보직수당인 가산금2는 보직교사들이 받는 것으로 7만 원이다.

⑧-3 특별수당인 가산금3은 특수학교에 근무하거나 특수학급을 담당하는 교원, 국립국악중학교나 고등학교에 근무하는 교원, 방송통신중학교나 고등학교를 겸직하는 교원, 통학버스에 월 10회 이상 동

승하는 이에게 지급된다. 금액은 조건에 따라 다르다.

⑧-4 담임수당인 가산금4다. 금액은 총 13만 원이며 부장교사가 담임까지 겸하면 보직수당과 함께 받을 수 있다.

⑧-5 실과담당수당인 가산금5는 농업, 수산, 해운, 공업계의 학과가 설치된 고등학교의 교장이나 교감, 담당 교원이 받는 수당으로 호봉에 따라 지급액이 다르다.

⑧-6 가산금6은 보건교사가 받는 수당으로 금액은 3만 원이다. 보건교사가 배치되지 않아 일반교사가 보건교사 업무를 맡은 경우에는 지급되지 않는다.

⑧-7 병설유치원 겸임수당인 가산금7은 학교장과 교감이 병설유치원 원장과 원감을 겸임하는 때 받는 수당이다. 이때 교장은 10만 원을 교감은 5만 원을 받는다.

⑧-8 가산금8은 영양교사가 받는 수당으로 보건교사와 동일한 3만 원이다.

**⑨ 가족수당**

부양가족이 있는 공무원에게 생활비를 보조하여 생계를 지원하는 것이 목적이다. 가족수당 규칙은 매우 세세한 편이므로 관련 법령을 참고하도록 하자.

⑨-1 부양가족의 범위는 배우자와 직계존속, 19세 미만의 직계비속이다. 형제자매는 장애 정도가 심한 때만 해당한다.

⑨-2 부양가족을 인정받기 위해서는 주민등록표상 세대를 같이하고

실제로 같이 거주해야 한다. 난 근무 형편에 의해 별거 중이거나 부부 모두가 공무원일 경우 계산 방법이 다르므로 '공무원수당 등에 관한 규정' 제10조를 참고한다.

⑨-3 첫 번째, 두 번째 조건을 모두 만족했을 때 배우자는 4만 원, 첫째 자녀는 2만 원, 둘째는 6만 원, 셋째는 10만 원, 배우자나 자녀를 제외한 부양가족은 1인당 2만 원을 지급한다. 부양가족의 최대 인원은 4명이나 자녀는 합산하지 않는다.

### ⑩ 시간외근무수당(정액분)

출퇴근 시간이 정해져 있음에도 불구하고 업무를 준비하거나 마무리하다 보면 추가시간이 필요하기도 하다. 이런 점을 고려하여 '공무원수당 등에 관한 규정' 제15조에는 연가, 병가, 공가, 특별휴가, 방학, 결근, 외출을 제외한 월간 출근일수가 15일 이상이면 별도의 초과근무명령이나 승인 없이 월 10시간분의 시간외수당을 정액으로 지급할 것을 명령하고 있다. 단 정액분을 빌미로 조기출근이나 퇴근 후 잔업을 명령하는 것은 규정에 어긋난 해석이므로 부당노동에 해당한다. 시간외근무수당은 직급과 호봉에 따라 다르나 시간당 12,830원이 평균이다.

### ⑪ 시간외근무수당(초과분)

일과 후 처리할 업무가 있다면 시간외근무 명령권자인 학교장에게 초과근무를 요청하여 수당을 지급받을 수 있다. 시간외근무수당은 1일 4시간 월 57시간을 초과할 수 없으며 일과 내 NEIS를 통해 신청해야 한다.

### ⑫ 교원연구비

과거에는 근무 도중 생길 수 있는 손해와 피해를 보전해 주기 위한 교원 보전수당이라는 것이 있었다. 그런데 2014년 '공무원수당 등에 관한 규정'이 개정되며 유·초등 교원에 한해 보전수당이 폐지되었다. 그렇다고 해서 월급이 줄어든 것은 아니다. 곧이어 제정된 '교원연구비 지급에 관한 규정'에 따라 교원연구비가 매달 지급되고 있기 때문이다.

현재 교원연구비는 지역별로 지급되는 액수가 다르다. 교육청마다 '교원연구비 지급에 관한 규정'에 명시되어 있는 금액을 온전히 지급하는 곳도 있고 그렇지 않은 곳도 있다. 이는 교원연구비 지급 규정이 위임행정규칙으로 구분돼 지역별 지침이나 훈령에 적용을 받고 있어서다. 상대적 박탈감을 줄이고 형평성을 확보하기 위해 하루빨리 모든 지역의 교원연구비가 통일되어야 할 것이다. '교육부훈령' 제208호에 따른 교원연구비는 다음과 같다.

| 구분 | | 유·초등 교원 | 중등 교원 |
|---|---|---|---|
| 교장 | | 75,000 | 60,000 |
| 교감 | | 65,000 | 60,000 |
| 수석교사 | | 60,000 | 60,000 |
| 보직교사 | | 60,000 | 60,000 |
| 교사 | 5년 이상 | 55,000 | 60,000 |
| | 5년 미만 | 70,000 | 75,000 |

### ⑬ 소득세

1년 동안 발생한 모든 소득에 부과되는 세금을 소득세라 한다. 소득세는 과세표준에 의해 징수되는데 급여총액이 1,200~4,599만 원이면 15퍼센트, 4,600~8,799만 원이면 24퍼센트의 세율을 적용받는다. 급여명세서에 찍혀 있는 소득세는 임시적인 것으로 추후 연말정산을 통해 돌려받거나 더 낼 수 있다.

### ⑭ 지방소득세

소득세가 중앙정부에 납부하는 국세라면 지방소득세는 지방자치단체에서 거두는 세금이다. 소득세의 10퍼센트가 이에 해당한다.

### ⑮ 일반기여금

공무원연금은 기여금과 부담금으로 구성된다. 기여금이란 공무원 본인이 부담하는 금액으로 기준소득월액의 9퍼센트다. 공무원연금의 다른 재원은 국가 및 지방자치단체에서 지원하는 부담금이다. 부담금 또한 월 보수액의 9퍼센트로 동일하다. 급여명세서에 간혹 소급기여금이 찍히기도 한다. 이는 군 복무, 육아휴직 등 무급휴직을 끝내고 복직했을 때 기여금을 냄으로써 휴직 기간을 공무원연금법상 재직기간으로 인정받는 방법이다. 소급기여금은 휴직이 아닌 복직 당시의 징수율을 따르므로 다달이 내는 것보다 일시에 내는 것이 이득이다.

### ⑯ 건강보험

고액의 진료비가 발생했을 때 가계에 부담이 되는 것을 막기 위해 평소에 내는 보험료다. 건강보험 가입은 의무사항이며 비용은 매년 증가하는 추세다. 건강보험료는 월급에서 비과세를 제외한 보수월액의 6.67퍼센트인데 근로자인 우리가 3.335퍼센트를, 직장에서 3.335퍼센트를 부담한다.[28]

### ⑰ 노인장기요양보험

통계청 발표[29]에 따르면 기대수명은 높아지는 반면 건강수명은 낮아지고 있다고 한다. 이를 대비하는 것이 노인장기요양보험이다. 고령이나 노인성 질병에 걸려 일상생활을 혼자 수행하기 어려울 때를 준비하는 것이다. 보험의 재원은 건강보험료의 6.55퍼센트로 충당하고 있다. 건강보험료가 높아지면 동반 상승하는 공제금액이다.

### ⑱ 교직원공제회비

교직원을 대상으로 한 장기저축급여다. 대개 노후를 준비하기 위해 적게는 3만 원(50구좌)부터 많게는 90만 원(1,500구좌)까지 적립한다. 교직원공제회비는 의무는 아니나 연 복리가 적용되기에 첫 발령을 받았을 때부터 조금씩 꾸준히 저축할 것을 추천한다.

### ⑲ 식대

교직원 식대는 보통 4,000~5,000원 선으로 학생보다 조금 높은 편이다. 개인 사정이 생겨 5일 이상 출근하지 못할 경우 식대를 환불받을 수 있으나 급식 전에 식자재 계약이 이루어지므로 당일 통보했을 때는 불가능하다. 절차와 방법은 행정실에 문의하자.

### ⑳ 친목회비

교직원의 경조사를 챙기기 위해 갹출하는 금액이다. 적게는 만 원부터 많게는 5만 원까지 다양하다. 친목회비는 내부회칙에 의해 집행되며 대개 학기에 한 번 회계보고를 한다.

### ● 기타 _ 명절휴가비

명절휴가비는 본봉의 60퍼센트로 대개 설과 추석을 앞두고 지급된다. 보수지급일 전후 15일간이 원칙이므로 재정이 여유롭지 않을 때는 명절 후에 지급될 수도 있다.

## 마치며

교사의 월급 체계에 대해 알아보았다. 알다시피 교사의 월급은 일반 기업에 비해 많지 않은 편이다. 초봉이 5,000만 원이 넘는 기업이 20곳이 넘는다는 기사를 보면 상대적 박탈감마저 들기도 한다. 그래도 다행인 점은 근무연한이 길고 일정한 수입이 안정적으로 들어온다는 것이다. 교사는 재테크 전략도 이런 장점을 살리는 쪽으로 세워야 한다. 흔히 투자하지 않는 돈은 죽은 돈이라 한다. 보유한 자금을 효율적으로 운용하는 방법을 공부하고 고민함으로써 현재와 미래 모두를 챙기자.

온라인 학급운영 꿀팁

## 금융여행 보드게임

→ '경제' 하면 아이들은 어렵고 재미없다고 생각한다. 재미있는 보드게임으로 경제를 말랑말랑하게 만들어 보자.

**step 1 보드게임을 내려받는다.**

'금융감독원 금융교육센터'에 접속한 뒤 금융교육 콘텐츠→금융교육 자료방→체험교육자료→신나는 금융여행 순으로 들어가 첨부 파일을 내려받는다.

※ 한국은행 온라인 학습방에 있는 다양한 자료를 활용할 수도 있다.

**step 2 보드게임을 실행한다.**

압축을 푼 후 'App.swf '를 실행한다.

※ 플래시 실행을 위한 별도 애플리케이션이 필요하다.

**step 3 보드게임을 즐긴다.**

'게임 방법'을 눌러 게임규칙을 익힌 뒤 '게임 시작'을 눌러 보드게임을 즐긴다.

**step 4 새로 알게 된 것을 생각해 본다.**

보드게임을 통해 알게 된 저축, 보험, 투자, 소비 등의 경제 개념을 온라인 교실 과제 게시판에 올린다.

# 알찬 여름방학 보내기

**방학을 앞둔 선생님**
7월 14일 ▼

며칠만 지나면 그토록 기다렸던 방학이다. 한 달 전부터 준비한 공무외 국외자율 여행을 앞두고 있어서 그런지 더 설렌다. 그런데 마음 한편으로는 혹시 뭔가 놓친 것은 없는지 불안하다. 방학 전 무엇을 어떻게 해야 홀가분하게 떠날 수 있을까?

**#드디어 #기다렸어**

 댓글 달기 

저는 요새 어떤 방학 숙제를 내주어야 하나 고민입니다. 교육청에서는 학생들의 부담을 줄여 주라는데 어떻게 해야 할지 막막하네요.

저는 작년에 EVPN 비밀번호를 잊어버려 학교에 다시 나와야 했답니다. 그래서 올해는 EVPN 신청 후 비밀번호를 수첩에 적어 놓았어요.

1학기 말이 되니 여름방학 계획서 작성부터 원격업무지원서비스 신청까지 해야 할 일이 태산이다. 그렇다고 일을 다 마치지 못해 방학 첫날부터 출근하기는 너무나 싫다. 여름방학을 앞둔 지금, 꼭 해야 할 일들을 잘 챙겨 홀가분한 마음으로 방학을 맞이하자.

## 진영쌤의 마음튼튼 가이드 배움이 가득한 방학 과제를 제시하자

2018년 3월 중국의 한 고층 아파트에서 열두 살 초등학생이 자살을 시도했다. 다행히 목숨을 건진 이 사건의 원인은 다름 아닌 방학 과제였다. 개학을 앞두고 방학 과제를 다하지 못한 중압감으로 극단적인 선택을 한 것이었다. 방학 과제를 대행해 주는 업체가 특수를 누리는 우리나라도 마찬가지다. 어떻게 하면 크게 부담을 느끼지 않으면서 학력 손실을 막고 다양한 소질을 계발할 수 있는 과제를 제시할 수 있을까?

**첫째, 완료되지 않은 프로젝트를 과제로 제시한다.** 선생님은 완수한 일과 도중에 그만둔 일 중 어떤 것을 더 잘 기억하는 편인가? 자이가르닉Zeigarnik은 이를 알아보기 위해 164명을 모아 두 모둠으로 나눠 같은 문제를 풀게 했다. 단 첫 번째 모둠에는 아무런 방해를 하지 않았고, 두 번째 모둠에는 갖은 방해 공작을 펼쳤다. 그렇게 시험을 끝내고 얼마나 많은 문제를 기억하고 있는지 질문을 던졌다. 놀랍게도 방해를 받은 모둠이 두 배나 더 많이 기억하고 있었다. 심지어 기억해 냈던 것의 68퍼센트는 풀지 못한 문제들이었다. 이 실험 결과대로 우리는 마치지 못한 일을 더 잘 기억한다.

방학 과제를 제시할 때 자이가르닉 효과를 활용하는 것은 어떨까. 방학 즈음 한 가지 프로젝트를 실행하되 해결 방법을 과제로 제시하는 것이다. 자기주도적 학습을 노린다면 자이가르닉 효과를 적극적으로 이용해 보자.

**둘째, 즐길 수 있는 과제를 제시한다.** 숙제는 자신의 의지보다는 선생님이나 부모님의 강요나 약속에 의해 하게 되기 일쑤다. 그래서인지 아이들은 숙제를 좋아하지 않는다. 오죽하면 숙제 없는 세상에서 살고 싶다고 말할까. 그럼 숙제 없는 방학이 정답일까? 아니다. 학력 손실을 막고 다양한 소질을 계발하기 위해서 방학 과제가 꼭 필요하다. 그렇다면 어떤 숙제를 제시해야 할까? 전라북도교육청에 따르면 학생이 원하는 방학

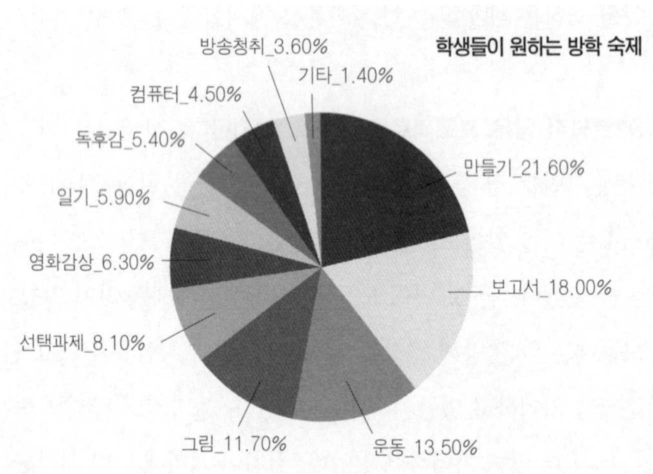

숙제 1위는 만들기, 2위는 보고서[30]라고 한다. 울며 겨자 먹기 식으로 하는 과제는 이제 그만! 아이들이 좋아하는 것에 탐구 거리를 더해 숙제를 통해 배움을 경험하는 방학을 보내도록 이끌어 보자.

**셋째, 경쟁을 부추기지 않는다.** 학부모가 자녀의 방학 과제에 부담을 느끼는 이유 중 하나는 우리 아이가 돋보이면 좋겠다는 욕심 때문이다. 이 욕심 때문에 방학 과제를 대신해 주는 업체까지 등장한 것이다. 독후감 2만 원, 만들기 5만 원이라는 높은 금액을 내걸었음에도 발길이 끊이지 않는 것에서 학부모가 느끼는 부담감이 상상 이상임을 알 수 있다. 그런데 이런 현상을 학부모 탓으로만 돌리기에는 무언가 꺼림칙하다. 방학 과제를 제시하는 것은 우리 선생님들이니 말이다. 지금부터라도 부담은 줄이고 과정과 노력이 칭찬받는 방학 과제를 제시하는 것이 어떨까. 이를 위해 다음과 같은 기준이 도움이 될 것이다.

| 지향할 것 | 지양할 것 |
|---|---|
| 자신의 힘으로 해결할 수 있는 것<br>배운 내용을 적용할 수 있는 것<br>학생들이 즐겁게 할 수 있는 것<br>의미와 배움이 있는 것<br>계획을 세워 꾸준히 실천할 것<br>호기심을 끌 만한 참신한 것<br>빠져들 수 있는 것 | 부모의 도움이 필요한 것<br>선행학습을 부추기는 것<br>교사가 일방적으로 강요하는 것<br>교과서에 단순히 제시된 것<br>단숨에 끝내 버릴 수 있는 것<br>과거부터 해 오던 진부한 것<br>단순히 암기하는 것 |

진영쌤의 마음튼튼 가이드

## 홀가분하게 떠날 준비를 하자

학생을 위한 방학 과제가 준비되었다면 이제는 교사가 교실을 떠날 준비를 해야 한다. 고작 한 달이라고 여길 수도 있으나 제대로 준비하지 않으면 귀찮은 일들이 발생할 수 있으니 꼼꼼히 처리해야 한다. 방학을 앞두고 교사가 해야 하는 일은 크게 세 가지다.

**첫째, 교실을 정리한다.** 한 학기 동안 머물던 교실과 잠시 이별을 고할 때다. 이별은 깔끔할수록 좋다

① 개인정보 유출을 막는다. 개인정보가 중요한 것은 알지만 다른 것들에 열중하다 보면 반 아이들의 이름, 주소 등이 담긴 종이를 교탁에 그대로 올려놓고 퇴근하는 경우가 있다. 요새는 개인정보를 고의로 유출하거나 부정하게 이용하는 경우 '파면' 또는 '해임'의 중징계가 주어지므로 '가족과 함께하는 체험학습 신청서' 같은 것들은 따로 모아 파기하거나 이중 잠금이 되는 곳에 보관하자.

② 빈 교실에 누가 드나들지 모르는 방학, 범죄에 악용될 만한 것들을 모조리 제거함으로써 불씨를 남기지 않아야 한다. 특히 모니터 주변에 붙어 있는 업무 관련 내용이나 키보드 뒤에 숨겨진 컴퓨터 비밀번호를 없애는 것은 놓치기 쉬우므로 꼭 다시 한번 확인하자.

③ 오랜 시간 외출하기 전 집 안의 플러그를 모두 뽑는 것은 상식이다. 혹시 모를 화재로부터 재산을 지키기 위함이다. 교실을 떠날 때도 마찬가지다. 컴퓨터, 공기청정기, 교육용 패드, 선풍기 등 각종

전기 제품의 플러그를 뽑았는지 확인하자.

④ 교육을 위해 동식물을 기르는 반들이 더러 있다. 스투키처럼 장기간 물을 주지 않아도 되는 경우는 괜찮지만, 지속적인 관리가 필요한 것들은 지원을 받아 학생들에게 임시분양해야 한다. 한 학기 동안 정성을 들여 키운 소중한 생명이니 귀찮더라도 꼭 실행하길 바란다.

⑤ 개학 후 교실의 상쾌한 공기를 원한다면 방학식 날 반드시 쓰레기통을 비워야 한다. 악취 나는 교실은 생각만 해도 싫다.

⑥ 방학 중에도 학교는 열려 있다. 방과후학교, 캠프 등 프로그램에 참여하는 학생들을 위해서다. 때문에 보안은 상대적으로 취약해진다. 값나가는 물건을 탐내거나 개인정보를 취득하기 위해 불법으로 침입하는 사람이 있을 수 있으니 문단속 후 열쇠는 교무실에 보관하도록 하자.

**둘째, 업무를 확인한다.** 방학했다고 학교의 모든 업무가 중단되는 것은 아니다. 매일 접수되는 공문은 여전하다. 요즘은 대부분 관리자가 처리해주는 편이나 담당자가 처리해야 할 때도 있다. 이럴 때 업무 처리 준비가 제대로 되어 있다면 상관없다. 재택에서 처리하면 되니까. 하지만 인증서가 만료되었거나 원격업무지원서비스가 신청되어 있지 않다면 앞으로 겪어야 할 불편이 태산이다. 강제로 학교에 출근하고 싶지 않은가? 방학 전 두 가지를 꼭 확인하자.

하나는 NEIS 내에서 개인원격업무를 신청하는 것이다. 교무업무와 행정업무를 온라인으로 처리할 수 있는 NEIS에는 민감한 정보들이 넘쳐난다. 이런 이유로 NEIS는 학교 안에서만 접속 가능한 시스템이었다. 그러다 보니 방학이나 출장 중 시급한 업무를 처리할 때 큰 어려움이 따랐고 그 불편함을 감내하는 것은 교직원들이었다. 다행히도 몇 해 전 교육부 주도로 개인 컴퓨터와 NEIS 간 암호화 채널이 구축되어 보다 수월하게 업무를 처리할 수 있게 되었다. 그 암호화 채널이 바로 EVPN이라고 불리는 원격업무지원서비스다. 이 서비스를 이용하려면 미리 NEIS 내에서 개인원격업무를 신청해야 한다. 비밀번호는 분실 시 재승인이 필요하므로 꼭 기억해 두자.

다른 하나는 교육행정전자서명 인증서(GPKI)의 만료일을 확인하고 필요한 경우 갱신하는 일이다. NEIS에 접속하기 위해 필요한 것은 EVPN만이 아니다. 교직원임을 증명하는 인증서도 있어야 한다. 이러한 인증서 갱신 기간이 얼마 남지 않았다면 서둘러 갱신해 두어야 한다. 갱신은 몇 가지 정보만 입력하면 간단히 처리되는 반면 재발급 절차는 매우 복잡하다. '사용 기간이 만료되었습니다'라는 문구를 보고 싶지 않다면 인증서의 만료일을 확인하고 이동식 저장 매체에 미리 담아 두자.

### 마치며

홀가분하게 방학을 맞이하는 방법에 대해 알아보았다. 몇 년 전 방학을 맞이하여 활짝 웃으며 교문을 나서는 학생의 사진이 화제가 된 적이 있다. 교사도 기쁜 건 매한가지다. 이제 한 달 전 계획해 둔 행복한 배움으로 떠나면 된다. 1학기 동안 고생한 당신, 이제는 떠나라!

온라인 학급운영 꿀팁

## 수준별 방학 과제 제시하기

→ 비영리 교육 서비스인 '칸 아카데미'를 통해 개인의 수준에 맞는 방학 과제를 제시해 보자.

**step 1 칸 아카데미에 학급을 개설한다.**

'칸 아카데미 한국'(https://ko.khanacademy.org)을 검색해 접속하고 구글 계정으로 로그인한다. '새 클래스 만들기'를 클릭하여 학급을 개설한다.

**step 2 클래스 코드를 공유한다.**

가입한 학생들에게 클래스 코드를 알려 주어 학급에 초대한다.

**step 3 수준별 과제를 제시한다.**

'과제 내주기' 탭을 클릭하여 수준에 맞는 과제를 내준 후 기한을 설정한다. 모든 학생에게 같은 문제를 제공할 수도 있다.

※ 현재 활용 가능한 콘텐츠로는 수학과 SW 교육이 있다.

**step 4 과제를 확인한다.**

학생들의 과제 수행 정도를 '관리' 탭에서 확인한 후 필요한 경우 하위 과제나 심화 과제를 제시하는 것도 가능하다.

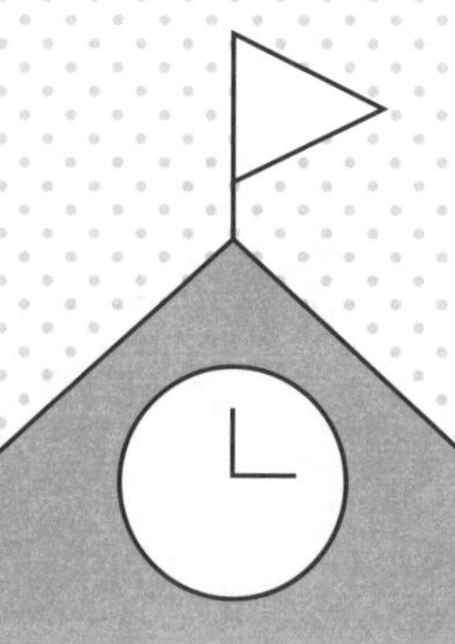

# 8월

## 2학기 학급분위기를 재설정한다

꿀같이 달콤하던 한 달 남짓의 방학이 끝났다. 다시 힘차게 달려야 할 때가 다가왔다. 못 본 새 훌쩍 커 버린 학생들과의 동고동락을 다시 시작해 보자!

# 방학 전 리듬으로 되돌리기

**개학을 맞이한 선생님**
8월 18일 ▼

여름방학이 끝난 지 이틀이나 지났다. 함께 정한 약속은 어디 갔는지, 우유 팩은 교실을 나뒹굴고 아이들은 지각하기 일쑤다. 3월 첫 주처럼 심란한 우리 반, 어떡하지?

**#심란해 #돌아가고파**

방학 후유증을 겪고 계시는군요. 학생들도 선생님도 힘든 개학 첫 주네요.

수업 중 하품하는 학생들이 많아 걱정이에요. 언제쯤 공부 리듬이 돌아올까요?

시간이 쏜살같이 흘러 여름방학이 끝났다. 지나가 버린 시간이 야속하기만 하다. 아이들도 마찬가지인지, 방학이 휩쓸고 간 교실은 엉망진창이다. 수업 중 조는 것은 물론이고 모든 것이 제 마음대로다. 심란한 8월 셋째 주 교사에게 주어진 특명은 1학기의 안정된 모습을 하루 빨리 되찾는 것이다. 아이들의 공부 리듬, 생활 리듬을 되찾는 방법을 알아보자.

## 진영쌤의 마음튼튼 가이드 늘어진 용수철의 탄성을 회복시키자

학기 중의 아이들은 탄성을 유지하던 용수철과 같다. 문제행동을 일으키며 잠깐 늘어났다가도 교사의 조언이나 지도로 금세 제자리로 돌아온다. 긴장감을 유지하는 것이다. 하지만 방학이 되면 등교를 위해 제시간에 일어나지 않아도 된다. 잘못된 행동에 제동을 걸 교사도 옆에 없다. 나태함이라는 추를 달기에 이보다 좋은 때가 없다. 게으름은 삶을 지배하고 용수철은 계속 늘어난다. 용수철은 탄성한계점을 지나는 순간, 잡아당기지 않아도 제자리로 돌아가지 못한다. 탄성을 잃은 용수철은 고철에 지나지 않는다.

개학 전의 학생들은 마치 탄성한계점에 거의 임박한 용수철과 같다. 모든 것이 귀찮아 의욕이 없고 자신이 좋아하는 것만 하려 한다. 생기발랄하고 의욕 넘치던 1학기의 모습이 온데간데없다. 개학 후 교사는 그동안 학생들을 지배했던 게으름을 제거해 주어야 한다. 하지만 그동안 누리던 편안함은 포기하고 불편함을 더해야 하므로 심리적 저항이 있을 수밖에 없다.

이런 저항을 이해하는 선생님이라면 괜찮지만 참지 못하는 교사는 소리를 지르거나 잘못된 행동을 한 학생을 웃음거리로 만드는 등의 강압적인 방법을 사용하기도 한다. 학생들을 바짝 움츠리게 만들어 나태함을 날려 버리려는 전략일 것이다. 하지만 압축된 용수철이 어디로 튈지 모르듯 심한 압박을 느낀 학생은 도리어 엇나가거나 더 큰 문제행동을 일으킬 수 있으므로 고민해야 한다. 시간이 걸릴지라도 그들의 마음을 보듬어 주며 다치지 않고 돌아오게 하는 것이 더 나은 방법일 것이다.

## 진영쌤의 마음튼튼 가이드 공부 리듬을 되찾아 주자

볼펜 속 용수철을 쭉 잡아당겨 본 적이 있는가? 제 모양으로 잘만 돌아가던 용수철이 자꾸 당기다 보면 어느 순간 당긴 그대로 늘어나 버리지 않던가? 지금 아이들의 상태가 이와 같다. 제시간에 책상에 앉지 않아도 되고 정해진 학습량을 채우지 않아도 되니 공부 리듬이 망가져 버린 것이다. 망가진 공부 리듬을 되돌리려면 어떻게 해야 할까?

**첫째, 명상을 통해 차분한 수업 분위기를 만든다.** 뇌파는 몸과 마음의 상태에 따라 다양한 주파수를 보인다. 그중 마음을 편안하게 만드는 알파파와 집중을 돕는 베타파는 공부 효율을 높이기에 학습파라고도 불린다.[31] 혹 수업 전 여유가 있다면 알파파와 베타파를 자극하는 데 효과적인 명상을 해 보자. 차분함과 학습 욕구까지 잡을 수 있을 것이다.

**둘째, 책상 서랍을 정리한다.** 새로운 다짐을 앞두고 어질러진 공간을 정리해 본 경험이 있을 것이다. 아이들의 흐트러진 공부 리듬이 고민이라면 먼저 난장판인 책상 서랍을 정리해 보자. 질서정연해진 서랍처럼 공부 의지를 다잡을 수 있을 것이다.

**셋째, 교과서를 살펴본다.** 개학 첫날부터 진도를 나가려 마음 먹었는가? 마음가짐이 흐트러진 아이들에게 선생님의 가르침은 쇠귀에 경 읽기와 마찬가지다. 여러모로 준비가 필요한 첫날, 여유를 가지고 교과서를 쭉 살펴보면서 어떤 것을 공부할지, 어떤 주제가 가장 관심을 끄는지 이야기를 나눠 보자. 2학기 학습을 위한 좋은 워밍업이 될 것이다.

## 진영쌤의 마음튼튼 가이드 생체 리듬을 되찾아 주자

개학 후 교실은 하품 천지다. 한창 꿈나라에서 헤매고 있을 시간에 딱딱한 의자에 앉아 자장가 같은 수업을 들으니 당연한 결과다. 이런 아이들이 많다면 먼저 생체 리듬을 되찾아야 한다. 용수철처럼 늘어난 아이들의 생체 리듬을 되돌릴 두 가지 방법이다.

**첫째, 수면의 질을 높인다.** 쉽사리 잠들지 못한다면 스마트 기기 때문일 수도 있다. 잠자리에 눕고 15분이 되면 분비되어야 할 수면 유도 호르몬이 스마트 기기를 사용하자 1시간 40분 만에 나오기 시작했다고 한다.[32] 특히 커피 두 잔보다 스마트 기기의 불빛이 두 배 이상 수면을 방해한다니 잠자리에 들기 전 게임이나 영상, 웹툰을 보는 것은 지양해야 하겠다. 개학 후 학생들이 너무 피곤해 하며 하품을 달고 산다면 협의를 통해 취침시간을 정하고 잠자리에 들기 전 스마트 기기를 사용하지 않기로 약속해 보자. 수면의 질을 높이는 것만큼 생체 리듬을 제자리로 돌려놓는 데 효과적인 것은 없다.

**둘째, 수업 전 학교를 거닌다.** 마음껏 놀면 공부가 잘된다? 모순인 듯 보이지만 사실이다. 2005년 미국 일리노이주 네이퍼빌 센트럴 고등학교에서 0교시 체육을 실시한 결과 학습능력은 물론 알파파의 수준까지 높아졌다는 것이다. 생체 리듬이 깨져 공부를 위한 신체 상태가 준비되지 않는다면 1교시 전 함께 학교를 거닐어 보자. 높아진 신체 긴장이 잠자는 뇌를 깨울 것이다.

## 진영쌤의 마음튼튼 가이드 정서 리듬을 되찾아 주자

2013년 취업포털 커리어가 직장인 816명을 대상으로 조사한 결과 휴가를 다녀온 직장인의 81.3퍼센트가 후유증에 시달린다고 한다. 쉬다 오면 더 열심히 일할 것이라는 예상과 달리 일상생활에 복귀했다는 우울감으로 인해 더욱 힘들어하는 것이다. 어른들이 이러한데 학생들은 오죽하겠는가. 방학 후유증으로 인해 우울해 하는 학생들과 교감하며 정서 리듬을 회복해 보자.

**첫째, 놀이로 우울감을 날려 버린다.** 침체된 분위기를 한 방에 날려 버리기에 놀이만큼 좋은 것은 없다. 모든 것을 내려놓고 온전히 즐길 수 있는 놀이로 교실 분위기는 살리고 우울감을 날려 버리자.

### ● 한 발짝 러닝맨

① 빈 종이에 이름을 적는다.
② 이름이 적힌 종이 뒷면에 양면테이프를 붙여 등에 고정한다.
③ 선생님의 신호에 따라 움직여 친구의 이름표를 떼는 놀이임을 안내한다.
④ 선생님이 '한 발짝'이라고 신호하면 한 걸음을 움직인다.
⑤ '두 발짝', '세 발짝'처럼 신호에 변화를 주어 움직이게 한다.
⑥ 이름표가 떼어진 사람은 제자리에 앉는다.
⑦ 가장 많은 이름표를 뗀 사람이 승리한다.

### ● 오감놀이

① 반 번호대로 놀이를 진행한다.
② 1번을 불러 교탁에 앉히고 안대로 눈을 가린다.
③ 2번은 교실에 있는 물건 중 하나를 선택하여 1번 앞에 둔다.

④ 1번은 오감을 활용하여 어떤 물건인지 맞힌다.

⑤ 맞추면 다음 라운드로 진출할 수 있다.

⑥ 마지막 번호까지 반복하며 다음 라운드 진출자를 뽑는다.

⑦ 최종 승리자를 선정한다.

**둘째, 격려로 자신감을 불어넣는다.** 고래도 춤추게 한다는 칭찬은 보통 결과에 대한 보상으로 주어진다. 어떤 일을 성공리에 마쳤을 때 '잘했어', '훌륭해' 같은 말로 그 결과를 인정해 주는 것이다. 그런데 교육학자들은 칭찬보다 격려를 많이 하라고 조언한다. '잘하고 있어', '좋은 시도야' 같은 말로 노력한 것을 높이 평가하라는 것이다. 실제로도 격려를 많이 받은 학생이 실패 시 좌절하지 않고 다시 일어나 도전하는 회복탄력성이 높다고 하니, 개학 후 방학 후유증으로 의욕이 없는 아이가 있다면 격려를 적극적으로 활용해 보자. 선생님의 격려가 정서 리듬을 되찾는 데 큰 힘이 될 것이다.

### 마치며

방학 후유증을 겪는 학생들을 지원하는 방법에 대해 알아보았다. 이 모든 것은 학생들만을 위한 것들이 아니다. 어쩌면 선생님에게도 필요한 것일 수 있다. 개학 후 몸이 지치고 힘든가? 그렇다면 나의 공부·생체·정서 리듬을 되찾기 위해 노력해 보자. 한결 가벼워진 몸과 마음을 발견할 수 있을 것이다.

온라인 학급운영 꿀팁

## 사이버 폭력 체험하기

→ 방학 중 주춤했던 학교폭력이 다시 고개를 들기 시작하는 9월을 앞두고 지금 필요한 것은 학교폭력에 대한 경각심이다. 특히 온라인 교실에서 발생하기 쉬운 폭력 내용을 간접 체험하면서 예방해 보자.

**step 1 애플리케이션을 내려받는다.**

스마트 기기에 '사이버 폭력 백신'을 설치한다.

**step 2 사이버 폭력을 간접 체험한다.**

애플리케이션을 실행하여 사이버 폭력을 간접 체험한다. 단 체험 내용에 충격을 받을 수 있으므로 3학년 이상을 대상으로 부모나 교사 등 보호자가 함께 체험할 수 있도록 지도한다.

**step 3 느낀 점을 나눈다.**

사이버 괴롭힘을 당한 후의 감정과 예방을 위한 나의 다짐을 온라인 교실의 과제방에 올린다. 이때 공개글로 작성하도록 하여 공감력을 높이는 것이 좋다.

※ 애플리케이션 내용이 자극적이라 판단되는 경우 에듀넷에서 운영 중인 도란도란 학교폭력예방(http://doran.edunet.net)의 영상을 활용한다.

# 교실 속 일제 잔재 뿌리 뽑기

**역사를 사랑하는 선생님**
8월 29일 ▼

오늘은 우리나라가 국권을 상실했던 경술국치일이다. 역사적인 날을 맞아 교내에서 일제 잔재에 관한 연수가 진행되었다. 반장, 수학여행 등이 일제의 잔재라는 사실에 놀랐다. 이에 우리 학교는 2학기부터 반장 제도를 없애고 다수 대표 체제를 도입하기로 했다. 역사를 바로 세우는 우리 학교가 자랑스럽다.

**#대한민국 #친일 청산**

수학여행이 일제의 잔재라니 정말 놀랍네요. 2학기에 계획되어 있는 수학여행을 역사탐방으로 가자고 건의해야겠어요.

선생님의 글을 읽으며 '역사를 잊은 민족에게 미래는 없다'라는 말이 떠오르네요. 우리나라의 미래를 위해 변화하는 선생님의 학교가 부럽습니다.

지난 2019년은 우리 민족의 독립의사를 세계에 알린 3·1운동과 이를 계승한 임시정부 수립 100주년이었다. 역사적 의의를 기리기 위해 대한민국 정부는 2018년부터 2019년 3월까지 SNS 게시물 11만 건을 바탕으로 친일 청산에 대한 국민 인식을 조사했다. 80.1퍼센트의 국민이 친일 청산이 제대로 되지 않았다고 대답하였는데 그 이유로 친일파 후손이 많아서(48.3퍼센트), 친일파 재산 환수가 완료되지 않아서(27.8퍼센트), 우리나라 문화에 일제 잔재가 남아서(12.8퍼센트)를 꼽았다고 한다. 사실 친일파 후손과 그들의 재산 환수는 우리가 나선다고 해서 당장 어떻게 할 수 있는 문제가 아니다. 합법적인 방법으로 해결되어야 할 일이다. 하지만 우리 문화에 남은 일제 잔재를 뿌리 뽑는 것은 지금 우리가 실천할 수 있다. 작은 시냇물이 큰 강을 만들 듯 우리들의 작은 실천이 모여 마침내 문화 속 일제 잔재 청산을 이뤄낼 것이다.

새 학기가 되면 학급 반장과 부반장 선출이 이뤄진다. 반장의 역할은 선생님에게 얼마나 많은 권한을 위임받느냐에 따라 다르다. 어떤 학급에서는 선생님을 대신하여 청소나 급식을 검사하기도 하고 각종 행사에서는 맨 앞에 나와 줄을 세우기도 한다. 그런데 반장 제도가 일제 강점기 시절 학생들을 효율적으로 통치하기 위한 제도였다는 것을 아는가? 성적이 뛰어난 학생 한 명에게 완장을 채워 줌으로써 특권 의식을 부여하고, 나머지 학생들이 그에게는 복종하도록 한 것이다. 이는 일본 천황에게 충성을 다해야 한다는 것을 가르치기 위한 매우 치밀하고도 지독한 식민 통치 방법이었다. 광복을 맞이한 지 70주년이 지난 지금까지도 학교 현장에 남아 있는 일제의 잔재는 여전히 많다. 이번 주에는 잊어서는 안 될 역사를 기억하며 학교에 남은 일제 잔재를 알아보고 뿌리 뽑아 보자.

## 진영쌤의 마음튼튼 가이드 반장 체제 대신 학급 자치회를 운영하자

시민의식을 함양하고 학교 민주주의를 구현하기 위해 자치회의 중요성이 날로 높아지고 있다. 학교표준비의 0.5퍼센트 이상을 자치회비로 책정함으로써 학생자치를 활성화하고, 학생회장을 학교운영위에 참여시켜 아이들의 의견을 교육 활동 전반에 반영하고자 하는 노력이 그 예다. 이제 교실도 이런 변화에 발맞춰야 한다. 학급 자치회를 강화하여 일제 잔재인 반장 제도를 폐지하는 동시에 자기관리 역량을 높여 보자.

**첫째, 다인 대표 체제를 선택한다.** 반장 1인 대표 체제를 폐지하고 학급 구성원 모두에게 동등한 책임과 권한을 부여하는 다인 대표 체제를 구성하여 학급 자치회를 운영한다. 이는 모든 학생이 학급의 중요구성원이 되어 각종 사안에 대해 고민하고 더 나은 방향으로 발전하는 데 이바지한다는 점에서 매우 긍정적이다. 아이들이 주체 의식을 갖고 학급운영에 참여하길 바란다면 다인 대표 체제를 운영해 보자.

**둘째, 민주적인 방법으로 선출한다.** 다인수 학급의 경우 그 특성상 다인 대표 체제가 어려워 임원 제도를 활용해야 할 수도 있다. 그렇다면 민주적인 절차에 따라 임원을 선출한다. 일제 강점기에는 반장을 보통 성적이 우수한 학생들로 정했다. 효율적인 학급관리를 위해 명석한 두뇌가 필요했던 것이다. 심지어 반장을 위한 상급 학교 진학 특별전형까지 있었다니 불공평한 제도라 할 수 있다. 이런 과거의 인식 때문인지 사람들 마음에는 학급 임원은 공부를 잘하는 학생이 되어야 한다는 무의식이 자리잡고 있다. 교사조차 말이다. 사회의 작은 축소판인 학교에서 심각한 차별이 있었던 셈이다. 자율과 참여가 바탕이 되는 자치회를 조직하고 싶다면 결격사유가 없는 한 모든 학생에게 입후보의 가능성을 열어 두고 학급 내 선거관리위원회를 조직하여 직접 대표를 뽑을 수 있도록 하자. 이때 선생님은 개입을 최소화하는 것이 좋다.

**셋째, 직책명을 바꾼다.** 선출된 학급 대표에게 일제의 잔재인 반장, 부반장 등의 명칭을 붙여 사용하고 있다면 직책명을 바꿀 필요가 있다. 농촌사회의 협력을 의미하던 두레에서 따온 두레 이끄미(도우미)나 회장(부회장) 같은 좋은 명칭이 있는데 무엇을 주저하는가? 새로운 직책명에 걸맞게 자신의 역할에 더욱 최선을 다하는 학생의 모습을 발견할 것이다.

진영쌤의 마음튼튼 가이드

## 수학여행 대신 역사탐방을 떠나자

학창 시절 고학년을 손꼽아 기다렸던 이유 중 하나는 수학여행이었다. 학교를 벗어나 친구들과 함께 여행하고 싶었기 때문이다. 그런데 수학여행이 일제의 잔재라는 사실을 아는가. 수학여행의 시작은 도쿄사범대학의 장도원정壯途遠征이었다. 그런데 이는 황국신민화, 내선일체 등 제국주의적인 성향을 띠게 되었고, 결국 러일전쟁을 기점으로 승전을 기념할 수 있는 한반도와 만주 일대를 돌며 신민의식을 고취하는 여행으로 자리 잡았다. 일본의 불순한 의도는 여기서 멈추지 않았다. 조선인을 일본으로 보내기도 했는데 이는 상대적 박탈감을 느끼게 하여 일본 열도를 우러르게 만들려는 전략이었다. 하나부터 열까지 식민통지를 위한 계획에 따라 이루어졌던 셈이다. 이러한 사실을 알게 된 이상 이대로 둘 수는 없지 않은가. 이제부터라도 우리 민족의 우수한 문화를 탐방하고 체험할 기회로 삼아 역사를 제대로 배우고 마음에 소중히 새기도록 해 보는 것은 어떨까? 역사탐방에 활용할 수 있는 성취기준은 다음과 같다.

**첫째, 1~2학년은 박물관을 탐방한다.** 우리나라의 상징과 문화를 조사한 후 소개하는 자료를 만드는 수업(통합교과 '나라' 영역)을 앞두고 있다면 우리 민족문화와 관련된 박물관을 방문해 보는 것이 좋다. 보고 듣고 깨달은 것을 바탕으로 관련된 자료를 제작하는 경험은 탐구가 주는 즐거움은 물론 애국심까지 얻게 해 줄 것이다.

**둘째, 3~4학년은 지역 내 문화유산을 탐방한다.** 지역 내 유무형의 문화유산에 대해 알아보는 사회과 학습을 진행 중이라면 지역 내 문화유산이나 박물관을 방문하여 직접 보고 그 가치를 느껴 보는 활동을 추천한다. 이때 사전학습과 사후학습을 철저하게 하여 의미 있는 역사탐방이 되도록 해야 할 것이다.

**셋째, 5~6학년은 주변 지역의 문화유산을 탐방한다.** 5~6학년 사회과에는 탐방할 것들이 넘쳐난다. 대부분 역사가 5~6학년 교육과정에 모여 있어서다. 삼국의 성장부터 광복 후의 모습까지, 관련된 문화유산이 전국 곳곳에 있으니 어느 지역이든 역사탐방이 가능할 것이다. 학생들의 관심과 흥미를 고려한 역사탐방으로 우리 민족의 과거와 현재, 그리고 미래에 대해 생각해 보는 시간이 될 수 있도록 하자. 다음은 수도권에서 가 볼 만한 문화유산과 박물관을 정리한 것이다.

| 구분 | 장소 | 알 수 있는 점 |
|---|---|---|
| 선사 시대 | 암사동 선사주거지 | 신석기 시대의 생활 모습 |
| | 국립중앙박물관(선사) | 선사 시대의 유물 |
| 삼국 시대 | 한성백제박물관 | 한성 백제의 건국과 멸망의 과정 |
| | 국립중앙박물관(고대) | 삼국의 성장과 통일신라, 발해의 생활상 |
| | 전쟁기념관 | 대표 전쟁을 통한 삼국의 발전과 영토 확장 |
| 고려 | 국립중앙박물관(고려) | 후삼국의 통일 과정과 고려의 문화 |
| | 전쟁기념관 | 전쟁사로 보는 고려의 역사 |
| 조선 | 경복궁 | 궁궐 체험을 통한 조선의 건국 과정 |
| | 국립중앙박물관(조선) | 조선의 유물과 생활상 |
| | 선정릉 | 조선의 유교 문화 |
| | 종묘 | 조선의 유교 문화 |
| | 창덕궁 | 임진왜란 이후의 정치 |
| | 운현궁 | 흥선대원군의 개혁정치 |
| | 덕수궁, 환구단 | 대한제국 설립과 당시의 시대상 |
| 일제 강점기 | 서대문 형무소 역사관 | 일제탄압으로부터 우리나라를 지키기 위한 선조들의 희생정신 |
| | 백범김구기념관 | 독립운동과 해방의 역사 |
| | 정동 일대 | 개항 이후의 모습 |

## 마치며

학교에서 찾아볼 수 있는 일제 잔재에 대해 살펴보았다. 반장과 수학여행 외에도 일제의 흔적은 많다. 방위가 들어간 학교 이름부터 일본 훈장 모양을 본뜬 교표까지 우리가 인식하지 못한 채 사용하고 있는 것이 대부분이다. 그래도 다행인 것은 최근 각 시도교육청을 중심으로 일제 잔재 청산을 위한 움직임이 활발해지고 있다는 점이다. 학생들이 많은 시간을 보내는 교실인 만큼 일제의 잔재를 완전히 뿌리 뽑아 우리 역사를 바로 세워야 할 것이다.

온라인 학급운영 꿀팁

## 온라인 문화유산 탐방하기

→ 스마트 기기만 있다면 언제 어디서든 원하는 문화유산을 탐방할 수 있다. 시공간을 초월하는 'Google Arts & Culture'로 견문을 넓혀 보자.

**step 1 'Google Arts & Culture'에 들어간다.**

포털사이트에 'Google Arts & Culture'를 검색하여 접속한 뒤 구글 계정으로 로그인한다.

※ 스마트 기기에 'Arts & Culture' 앱을 내려받아 사용할 수도 있다.

**step 2 장소를 검색한다.**

돋보기 모양을 클릭하여 방문하고 싶은 장소를 검색한다.

**step 3 박물관 뷰를 누른다.**

아이콘을 눌러 박물관 뷰로 들어간다.

※ 아티스트, 재료, 화파, 역사적 사건, 역사적 인물, 장소 등을 주제로 검색된 보다 다양한 정보를 얻을 수 있다.

**step 4 살펴본다.**

화면 내 화살표나 키보드의 상화좌우 버튼을 눌러 박물관을 탐방하며 친구들과 정보를 나눈다.

※ 스마트 기기를 사용하는 경우 VR 기능까지 활용할 수 있다.

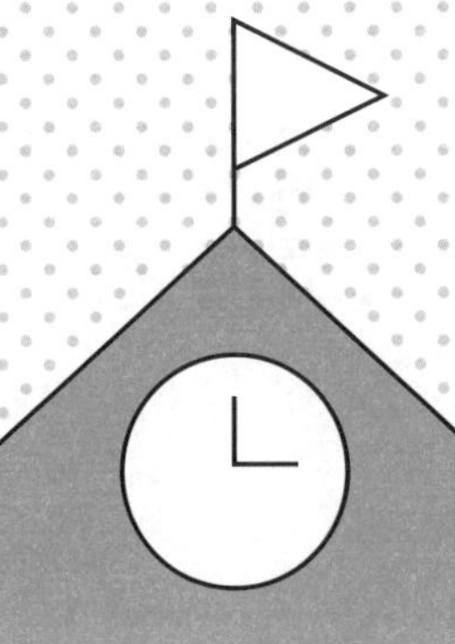

# 9월

## 학급에 영양분을 공급한다

더운 여름이 서서히 물러나고 선선한 가을이 되었다. 황금빛으로 물든 들녘과 선선하게 불어오는 바람까지 모든 것이 좋기만 하다. 몸도 마음도 풍요로워지는 9월의 교실 속으로 들어가 보자.

# 현장체험학습 계획하고 추진하기

**현장체험학습을 앞둔 선생님**
9월 1일 ▼

같은 학년 선생님들과 협의한 결과, 다가오는 가을 현장체험학습은 학생들과 함께 계획해 실행하기로 했다. 잔뜩 신이 난 아이들의 모습을 보니 잘한 듯싶지만, 막상 준비하려니 막막함에 엄두가 나지 않는다. 무엇부터 어떻게 해야 할까?

**#현장체험학습 #진정해**

학생들이 계획하고 실행하는 현장체험학습을 3년째 추진하고 있습니다. 참여율과 의욕은 가히 최고입니다. 선생님의 도전을 응원합니다.

혹시 체험 시설이나 식당, 숙소 같은 것을 예약하지 않으셨다면 하루빨리 서두르셔야 할 것 같아요.

선선한 바람이 불어오는 지금은 현장체험학습 시즌이다. 그래서인지 버스는 물론 체험 시설, 식당, 숙소 등을 구하기가 하늘의 별 따기라는 소식이 자주 들린다. 부지런히 움직이는 자만이 준비된 체험학습을 누릴 수 있다. 현장체험학습을 앞두고 있는가? 그렇다면 지금 당장 움직이자.

진영쌤의 마음튼튼 가이드

## 학생들과 함께 계획을 수립하자

아는 만큼 보인다고 했다. 현장체험학습도 마찬가지다. 준비한 만큼 그리고 공부한 만큼만 배우고 느낄 수 있다. 그래서 현장체험학습은 준비할 때부터 학생이 참여해야 한다. 장소 선정부터 이동 방법까지 함께 찾아보며 체험학습에 대한 기대감을 높이고 사전지식을 쌓아 보자. 학생과 함께 현장체험학습을 계획할 때 다음의 순서를 참고하기 바란다.

**첫째, 교육과정 성취기준을 찾는다.** 비용과 시간, 위험을 감내하면서까지 현장체험학습을 떠나는 이유는 단 한 가지다. 책에서 배운 것들을 실제로 보고 체험하며 생생한 배움을 얻기 위함이다. 그런데 가끔 체험학습을 소풍으로 오해하는 경우를 보곤 한다. 야외로 나가 웃고 떠들며 스트레스를 날려 버리는 것으로 생각하는 것이다. 그러나 현장체험학습은 엄연한 교육과정의 일부이자 수업이다. 그러므로 교육과정을 펼치고 관련된 성취기준을 찾아 적용해야 한다.

**둘째, 숙박 여부를 결정한다.** 숙박형과 비숙박형은 각각 장단점이 있다. 집을 떠나 하루나 이틀 정도 밖에서 잠을 자고 머물며 체험을 하는 숙박형은 하루 안에 견학과 관람을 마무리해야 하는 비숙박형에 비해 다양한 배움을 추구할 수 있고 먼 곳을 다녀올 수 있다는 장점이 있다. 다만 숙박형은 좀 더 먼 곳에서 다양한 배움을 추구하기에 그만큼 확인하고 챙겨야 할 것이 많다. 식당 위생은 물론 숙소의 안전 상태도 직접 눈으로 점검해야 한다. 그리고 100명 이상이 움직일 경우라면 안전요원을 확보하고 학부모의 동의를 70퍼센트 이상 얻어야 한다. 그러나 확인할 것이 많으니 편의상 비숙박형을 선호하라는 것은 아니다. 현장체험학습의 근거가 교육과정인 만큼 성취기준 도달에 숙박형이 더 효과적이라면 당연히 숙박형으로 계획해야 할 것이다.

**셋째, 학생 주도로 계획을 수립한다.** 현장체험학습과 관련된 성취기준을 찾고 숙박 여부를 정하는 것은 이제껏 온전히 교사의 일이었다. 이제 그 주도권을 아이들에게 넘겨주도록 하자. 아이들은 체험을 준비하는 과정에서 얻게 되는 사전지식으로 체험학습 당일 보고 배울 수 있는 안목을 높일 수 있다. 그러므로 하나부터 열까지 세세히 살피고 계획을 수립할 수 있도록 곁에서 필요한 도움을 제공하자.

예를 들어, 4학년 1학기에는 우리 지역을 대표하는 유·무형 문화유산을 알아보고 이를 소중히 여기는 태도를 가진다는 성취기준이 있다. 현장체험학습을 통해 이 성취기준에 도달하고자 하는 선생님이 있다고 가정해보자. 우선 문화유산이 무엇인지를 학생들에게 설명해 주자. 배경지식

없이 바로 조사에 임할 수는 없으니 말이다. 학생들은 선생님으로부터 얻은 정보를 바탕으로 우리 지역에 있는 유·무형 문화재를 찾기 위해 주변 어르신들께 여쭤보기도 하고 문화재청 누리집을 이용해 지역 문화유산을 찾아보기도 할 것이다. 이런 과정은 학생들에게 직접 가서 보고 싶다는 마음을 갖게 한다. 이제 남은 것은 학생 스스로 체험학습을 계획하는 것이다. 학생들은 사전학습을 바탕으로, 언제 어떤 곳을 방문할 것인지 구체적인 계획을 수립할 수 있다. 이때 활용 가능한 예산까지 알려 준다면 점심 메뉴와 이동 수단까지 결정할 수 있다. 현장체험학습 전 충분한 사전학습으로 학생에게 현장체험학습의 계획을 맡겨 보자. 훌륭한 계획서로 보답할 것이다.

**넷째, 공문서를 작성하여 결재를 받는다.** 학생들이 움직이기 위해서는 돈이 필요하다. 만약 비용을 학부모가 부담하기로 했다면 그 내용과 부담금액 등을 안내하여 미리 동의를 구해야 한다. 이때 주의할 점은 경제적 부담으로 인하여 소외되는 학생이 없어야 한다는 것이다. 체험학습과 관련된 제반 사항이 정해졌다면 목적과 대상, 방법, 시기, 기간, 안전요원 배치 및 활용 방법, 안전교육, 예산 활용 계획, 학부모 동의율 등이 담긴 문서를 작성하여 학교운영위원회 심의[33]와 학교장 결재를 받도록 하자.

**다섯째, 숙박과 식사를 예약한다.** 많은 학교가 비슷한 시기에 현장체험학습을 진행하므로 보다 나은 곳에서 숙식을 해결하기 위해서는 일찌감치 사전예약을 해 놓는 것이 좋다. 예약할 때도 주의할 점이 있다. 청소년 유해환경이 밀집한 곳이나 소방, 전기, 가스, 위생 등 안전점검 결과에 결격사유가 있는 곳은 피해야 한다. 아울러 체험 시설의 경우에는 청소년 수련 활동 프로그램으로 인증을 받았는지 반드시 확인해야 한다. 프로그램 및 시설평가 인증 여부는 e청소년(https://www.youth.go.kr)에서 확인할 수 있다.

**여섯째, 안전요원을 확보한다.** 아이들을 지키고 인솔 교사를 보조하는 안전요원은 현장체험학습에 참여한 인원에 따라 채용 여부가 결정된다. 안전요원 채용은 소수의 숙박형 체험학습의 경우 권장 사항이다. 그러나 참여인원이 100명을 넘기는 순간 필수로 바뀌며, 이들은 반드시 '체험학습 안전요원 교육'을 이수해야 한다. 교원 또한 이 자격을 취득할 수 있으나 그러지 못했다면 시도교육청 홈페이지 구인·구직란이나 크레존, 워크넷에서 구하면 된다. 외부에서 안전요원을 고용할 때는 성범죄 경력 및 아동학대 전력을 조회함으로써 일어나서는 안 될 일의 가능성을 원천 차단하도록 하자.

**일곱째, 현장답사 계획을 수립한다.** 안전은 여러 번 강조해도 지나치지 않다. 현장답사는 체험 당일 발생할 수 있는 위험 요소를 미리 파악하여 혹시 모를 불상사를 막는 것이 목적이다. 하지만 모든 체험학습에 현장답사가 꼭 필요한 것은 아니다. 체험학습 활성화위원회[34] 심의를 거쳐 학교장의 결정으로 생략할 수 있다. 단 중규모 이상일 때는 의무사항이므로 일시, 장소, 안전점검표 등을 담은 계획서를 작성하여 현장답사를 준비하자.

**여덟째, 현장을 답사한다.** 현장을 살펴보는 교사에게 필요한 것은 위험 요소를 발견하는 매의 눈과 청렴한 마음이다. 업체로부터 향응을 제공받거나 무상지원을 요구하는 행위는 「부정청탁 및 금품 등 수수의 금지에 관한 법률」에 위반되므로 주지도 받지도 말자.

**아홉째, 보험 가입을 확인한다.** 현장체험학습 준비의 마지막은 혹시 모를 사고에 대비해 보험을 드는 것이다. 과거에는 수상 체험 같은 위험한 활동이 주된 대상이었으나 최근에는 체험학습을 통틀어 가입하는 추세이다. 출발 전 보험을 들었는지 꼭 확인하자.[35]

## 진영쌤의 마음튼튼 가이드 열심히 준비한 자, 즐기자

학생이 직접 준비하고 계획하는 현장체험학습의 긍정적인 효과는 체험 당일에도 이어진다. 스스로 세운 계획이므로 누가 시키지 않아도 적극적으로 임하기 때문이다. 모든 것이 완벽한 현장체험학습을 위해 당일에 교사가 챙겨야 할 것들에 대해 알아보자.

**첫째, 안전교육을 한다.** 이제까지 교사가 아이들의 안전을 위해 뛰어다녔다면 지금부터는 학생이 자신의 몸을 지키기 위해 소양을 함양할 때다.

그동안 별일이 없었다는 생각에 안전교육을 생략하는 것은 금물이다. 사고는 방심하는 순간 벌어지므로 각종 사고 시 대피요령을 하나씩 짚어주며 안전의식을 높여 보자.[36] 안전교육을 간단한 말로 대신하는 경우가 있는데 이는 안전교육을 하지 않은 것과 마찬가지다. 당황하면 성인도 어찌할 바를 모르는 게 인지상정이니, 학생들이 유사시에 대처법을 바로 기억해 낼 수 있도록 제대로 교육해야 한다. 관련 교과나 창의적 체험활동 시간을 활용하여 교통수단 이용과 공중예절, 성범죄 예방, 위험 물품 소지, 체험 시설에서 발생할 수 있는 각종 안전사고에 대한 대피요령을 하나씩 구체적으로 짚어 줌으로써 안전의식을 높일 수 있도록 하자. 다음은 안전교육에 활용할 수 있는 자료들이다.

| 사이트명 | 주요 내용 | 주소 |
|---|---|---|
| 모두의 체험학습 | • 체험학습 꾸러미<br>• 안전교육 자료 | http://schooltrip.pen.go.kr |
| 창의인성 교육넷 | • 체험학습 모델 및 우수사례<br>• 안전요원 채용 | http://www.crezone.net |

**둘째, 지적 호기심을 자극한다.** 교문을 벗어났을 뿐인데 아이들의 얼굴에는 미소가 떠나지 않는다. 이때 교사는 학생들의 지적 호기심을 마구 자극해야 한다. 체험학습 장소로 이동하는 동안 직접 보고 체험할 것들에 대한 정보를 제공하거나 숨겨진 비밀 등을 들려주어 현장에 대한 호기심을 증폭하는 것이다. 또한 워크북을 제작하여 활용할 경우 '석탑은 몇 층인가?'라는 질문보다 '석탑을 왜 3층으로 지었을까?'와 같은 확산 질문을

던져 통합적인 관찰력을 기를 수 있도록 하자.

**셋째, 비상 연락망을 구축한다.** 체험에 열중하다 보면 집합 시간에 늦는 학생이 하나둘 발생할 수 있다. 만약 시간이 지체되면 점점 초조해질 수밖에 없다. 그러므로 교사는 휴대전화가 있는 학생을 중심으로 모둠을 조직, 비상 연락망을 구축하여 이런 상황이 되면 바로 연락할 수 있도록 준비해야 한다.

**넷째, 관찰한 것을 정리하여 기록한다.** 현장을 즐기는 것만큼 경험한 것을 정리하는 것 또한 중요하다. 보고 듣고 깨달은 것을 적거나 사진 혹은 동영상으로 남길 수 있도록 안내하자.

**다섯째, 사건 사고가 발생하면 절차대로 처리한다.** 안전사고를 막기 위해 아무리 노력해도 사건 사고는 발생할 수 있다. 이때는 당황하지 말고 '사안 발생 시 대응 체계'에 따라 신속하게 움직여야 한다.

| 상황 | 대처 사항 |
|---|---|
| 연락 두절 | • 주변 경찰서에 도움 요청<br>• 방송시설을 활용한 학생 소재 파악 |
| 인사사고 발생 | • 119 출동 요청 및 구급대원 안내 사항에 따른 긴급조치<br>• 관리자나 학부모에게 연락 |
| 식중독 | • 다른 학생 건강 상태 확인<br>• 가까운 병원 방문을 통한 치료 |

진영쌤의 마음튼튼 가이드

## 배움이 견고해지도록 도와주자

현장에서 보고 듣고 느낀 것만큼 정리도 중요하다. 사후학습을 통해 그 내용을 정리하여 학생들이 온전한 배움을 경험할 수 있도록 하자.

**첫째, 시간을 끌지 않는다.** 사후학습은 감동과 흥이 남아 있는 현장체험 직후에 하는 것이 가장 효과적이다. 숙박형 체험학습이라면 당일 저녁 숙소에서 하는 것이 가장 좋으나 여의치 않을 경우 체험을 마치고 돌아온 다음 날 교실에서 진행해도 괜찮다.

**둘째, 영상 등 다양한 매체를 활용한다.** 과거에는 보고서를 작성하거나 기행문을 쓰는 것이 전부였다면 최근에는 영상으로 제작하거나 발표자료를 만들어 프레젠테이션을 진행하기도 한다. 성취기준 도달에 효과적인 방법을 선택하여 사후학습을 전개하자.

### 마치며

학생을 행복하게 하는 현장체험학습에 대해 알아보았다. 그 준비가 만만치 않기에 요즘은 여행사 같은 위탁업체에 맡기는 선생님들도 있다. 이 모든 것은 교사가 준비해야 한다는 부담감에서 비롯된 결과다. 현장체험학습의 주인공은 선생님이 아닌 학생들이다. 스스로 배움의 여정을 계획하고 실천하는 기회를 제공해 보면 어떨까?

온라인 학급운영 꿀팁

## 프레젠테이션 협업하기

→ 사후학습으로 보고서 제작을 선택했다면 온라인 프레젠테이션을 활용해 보자. 별도의 설치가 필요 없어 시간을 절약하는 것은 물론 협업도 경험할 수 있다.

**step 1 구글 프레젠테이션에 들어간다.**

포털사이트에 '구글 프레젠테이션'을 검색하여 접속한 뒤 구글 계정으로 로그인한다.

**step 2 새 프레젠테이션을 만든다.**

상단의 +를 눌러 새 프레젠테이션을 만든다.

**step 3 링크를 공유한다.**

각 모둠에서 만든 프레젠테이션의 링크를 '공유' 탭에서 복사하여 온라인 교실 게시판에 올려 아이들이 협업하도록 한다.

**step 4 현장학습 보고서를 제작한다.**

본 것, 들은 것, 느낀 점 같은 내용을 바탕으로 현장학습 보고서를 작성한다. 이때 무임승차가 발생하지 않도록 지도한다.

**step 5 발표한다.**

완성된 프레젠테이션을 바탕으로 모둠의 경험과 생각을 발표한다.

# 교사 건강 챙기기

**목이 아픈 선생님**

9월 9일 ▼

요새 무리했는지 몸이 좀처럼 말을 듣지 않는다. 목도 아프고 속도 쓰리다. 아프다는 것, 참으로 서러운 일이다.

**#괴로워 #평소에 몸 관리 잘할걸 #서럽다**

좋아요 댓글 달기 공유하기

몸이 아프다니 큰일이네요. 교장, 교감 선생님께 말씀드리고 하루 정도 병가를 내고 병원 검진을 받아 보세요.

저도 한 달에 한 번 잠기는 목 때문에 참 힘들어요. 병원에 가 보니 커피를 끊으래서 참고 있는데, 나아지겠죠?

하루 종일 돌아가던 에어컨과 선풍기가 꺼지고 교실 밖으로 보이는 산과 들은 노랗고 붉게 물든다. 이 무렵 변하는 건 나무뿐만이 아니다. 일교차로 인해 교실의 모습도 달라진다. 아이들이 부쩍 코를 훌쩍이기 시작한다. 완연한 가을을 알리는 백로가 되면 더욱 심해진다. 10도 이상의 일교차가 감기를 몰고 온다. 교사들도 예외는 아니다. 교사가 감기에 걸리면 수업을 글로 해야 하는 심각한 사태가 벌어질 수도 있다. 이번 주는 교사의 건강을 위협하는 것과 그것으로부터 내 몸을 지키는 방법에 대해 알아보자. 그래야 교사도, 아이들도 모두 건강하고 즐거운 가을을 보낼 수 있다. 우리 몸을 생각하고 관리하는 주간을 보내자.

진영쌤의 마음튼튼 가이드

## 목을 아끼자

서울성모병원에 따르면 초등학교 여교사의 72.8퍼센트가 한 학기에 한 번 이상의 목쉼 증상을 경험하고, 일주일에 한 번 이상 목쉼 증상을 경험하는 경우도 15.1퍼센트에 달한다고 한다.[37] 말을 많이 하는 직업인 교사에게는 매우 치명적인 증상이다. 평생 숙제인 목 관리 어떻게 해야 할까?

**첫째, 충분히 잔다.** 선생님들의 수면시간을 조사한 연구에 따르면 6시간 미만이 12.6퍼센트, 6시간에서 7시간이 37.1퍼센트, 7시간 이상이 50.3퍼센트라고 한다.[38] 절반 정도가 충분히 자지 못하고 있는 셈이다. 수면 시간이 1시간 증가할수록 목소리가 갈라지거나 나오지 않는 증상이 29 퍼센트나 줄어든다니 충분한 잠은 필수다.

**둘째, 커피는 피하고 따뜻한 물을 많이 마신다.** 의사들은 건강한 목소리를 갖고 싶으면 카페인을 피하라고 조언한다. 카페인이 몸속의 수분을 배출시켜 목을 건조하게 만든다는 것이다. 꾀꼬리같이 아름다운 목소리를 갖고 싶다면 보온병에 따뜻한 물을 가지고 다니며 자주 마시자. 매일 물 2 리터씩을 마시면 장 기능도 개선되고 피부도 좋아지며 피로도 회복된다니 일거사득이 아닌가.

**셋째, 비언어적 의사소통 방법을 사용한다.** 노련한 선생님은 말수가 적다. 표정과 몸짓만으로도 아이들을 지도할 수 있다. 학기 초 수신호, 박수, 표정 같은 비언어적 의사소통 방법을 학생들과 약속해 놓는 것은 목 건강에 매우 효과적이다. 목을 아끼는 최고의 방법은 말수를 줄이는 것임을 잊지 말자.

## 진영쌤의 마음튼튼 가이드 속쓰림을 다스리자

평소 속이 쓰리거나 구토가 나서 병원을 방문한 적이 있는가? 서울성모병원에 따르면 교사를 가장 많이 괴롭히는 질병이 바로 소화기 질환이라고 한다. 실제로 소화기 질환으로 병원을 자주 찾거나 약을 장기적으로 복용하는 선생님들을 주변에서 심심치 않게 볼 수 있다. 역류성 식도염이나 위염 같은 소화기 질환에 시달리고 있다면 다음과 같이 해 보자.

**첫째, 간식을 피한다.** 위나 식도와 관련된 질병으로 병원을 방문했을 때 의사들이 가장 많이 하는 말은 커피나 초콜릿, 주스를 피하라는 것이다. 이런 말을 들으면 순간 이제 무슨 낙으로 사나 하는 생각이 들곤 한다. 지칠 때마다 힘이 돼 주었던 간식을 먹지 말라니 말이다. 하지만 긴 인생을 건강하게 살기 위해 잠깐의 즐거움을 내려놓는 것이 어떨까? 학년협의실에 있는 간식들, 잠시만 안녕!

**둘째, 밥을 천천히 먹는다.** 소화불량에 시달리고 있다면 치아가 약해 음식을 잘게 부수지 못하거나 침 분비량이 줄어들어 분해하는 능력이 떨어져 있을 확률이 높다. 이런 분들은 밥을 먹을 때 최소한 30번 이상은 씹어야 한다. 침 분비량을 늘려 아밀라아제가 녹말을 당으로 분해하는 시간을 최대한 확보하기 위함이다. 식사할 때 조급함을 버리면 편안한 속을 얻을 수 있다.

**셋째, 점심 식사 후 운동장으로 간다.** 식사를 마친 선생님이 향할 곳은 지친 몸을 쉬게 할 교실이 아닌 잠시 산책을 즐길 운동장이다. 식사 후 앉는 것보다 움직이는 것이 속쓰림 예방에 좋기 때문이다. 단 과격한 운동은 음식물을 역류시켜 위와 식도에 무리를 주므로 피하는 것이 좋다.

진영쌤의 마음튼튼 가이드

## 다리 건강에 신경 쓰자

교사들은 하루의 대부분을 서서 지낸다. 당연하게도 일과를 마치고 침대에 누우면 다리가 무겁고 뻐근하다. 그래서인지 교사들의 하지정맥류 발병률은 일반인보다 무려 7배나 높다고 한다.[39] 다리 건강에 적신호가 켜진 셈이다. 통증뿐 아니라 피부 경화, 정맥염까지 동반하는 하지정맥류를 그대로 두고 볼 수는 없다. 하지정맥류 예방을 위한 세 가지 수칙을 살펴보자.

**첫째, 열심히 순회 지도를 한다.** 의사들은 직업의 특성상 앉을 수 없다면 제자리에 서 있는 것보다는 걷는 것을 택하라고 조언한다. 종아리 근육을 의도적으로 움직여 혈액순환을 돕기 위함이다. 수업 중 좀 더 자주 아이들에게 다가가 학습 현황을 관찰하고 지도와 조언에 힘쓰는 것이 어떨까? 수업과 다리 건강, 두 마리 토끼를 모두 잡을 수 있을 것이다.

**둘째, 아래 공기와 친해진다.** 지금 위 공기를 마시고 싶은 욕심에 굽이 높은 실내화를 신고 있다면 과감히 내려가자. 높은 굽보다 적당한 높이의 굽이 다리 건강에 훨씬 좋으니 말이다. 높은 굽에서 내려오는 순간 다리가 편안해질 것이다.

진영쌤의 마음튼튼 가이드

## 병가를 사용하자

질병 또는 부상 등으로 인하여 직무를 수행할 수 없는 경우 사용할 수 있는 휴가가 있다. 바로 병가다. 그러나 현실에서 이를 사용하기란 쉽지 않다. 내 빈자리를 누군가가 채워야 한다는 부담감 때문이다. 보강 강사 섭외 문제가 병가를 망설이게 하는 요인 1위라는 사실이 이를 뒷받침한다. 그렇다고 언제까지 아픈 몸을 이끌고 학교에 나와 수업을 할 수는 없는 노릇 아닌가.

당장 내일의 책임을 이유로 병을 키우지 말자. 하루면 나을 병을 키워 한 달, 1년을 병상에서 보내는 것만큼 미련한 일은 없을 것이다. 게다가 이것이야말로 민폐지 않겠는가. 중요한 것은 나의 건강임을 잊지 말고 나에게 주어진 권리, 즉 병가를 사용하도록 하자. 병가 시 유념해야 할 것들은 다음과 같다.

**첫째, 병가 일수다.** 병가는 질병 또는 부상으로 인하여 직무를 수행할 수 없는 일반 병가와 공무 집행과 관련하여 발생한 공무상 병가로 구분할 수 있으며, 전자는 60일 이내 후자는 180일의 범위 안에서 치료에 전념할 수 있다. 병가 일수는 1월 1부터 12월 31일까지 1년 단위이며 누계 시간이 8시간일 때 1일로 계산한다.

**둘째, 진단서 제출이다.** 병가 일수가 연속 7일 이상이거나 연간 누계가 6일을 초과한다면 「의료법」 제17조에 따라 교부된 진단서를 제출해야 한다.[40] 단 같은 사유라면 최초 제출한 진단서로 갈음할 수 있다.

## 마치며

재물을 잃으면 조금 잃는 것이요, 명예를 잃으면 많이 잃는 것이요, 건강을 잃으면 전부를 잃는 것이라고 했다. 평소 건강관리에 신경 써서 제자들과 행복한 1년을 만들어 보자.

온라인 학급운영 꿀팁

# 건강수칙 포스터 만들기

→ 환절기 건강수칙이 포함된 포스터를 제작해 건강관리 능력을 높여 보자.

**step 1 디자인 툴에 회원가입한다.**

포털사이트에 디자인 툴을 검색하여 접속한 뒤 회원가입한다.

| 디자인 툴 | 특징 |
|---|---|
| 미리캔버스 | • 스마트 기기로도 제작할 수 있다.<br>• 인터페이스가 간단하여 쉽게 만들 수 있다. |
| 망고보드 | • 템플릿이 다양하고 세련됐다.<br>• 튜토리얼 영상이 있어 따라하기 쉽다. |

**step 2 새 문서를 만든다. (미리캔버스 기준)**

'새 문서 만들기'를 눌러 '웹 포스터' 양식을 선택한다.

**step 3 참고할 템플릿을 찾는다.**

건강수칙과 관련된 단어를 검색창에 입력하여 관련 자료를 찾는다. 주제에 어울리는 템플릿을 선택하면 더 쉽고 빠르게 제작할 수 있다.

**step 4 제작한다.**

선택한 템플릿을 바탕으로 포스터를 제작한다. 이때 필요한 사진은 '사진' 탭에서, 일러스트나 도형은 '요소' 탭에서, 문구는 '텍스트' 탭에서, 밑바탕은 '배경' 탭에서 변경한다. 결과물을 온라인 교실 게시판에 올려 친구들과 공유하여 건강한 환절기 나기를 다짐한다.

# 책이 주는 매력에 빠지기

**책을 사랑하고 싶은 선생님**

9월 17일 ▼

요새 사제동행 책 읽기를 실천 중이다. 아이들과 같은 책을 읽고 주제를 정해 깊이 있는 이야기를 나누는 시간이 그 무엇보다 좋다. 독서에 반한 요즘이다!

**#가을 #책의 계절**

좋아요 댓글 달기 공유하기

아이들에게만 독서를 강요했던 제가 부끄럽네요. 정작 나는 책을 읽지 않으면서요. 저도 오늘부터 책에 푹 빠져 봐야겠습니다.

저는 한 학기에 한 권 읽기를 추진 중인데 아이들이 엄청 즐거워해요. 선생님도 도전해 보세요.

풍요로운 가을, 여유로워진 마음 덕분일까? 괜스레 책 한 권쯤 읽어야 할 것 같다. 하지만 우리나라의 독서실태는 그리 밝은 편은 아니다. '책 안 읽는 나라'라는 기사 제목처럼 대한민국에서 매일 책을 읽는 사람은 8.4퍼센트로 OECD 평균인 20.2퍼센트에 한참 못 미치기 때문이다.[41] 세 살 버릇 여든 간다고 하지 않는가. 다시 돌아온 가을, 책을 가까이함으로써 평생 독서가를 길러 보자.

## 진영쌤의 마음튼튼 가이드 교육과정 연계 독서로 마음을 살찌워 주자

국어 교과서는 박물관과 같다. 시부터 논설문까지 다양한 장르의 글이 실려 있다. 그러나 짧은 수업 시간 안에 성취기준에 도달해야 하기 때문인지 그 길이는 매우 짧은 편이다. 학자들은 이런 식의 전략적 읽기가 독해력을 향상시킬지는 몰라도 독서가 주는 즐거움까지 만끽하기는 어렵다고 입을 모은다. 그래서일까? 독서를 취미로 하는 성인은 꽤 드물다. 2017년 독서실태 조사에 따르면 1년에 책을 1권도 안 읽는 국민이 40퍼센트에 육박한다. 그래도 다행인 것은 최근 책 한 권을 긴 호흡으로 읽음으로써 성취기준 도달은 물론 올바른 독서 습관을 형성하는 교육이 관심받고 있다는 것이다. 이러한 교육적 고민이 담긴 한 학기에 한 권 읽기에 대해 알아보자.

**첫째, 독서 단원을 활용한다.** 2015 개정 국어과 교육과정의 가장 큰 변화는 독서 단원의 신설이다. 책 한 권을 끝까지 읽고 다양한 사고 활동을 전개함으로써 전략적 읽기가 가진 한계를 극복하려는 노력이다. 독서 단원의 특이한 점 중 하나는 책의 종류나 시기가 정해져 있지 않다는 것이다. 학급 실태에 어울리는 도서를 고르고 함께 읽으면서 책이 주는 즐거움에 푹 빠져 보자.

**둘째, 국어과 교육과정을 재구성한다.** 독서 단원 이외의 성취기준으로 한 권의 책을 소화하고 싶다면 국어과 교육과정 재구성이 필요하다. 재구성 방법은 다음과 같다.
한 학기에 한 권 읽기를 위한 국어과 교육과정 재구성의 첫걸음은 성취기준에 어울리는 도서를 찾거나 도서에 어울리는 성취기준을 찾는 것이다. 정해진 답은 없으며 타 교과와 연결도 가능하므로 상상력을 발휘해 보자.
책과 성취기준이 정해졌다면 이제는 수업할 수 있도록 학습 내용을 만들어야 한다. 한 학기에 한 권 읽기의 학습 내용은 교사가 만들어야 한다. 멀고도 험한 길이 될 테지만 좋아할 학생들의 모습을 상상하며 힘을 내 보자.
그리고 천천히 읽는다. 한 학기에 한 권 읽기는 책을 빠르게 읽지 않아도 괜찮다. 도리어 읽다 모르는 단어가 나오면 책장을 덮고 국어사전에서 찾아보거나 제시된 그림을 음미하는 여유를 지향한다. 천천히 그리고 심도 있게 한 작품을 읽다 보면 책의 새로운 매력을 발견할 수 있을 것이다.

## 교사도 책과 재회하자

가르치는 동시에 배우는 존재인 교사는 자기 배움과 연구를 게을리하지 않아야 한다. 그래야 비로소 시대의 흐름을 뒤쫓을 수 있으며 미래 사회가 요구하는 인재를 양성할 수 있기 때문이다. 선생님이 책을 읽어야 하는 이유도 바로 이것이다. 이런저런 이유로 책과 잠시 멀어졌다면 다음의 방법들로 다시 책을 가까이해 보자.

**첫째, 필요성을 느낀다.** 독서를 해야 하는 까닭은 다양하다. 게임이나 만화책을 볼 때 변화가 없던 뇌가 책을 읽을 때는 크게 반응했다는 가와시마kawashima 교수팀의 연구도 있고, 6분가량의 독서로 68퍼센트의 스트레스가 줄었다는 루이스Lewis 교수팀의 논문도 있다. 이 외에도 책이 주는 장점은 셀 수 없이 많다. 이 세상에서 가장 건강한 취미이자 자기계발 수단인 독서로 삶의 질을 높여 보자.

**둘째, 끌리는 책을 선정한다.** 독서에 푹 빠지기 위해서는 좋은 책을 보는 안목이 있어야 한다. 전문가들은 좋은 책을 고르는 방법에 대해 이렇게 조언한다. 책의 3분의 2 지점을 확인하라는 것. 작가에게 마의 구간이라 불리는 이 부분마저 흥미롭다면 시간을 투자해도 아깝지 않을 것이다. 그리고 스테디셀러를 읽을 것. 오랫동안 사랑받아 온 책은 짧은 시간 동안 반짝 빛나는 책들과는 다른 분명한 매력을 가지고 있다. 어떤 점이 사람들을 매료시켰는지 한번 읽어 보아도 좋다.

**셋째, 좋은 글을 필사한다.** 깨끗한 종이에 책에 나온 좋은 글귀를 적으며 마음을 정화해 본 경험이 있는가? 최근에는 필사를 통해 마음을 다스리는 사람이 늘어나는 추세다. 필사가 가진 힘은 위로에만 머무르지 않는다. 좋은 글을 따라 적는 일이 글쓰기 능력까지 향상시킨다니 이거야말로 일거양득이다.

**넷째, 스마트 기기 사용을 잠시 멈춘다.** 독서문화진흥기본계획에 따르면 우리나라 국민은 하루 평균 인터넷에 2.3시간을 스마트폰에 1.6시간을 투자한다고 한다. 일하는 시간을 제외한 여가 대부분을 인터넷과 스마트 기기를 하며 보내는 셈이다. 반면에 독서 시간은 평일 23분, 주말 27분에 불과했다고 한다. 책 읽기 좋은 가을, 스마트 기기를 향하던 시선을 책으로 옮겨 보자.[42]

## 마치며

책 속에 길이 있다고 했다. 책을 가까이하는 사람이야말로 본인이 원하는 세상을 살아갈 수 있으며 지혜를 가질 자격이 있을 것이다. 책의 계절 가을, 독서로 교사와 학생 모두 생각을 살찌워 보는 것은 어떨까.

온라인 학급운영 꿀팁

# 온라인 독서 토론

→ 한 권의 책을 함께 읽었다면 그 내용을 바탕으로 독서 토론을 진행할 수 있다. 독서에 깊이를 더하는 온라인 독서 토론에 대해 알아보자.

**step 1 띵커벨에 접속한다.**

포털사이트에서 '띵커벨'(https://www.tkbell.co.kr)을 검색해 접속하고 로그인한다.

**step 2 새로운 띵커벨을 만든다.**

만들기 탭의 '토의 · 토론'을 눌러 제목과 공개범위 등을 입력한다.

**step 3 문제를 입력한다.**

'찬성 · 반대'를 선택한 뒤 독서 토론에 어울리는 질문과 제한 시간을 입력한다. 모든 것을 마쳤다면 'WiFi-on' 탭을 눌러 여섯 자리의 접속번호를 학생들에게 공유한다.

**step 4 독서 토론을 진행한다.**

접속번호로 토론방에 들어온 학생이 자신의 의견을 적거나 친구들의 의견을 살펴보도록 하여 독서 토론을 진행한다.

# 수업 전문가로 거듭나기

**충격받은 선생님**

9월 22일 ▼

2학기 공개수업을 앞두고 고민이 많은 요즘, 수업을 분석하고 보다 나은 방향으로 이끌어 주는 TV 프로그램을 우연히 보게 되었다. 컨설팅 대상이었던 선생님과 별반 다를 바 없는 나의 수업이 떠올랐다. 어떻게 하면 더 나은 수업을 할 수 있을까?

**#수업비평 #전통주의 수업관 #진보주의 수업관**

좋아요 댓글 달기 공유하기

저도 그 프로그램을 보며 많이 반성했어요. 좋은 수업을 위해 함께 노력해요.

수업을 녹화하고 몇 가지 관점으로 분석하는 자기 성찰식 수업 비평을 실천하고 있습니다. 부족한 점을 채울 수 있어 도움이 됩니다.

추분을 기점으로 농촌은 바빠진다. 열심히 키운 작물들을 거두는 가을걷이가 시작된 탓이다. 정성 들여 가꾼 농작물을 한아름 안고 함박웃음을 짓는 농부들을 보면 괜스레 마음이 풍족해진다. 교사도 마음이 넉넉해질 때가 있다. 바로 시기적절한 비, 기름진 토양, 쨍쨍한 햇빛이 알찬 농작물을 키우듯 내 수업이 학생들의 성장을 돕고 있다는 확신이 들 때다. 그런 수업을 하고 싶은가? 그렇다면 자기 성찰식 수업 비평에 대해 알아보고 이를 실천하여 보다 나은 수업을 만들어 보자.

## 진영쌤의 마음튼튼 가이드 평소 수업 모습을 촬영하자

수업을 몇 가지 관점으로 분석하여 그 가치는 매기는 수업 비평, 그 관점은 시대에 따라 변화해 왔다. 과거에는 권위 있는 학자들의 관점에서 기준을 만들어 수업 모습을 점수화하는 것이 일반적이었다. 하지만 수업은 상호작용의 결과이며 다양한 변수가 존재하기에 점수화하는 것이 어렵고, 높은 점수가 좋은 수업임을 보장할 수도 없는 것이 사실이다. 또 학생의 배움 여부는 간과한 채 교사의 외적으로 드러난 행동에만 집중한다는 문제가 제기되기도 했다. 그래서 최근에는 학생의 눈으로 수업을 돌아보는, 학습자 중심 수업 비평이 주목받고 있다. 우리가 알아보고자 하는 자기 성찰식 수업 비평도 여기에 속한다. 영상 속 나의 모습과 학생들의 표정을 살핌으로써 배움의 질을 확인해 보자.

**첫째, 평상시 수업 모습을 촬영한다.** 공개수업을 준비하고 진행하는 과정을 생각해 보자. 과정 내내 교사의 감정이 개입되기 쉽다. '계획대로 되지 않으면 어떻게 하지'라는 두려움과 '잘했으면 좋겠다'는 욕심을 다스리는 일이 쉽지 않은 탓이다. 이런 두려움과 욕심이 반영된 공개수업은 사실 온전한 나의 수업이라 할 수 없다. 가장 나다운 모습의 수업이 아니기 때문이다. 그렇다면 가장 나다운 모습은 어떤 걸까? 편안한 마음으로 평소에 수업을 진행하는 모습이 가장 나다운 모습이다. 그러니 자기 성찰식 수업 비평을 하기로 마음먹었다면 가장 자연스러운 모습을 촬영하기 위해 공을 들여 보자. 정말 일상적인 모습을 담은 영상 자료는 교사에게 아주 귀중하다. 수업에 늘 최선을 다하려 애쓰는 교사도 스스로 미처 인식하지 못했던 좋지 않은 습관을 그 영상을 통해 발견할 수 있을 것이기 때문이다.

**둘째, 스마트 기기를 활용한다.** 스마트폰이 지금처럼 보편화되기 이전에는 수업 비평을 하기 위해 큰돈을 들여 수업 분석 장비를 도입하거나 별도의 수업 분석실을 만들어 사용했다. 한 시간의 수업을 촬영하기 위해 학생들을 수업 분석실로 이동시키는 불편은 물론, 수업이 낯선 장소에서 이루어지는 탓에 학생들의 집중력이 흩어지는 것도 감내해야 했다. 수업 영상을 얻기가 참 어려웠던 시절이다. 그러나 이제는 선생님의 스마트폰만으로도 충분하다. 스마트폰으로 수업을 촬영할 때 몇 가지 주의할 점이 있다.

현재 스마트폰 시장은 바야흐로 카메라 전쟁이라 표현해도 될 정도로 카메라 기능 경쟁이 대단하다. 최신 스마트폰 카메라에는 넓은 각도를 촬영할 수 있는 광각렌즈가 내장되어 있는데, 그 기능을 활용하면 전체적인 수업 모습을 담을 수 있다. 그리고 촬영 시 삼각대 사용은 기본이다. 요즘은 삼각대에 다양한 기능이 탑재된 것도 있으니 적극 활용해 보자. 마지막으로 스마트폰의 용량을 확인해야 한다. 화질에 따라 다르긴 하지만 보통 40분의 영상이 녹화되기 위해서는 적어도 6GB의 용량이 필요하다.[43] 용량이 부족할 경우 중간에 녹화가 끊어지게 되므로 촬영 전 여유 공간 확인은 필수다.

**셋째, 카메라의 위치를 결정한다.** 수업 모습을 촬영하는 위치는 보통 교실 앞과 뒤 두 곳이다. 두 곳의 카메라는 설치하는 목적이 다르다. 교실 앞 카메라는 주로 칠판에 부착해 촬영하는데 학생들의 수업 참여 모습을 관찰하기 위해 설치하는 것이다. 이와 달리 교실 뒤 카메라는 교사의 무의식적인 행동과 의도적인 행위를 분석하기 위함이다. 상황에 따라 특별한 목적이 있다면 그에 따라 카메라 위치를 달리해 수업을 촬영해도 된다.
교실 앞뒤 카메라의 쓰임에 대해 좀 더 구체적으로 말하자면 교실 앞의 카메라는 학생의 배움을 점검하기 위한 것으로 수업 분위기나 발문에 따른 학생들의 반응, 개개인의 집중력과 수업목표 도달 정도, 학생 간 상호작용 등을 확인할 수 있다. 교실 뒤의 카메라는 교사의 모습을 담기 위한 것으로 판서나 활용된 매체의 가시성, 무의식적으로 반복하는 행동, 질문을 대하는 교사의 자세, 교사의 의식적인 몸짓이나 표정, 대응 패턴 등을 확인할 수 있다.

진영쌤의 마음튼튼 가이드

## 관점을 가지고 수업을 바라보자

체계적인 교육이 시작된 이래 그 방식은 수없이 변화해 왔다. 미래의 흥망성쇠가 아이들의 교육에 달렸으니 시대적 요구, 사회적 이슈, 패러다임의 변화에 민감할 수밖에 없었던 탓이다. 그럼에도 학생, 교사, 교재가 수업의 가장 중요한 축이라는 사실에는 변함이 없다. 수업의 본질인 이 세 요소를 바탕으로 실제 수업을 분석해 보자.

**첫째, 수업 전 준비과정을 살펴본다.** 수업이 이뤄지기까지는 성취기준 분석부터 학습 내용 조직까지 선생님의 엄청난 고민과 노력이 필요하다. 이제까지의 수업 협의에서는 이 과정이 등한시되어 왔으나, 최근에는 이에 주목해 과정 중심 평가를 도입하려는 움직임이 나타나고 있다. 다행히도 그 과정을 가장 잘 알고 있는 사람은 선생님 자신이다. 수업 설계 과정을 돌아보며 준비 과정에 대해 비평해 보자.

| 관점 | 살펴볼 것 |
| --- | --- |
| 학생 | • 우리 반의 실태가 반영된 주제인가?<br>• 본 주제를 학습할 준비(인지, 정의, 신체)가 되어 있는가? |
| 교사 | • 수업 연구는 충분한가?<br>• 학생 중심 활동으로 구성했는가?<br>• 성취기준 도달에 효과적인 설계인가? |
| 교재 | • 본 교재가 이 시간에 꼭 필요한가?<br>• 성취기준 도달에 효과적인 교재인가?<br>• 아이들의 관심과 흥미를 끌 만한 도구인가?<br>• 교재를 활용할 기본 소양(스마트 기기 활용 등)은 갖췄는가? |

**둘째, 수업 중 교사와 학생의 모습을 살펴본다.** 수업 중 교사는 학생들의 사소한 동작 하나까지도 살피려 노력한다. 배움이 일어날 수 있도록 모든 것을 해 주고 싶은 마음 때문이다. 하지만 아무리 노력해도 모든 아이들이 성취기준에 도달했는지 혹은 어려움을 겪고 있는지를 파악할 수는 없다. 이때 녹화된 수업 영상은 아이들의 현 상태를 파악하는 데 큰 도움이 된다. 즉 아이들에게 수업을 통한 진정한 배움이 일어나는지 확인할 수 있는 것이다.

| 관점 | 살펴볼 것 |
|---|---|
| 학생 | • 집중력이 흩트러지지 않는가?<br>• 발표에 적극적인가?<br>• 다른 사람의 의견을 경청하는가?<br>• 주인의식을 가지고 모둠 활동에 참여하는가?<br>• 배움에 주저하는 모습은 없는가?<br>• 배움을 막는 장애 요소는 없는가? |
| 교사 | • 학생과 적극적으로 상호작용하는가?<br>• 허용적인 분위기인가?<br>• 설명은 간단하고 명확한가?<br>• 지적 호기심을 자극하는 발문인가?<br>• 시선 및 동작은 자연스러운가?<br>• 수업 중 격려로 자신감을 북돋는가?<br>• 평가 시기는 적절한가?<br>• 모든 학생이 성취기준에 도달했는가?<br>• 성취기준 도달에 어려움을 보이는 학생에게 피드백이 제공되었는가? |
| 교재 | • 교재가 적시에 활용되는가?<br>• 다 사용된 교구는 제거했는가?<br>• 판서는 수업의 흐름을 반영하고 있는가? |

**셋째, 수업 후 배움이 실천으로 연결되는지 살펴본다.** 수업이 끝났다고 해서 배움이 끝난 것은 아니다. 모든 학생이 성취기준에 도달하고 배운 것을 실천할 때 배움은 비로소 마침표를 찍을 수 있다. 수업 후 아이들의 모습을 관찰함으로써 배움이 실천으로 연결되는지 확인해 보자.

| 관점 | 살펴볼 것 |
|---|---|
| 학생 | • 쓸모있는 지식이 형성되었는가?<br>• 배움이 실천으로 연결되었는가? |
| 교사 | • 성취기준에 미도달한 학생에게 적절한 조치를 취했는가?<br>• 수업과 평가에 관련된 기록을 남겼는가? |
| 교재 | • 수준별 적정 과제를 제시함으로써 더 깊은 배움을 자극했는가? |

## 마치며

현재의 수업은 개인의 내적 성장을 돕는 데 초점이 맞춰져 있다.[44] 이는 현행 교육과정에서 학습자 중심 수업, 참여형 수업을 요구하고 있기 때문이다. 자기 성찰식 수업 비평 결과 내 수업이 학습자 중심 수업에서 멀어져 있다면 미래 사회를 살아갈 학생들에게 진정 도움이 되는 수업이 무엇일까 고민해 볼 필요가 있다. 수업 비평으로 성장하는 선생님을 기대한다.

온라인 학급운영 꿀팁

## 음성을 텍스트로 바꾸기

→ 수업 영상을 보다가 내가 어떤 말을 자주 사용하는지 알고 싶을 때가 있다. 음성을 글자로 바꿔 주는 프로그램으로 수업 중 나의 언어 습관을 점검해 보자.

**step 1 브루를 내려받는다.**

'브루'(https://vrew.voyagerx.com/ko)를 검색하여 접속한 뒤 설치 프로그램을 내려받아 설치하고, 회원가입과 로그인을 한다.

**step 2 영상을 추가한다.**

'새 영상 파일로 시작하기'를 눌러 녹화된 수업 영상을 불러온다. 이때 동영상 파일의 언어는 한국어로 설정한다.

**step 3 음성 분석을 진행한다.**

프로그램의 인공지능이 음성을 분석할 때까지 기다린다.

**step 4 자막을 입힌다.**

'영상으로 내보내기'를 눌러 수업 영상에 자막을 입힌다. 텍스트만 필요한 경우에는 '다른 형식으로 내보내기' 탭에서 '텍스트'를 선택하면 된다.

**step 5 언어 습관을 확인한다.**

수업 중 나의 언어 습관을 살펴보며 잘한 점이나 고칠 점을 찾는다.

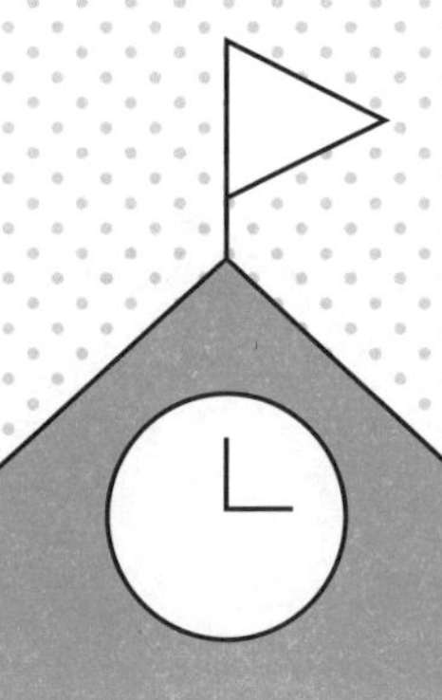

# 10월

## 학급의 문제를 발굴하고 해결한다

'살아가는 이유 꿈을 꾸는 이유 모두가 너라는걸'이라는 노래 가사가 딱 어울리는 10월이다. '어느 멋진 날'이 채워질 10월에는 학생들을 마음껏 사랑해 보자.

# 유익한 계기교육 하기

**기념일이 많아 놀란 선생님**

10월 1일 ▼

기념일이 그 어느 달보다 많은 10월이다. 지루하지 않게 그리고 뻔하지 않게 계기교육을 할 방법은 없을까?

**#계기교육 #엄청 많아 #공감하게 하고 싶어**

좋아요 댓글 달기 공유하기

계기교육의 핵심은 공감이라고 하죠. 저는 활동 중심 수업으로 계기교육을 이끌어 가고 있어요.

10월 달력을 보며 계기교육을 떠올린 것이 저만은 아니었나 봐요. 다른 선생님들은 각종 국경일과 기념일을 어떻게 다루는지 궁금하네요.

기념일이 가장 많은 달은 단연 10월이다. 1일 국군의 날부터 29일 지방자치의 날까지 국경일과 국가기념일 개수만 13개다. 여기에 개별법에 규정된 기념일까지 더하면 17개에 달한다. 당장 급한 학과 과목들의 진도를 나가다 보면 계기교육을 놓치는 경우가 많다. 가르칠 것도 많은데 계기교육까지 하라는 것이 부담스럽게 느껴질 것이다.

하지만 기념일의 존재 이유에 대해 생각해 보자. 각기 이유는 다르나 모두 특정한 일이나 가치를 되새기자는 사회적 요구가 반영된 날들이다. 국경일과 각종 기념일이 모여 있는 10월, 부담은 덜고 흥미는 높이는 계기교육 방법은 없을까?

## 진영쌤의 마음튼튼 가이드 흥미로운 사실들로 관심을 불러일으키자

국경일이나 기념일을 맞아 그 의미를 되새기는 사람은 드물다. 그저 쉬거나 놀러 가는 날로 여기는 사람이 더 많은 것이 현실이다. 국가에서는 그날의 의미를 기억하기 바라면서 기념일을 법령으로 정하지만 현실은 전혀 그렇지 못한 모습이다. 교실도 별반 다르지 않다. 특정 기념일에 대해 알려 주는 일의 중요성도 잘 알지만 당장의 진도가 중요하기에 몇 마디 말로 대신하곤 한다. 기계처럼 반복되는, 하품을 유발하는 교육으로는 부족하다. 국경일, 기념일, 명절, 절기에 관한 흥미로운 사실들을 알아보고 여러 계기교육에 활용해 학생들이 애국심을 함양하고 민주시민의 자질을 기르도록 이끌어 보자.

**첫째, 국경일과 기념일은 다르다.** 국경일과 기념일의 차이를 무엇일까? 국경일이 국가의 경사스러운 날을 기념하기 위한 것이라면 기념일은 국민의 의식을 일깨우기 위해 정해진 날이다. 헷갈리기 쉬운 이 내용으로 퀴즈를 만들어 계기교육 동기유발 자료로 써 보자. 아이들의 눈이 반짝거릴 것이다.

**둘째, 쉬지 않는 국경일도 있다.** 국경일을 모두 몇 일일까? 정답은 5일이다. 3·1절, 제헌절, 광복절, 개천절, 한글날. 흥미로운 사실 중 하나는 제헌절은 유일하게 공휴일이 아니라는 점이다. 주 5일 40시간 근무제가 시행됨에 따라 2008년 빨간 날에서 제외된 것이다. 헌법의 제정을 축하하고 준법정신을 되새겨야 한다는 점에서 다시 법정 공휴일로 지정해야 한다는 목소리가 들리고는 있으나 두고 봐야 할 일이다.

**셋째, 독도의 날은 국가기념일이 아니다.** '각종 기념일 등에 관한 규정'에 따르면 국가기념일은 52개다. 식목일, 과학의 날, 어린이날 등이 그 예다. 그런데 놀라운 것은 독도의 날이 포함되지 않았다는 사실이다. 독도의 날을 국가기념일로 제정하기 위한 움직임은 2000년부터 있었다. 독도를 울릉도의 부속 섬으로 명시한 대한제국 칙령 제41조를 기념하기 위해 10월 25일을 기념일로 지정해야 한다는 국민 서명부터 경술국치 100주년인 2010년 교원단체와 청소년연맹 등이 모여 독도의 날을 선포하는 데 이르기까지 그 노력은 계속되고 있다. 사실 2008년 관련 법안이 국회에 제출되기도 했으나 안타깝게도 통과되지 못했다. 하루빨리 우리의 바람대로 국가기념일로 제정되기를 소원한다.

**넷째, 국가기념일 중 공휴일은 단 2개다.** '관공서의 공휴일에 관한 규정'에 따르면 52개의 국가기념일 중 쉬는 날은 어린이날과 현충일 단 2개뿐이다. 대한민국 전체를 아우르는 공휴일에 관한 법은 아직 없다. 단순히 관공서 휴무에 관한 규정만 있는 것이다. 이는 민간기업이나 단체는 공휴일에 쉴 의무가 없음을 의미하기도 한다. 그러나 노사 간 합의가 대부분 '관공서의 공휴일에 관한 규정'을 따르고 있으므로 모두 같이 쉬고 있다. 규정에 따르면 공휴일은 일요일, 국경일(제헌절 제외), 1월 1일, 설 연휴(3일), 부처님오신날, 어린이날, 현충일, 추석 연휴(3일), 기독탄신일, 선거일, 정부에서 수시 지정한 날로 총 11개이다. 이 중 설과 추석 연휴 그리고 아이들이 애타게 기다리는 어린이날은 다른 공휴일과 겹칠 시 첫 번째 비공휴일을 대체공휴일로 지정하고 있다. 왜 특별히 이 날들만 대체공휴일을 지정하는 것일까? 그 까닭을 찾아보며 국가기념일에 관한 관심을 높일 수 있겠다.

**다섯째, 양력설(신정)은 일제 잔재다.** 1896년 고종황제가 양력을 도입하기 전까지 우리나라의 명실상부한 대명절은 음력설(구정)이었다. 개화파가 국가 일정 및 명절을 태양력에 맞춰야 한다고 주장했을 때도, 일제의 모진 탄압이 지속되던 때도 우리 조상들은 꿋꿋하게 음력설을 쇠었다. 광복 후에도 음력설의 고난은 끝나지 않았다. 음력설까지 설을 두 번 쇠는 것이 경제발전에 악영향을 준다는 식의 캠페인이 계속되었기 때문이다.

그러나 여전히 음력설만 되면 기차역과 버스터미널은 고향으로 가려는 사람들로 장사진을 이루었다. 마침내 음력설은 1989년 '관공서의 공휴일에 관한 규정' 개정을 통하여 민족대명절의 자리를 되찾았다. 한편 양력설을 완전히 없애 일제의 잔재를 청산해야 한다는 주장도 있으나 아직까지는 양력 1월 1일을 공휴일로 지정하고 있다. 모진 수난을 겪은 음력설, 그 속에 담긴 조상들의 얼을 살피며 애국심을 고취해 보는 것은 어떨까?

**여섯째, 국가기념일이 없는 달도 있다.** 나라에서 챙기는 기념일은 관련 법의 개정에 따라 달라지겠지만 현재는 52개다.[45] 달력을 보면 알 듯 기념일은 특정 계절에 몰려 있다. 봄과 가을이 주는 여유로움 속에서 국가의 경조사를 챙기자는 의도가 반영된 결과다. 그래서인지 여름과 겨울의 한가운데인 1월과 8월에는 국가기념일이 없다. '각종 기념일 등에 관한 규정'에 따른 기념일을 살펴보며 계기교육의 아이디어를 얻어 보자.

| 월 | 기념일(일) |
|---|---|
| 2월 | 2·28 민주운동 기념일(28일) |
| 3월 | 납세자의 날(3일), 3·8 민주의거 기념일(8일), 3·15 의거 기념일(15일), 상공의 날(셋째 수요일), 서해수호의 날(넷째 금요일) |
| 4월 | 4·3 희생자 추념일(3일), 예비군의 날(첫째 금요일), 식목일(5일), 보건의 날(7일), 대한민국 임시정부 수립 기념일(11일), 4·19 혁명 기념일(19일), 장애인의 날(20일), 과학의 날(21일), 정보통신의 날(22일), 법의 날(25일), 충무공 이순신 탄신일(28일) |
| 5월 | 근로자의 날(1일), 어린이날(5일), 어버이날(8일), 동학농민혁명 기념일(11일), 스승의 날(15일), 5·18 민주화운동 기념일(18일), 부부의 날(21일), 성년의 날(셋째 월요일), 바다의 날(31일) |

| | |
|---|---|
| **6월** | 의병의 날(1일), 환경의 날(5일), 현충일(6일), 6·10 민주항쟁 기념일(10일), 6·25 전쟁일(25일), 철도의 날(28일) |
| **7월** | 정보보호의 날(둘째 수요일) |
| **9월** | 푸른 환경의 날(7일) |
| **10월** | 국군의 날(1일), 노인의 날(2일), 세계 한인의 날(5일), 재향군인의 날(8일), 체육의 날(15일), 부마민주항쟁 기념일(16일), 문화의 날(셋째 토요일), 경찰의 날(21일), 국제연합일(24일), 교정의 날(28일), 지방자치의 날(29일), 금융의 날(마지막 화요일) |
| **11월** | 학생독립운동 기념일(11일), 농업인의 날(11일), 순국선열의 날(17일) |
| **12월** | 소비자의 날(3일), 무역의 날(5일), 원자력 안전 및 진흥의 날(27일) |

**일곱째, 국군의 날에도 태극기를 단다.** 태극기는 언제 게양해야 할까? 정답은 5개의 국경일과 '각종 기념일 등에 관한 규정'에 따른 현충일(조기)과 국군의 날이다. 이 외에도 경기도는 경술국치일에 조기를 게양함으로써 국권을 침탈당한 슬픔을 기억하고 있다. 그런데 가만히 생각해 보면 학교는 국경일과 기념일이 아닐 때도, 그것도 매일 국기를 달고 있다. 왜 그런 것일까? 이는 「대한민국 국기법」 제8조에 따른 것으로 학생들의 국기에 대한 인식을 높여 그 존엄성을 수호하고 애국정신을 고양하기 위해서다. 국기봉에서 자랑스럽게 흔들리는 태극기, 그만한 이유가 있었던 셈이다.

**여덟째, 태극기에는 규칙이 있다.** 한 포털사이트 설문에 따르면 성인 10명 중 4명(42.2퍼센트)은 태극기를 제대로 그리지 못한다고 한다.[46] 모양도 헛갈리거니와 건곤감리 같은 용어가 어려운 탓이다. 아이들과 태극기를 펼쳐 놓고 유심히 살펴보자. 건乾, 리離, 감離, 곤坎 순으로 검은색 막대기가 하나씩 늘어나고 이들을 모양대로 배치하면 된다는 등의 규칙을 발견할 수 있을 것이다.

한편 '국기의 게양·관리 및 선양에 관한 규정' 제19조에 따라 학교에서는 국기 그리는 법과 게양 방법 및 국기에 대한 예절교육을 시행해야 한다. 국경일이나 기념일 등 국기를 게양하여야 하는 날에 맞추어 국기 관련 교육을 실시하여 국기에 관한 관심과 이해를 높이고 나라 사랑하는 마음을 길러 주는 것은 어떨까?

## 진영쌤의 마음튼튼 가이드 알차고 유익한 계기교육을 실시하자

개정 교육과정 총론에 따르면 국경일, 국가기념일, 공휴일, 4대 명절, 24절기와 같이 시기적, 계절적으로 교육적 의미가 있는 주제뿐만 아니라 변화하는 사회 현안에 대해서도 다룰 수 있게 되어 있다. 역사적, 사회적 쟁점들을 수업 시간으로 끌어들여 다양한 시각으로 바라보면서 민주시민을 양성하기 위함이다. 알차고 유익한 계기교육을 위해 선생님이 한번쯤은 생각해 봐야 할 것들을 살펴보자.

**첫째, 정치교육 원칙을 정한다.** 이념적 갈등이 고조됐던 1976년 가을, 독일의 작은 도시 보이텔스바흐에서는 열띤 토론이 펼쳐졌다. 각 정당을 대표하는 인사들과 교육학자, 사회단체들이 한데 모여 정치교육 원칙을 정한 것이다. 그 결과 집단 애국주의를 내세우며 수많은 유대인을 짓밟

았던 독일은 민주주의를 꽃피운 나라가 되었고 나아가 주변국의 정치교육 모델로 자리 잡았다. 현재 우리나라는 국민들의 정치적 무관심이 깊어지고 있다. 이러한 때 보이텔스바흐 협약의 세 가지 원칙을 살펴보며 나만의 정치교육 원칙을 만들어 수업을 진행하여 아이들의 민주적 시민의식을 고취해 보자. 우선 보이텔스바흐 협약의 세 가지 원칙이 무엇인지 알아보자.

① 주입 금지의 원칙이다. 학생들은 아직 정치적으로 미성숙한 존재이므로 교사가 올바른 정치적 생각을 심어 주어야 한다는 생각을 전면적으로 부정하는 조항이다. 정치적 사안에 대해 다루되 학생들의 능동적인 사고와 견해를 존중해야 한다는 의도가 드러나 있다.

② 논쟁의 원칙이다. 학교는 민주시민을 양성하기 위해 존재한다. 따라서 학교에서 권위적인 한 사람이 모든 학생이 같은 견해를 갖게 유도해서는 안 된다. 교사는 학생들에게 사회적 문제나 현안에 대해 심사숙고할 수 있는 자료와 시간을 충분히 제공한 후 토론과 논쟁을 통해 자신만의 생각을 형성할 수 있도록 이끌어야 한다.

③ 정치적 행동강화 원칙이다. 이는 논쟁을 통해 얻은 정치적 견해를 실천해 옮김으로써 시민의 자질을 함양해야 한다는 것이다.

**둘째, 공감을 끌어낸다.** 파르마 대학 리졸라티Rizzolatti 교수팀은 성공적인 계기교육을 진행하고 싶거든 '거울 뉴런'을 자극하라고 말한다.[47] 원숭이 두개골에 전극을 설치하여 특정 행동에 따른 뇌의 변화를 살펴보던 중 연구자 한 명이 땅콩을 먹기 위해 손을 내밀자 원숭이의 뇌에서 평소

벅이를 먹기 위해 팔을 뻗었을 때와 같은 영역이 반짝거렸다는 것이다. 이후 리졸라티 교수팀은 추가연구를 통하여 이곳이 공감의 뇌인 거울 뉴런임을 밝혔다. 계기교육 시 노려야 할 것이 바로 이것이다.

6·25 전쟁의 계기교육의 경우 단순히 전쟁의 진행 과정을 알려 주기보다 우리 민족이 왜 서로 총칼을 겨눌 수밖에 없었는지 그리고 그때 심정은 어떠했을지 공감할 수 있도록 수업을 전개하자는 것이다. 그리고 이제껏 가만히 앉아 설명을 듣는 계기교육을 해 왔다면 체험 중심으로 변화를 시도해 보자. 훨씬 더 많은 공감을 불러일으킬 수 있을 것이다.

### 마치며

같은 학교 그리고 같은 학년 선생님들과 머리를 맞대고 고민할수록 계기교육의 질은 높아진다. 혼자 고민하기보다 주변 선생님들과 함께 준비하면서 기쁨과 슬픔 그리고 무엇보다 공감이 있는 수업을 해 보자.

## 스케치 퀴즈

→ 계기교육 내용이 지루하다면 게임 요소를 결합해 보자. 상대방이 그린 그림을 보고 맞추는 '스케치 퀴즈'와 계기교육의 콜라보는 어떨까?

**step 1 그림 그리기 애플리케이션을 찾는다.**

사용 중인 스마트 기기에 그림 그리기 애플리케이션이 있는지 찾아본다. 없다면 '그림 그리기'로 검색하여 하나를 골라 설치한다.

※ 온라인 그림 사이트인 '펜슬 매드니스'(https://pencilmadness.com)에서 '스케치' 메뉴를 이용해도 좋다.

**step 2 어떤 그림을 그릴지 생각한다.**

표현하고 싶은 계기교육과 관련된 그림을 머릿속에 떠올린다.

**step 3 그림을 그린다.**

생각한 것을 그림으로 표현한 뒤 온라인 교실 게시판에 올린다.

**step 4 그림을 보고 정답을 맞힌다.**

친구들의 그림을 살펴보며 어떤 국경일이나 기념일, 명절을 표현한 것인지 맞힌다. 가장 빨리 정확한 댓글을 다는 학생에게는 적합한 보상을 준다.

# 10월 2주 학부모 민원 해결하기

애가 타는 선생님

10월 12일 ▼

엊그제 자녀가 지속적인 따돌림을 당하고 있으니 해결해 달라는 전화를 받았다. 내용을 접수한 후 사건의 진위를 파악하고 학교폭력 예방교육까지 했으나 대처가 마음에 들지 않았는지 내일 오후에 학교에 정식으로 민원을 제기하겠다고 한다. 절차대로 처리했음에도 불구하고 괜히 죄인이 된 느낌이다.

**#애태우다 #민원 #어떻게 해야 하지**

좋아요 댓글 달기 공유하기

열심히 하다가도 학부모 민원이 들어오면 괜히 위축되죠. 선생님을 응원합니다.

죄인이 된 느낌이 무엇인지 알 것 같아요. 하지만 절차대로 처리하셨다면 걱정하실 필요 없어요. 용기를 내세요.

국민권익위원회에서 제공하는 빅데이터에 따르면 10월에 접수되는 민원의 수는 상상을 초월한다.[48] 평소보다 2~3배의 민원이 접수된다니 가히 애가 타는 달이라 할 수 있겠다. 학교도 마찬가지다. 사소한 문제부터 심각한 학교폭력까지 그 종류도 수없이 많다. 생각만 해도 숨이 턱턱 막히는 민원, 어떻게 대처해야 할까?

진영쌤의 마음튼튼 가이드

## 공감으로 해결하자

교원단체 설문조사에 따르면 최근 1~2년 사이에 교원의 사기가 떨어졌다고 대답한 선생님이 10명 중 9명이나 됐다고 한다.[49] 10여 년 전 55.3퍼센트에 비해 32퍼센트나 증가한 수치다. 무엇이 교원들을 그토록 괴롭히는 것일까? 이유는 다양하겠으나 학부모 민원 및 관계 유지가 압도적 1위(55.5퍼센트)를 차지했다. 민원으로 고통받는 교사가 많다는 것을 보여 주는 결과다. 핸드폰이 울리는 것만으로도 심장이 두근거려 아무것도 하지 못한다고 고백하는 선생님이 있을 정도니 더는 사소한 문제라 할 수 없을 것이다. 학부모 민원으로 고민이라면 다음의 방법들이 도움이 될 것이다.

**첫째, 따뜻하게 맞이한다.** 민원 그 자체는 나쁜 것이 아니다. 교육의 수요자인 학생과 학부모가 교육기관인 학교에 원하는 바를 요구하고 이를 바탕으로 교육 발전을 모색하는 것이니 오히려 장려되어야 할 선한 행위라

볼 수도 있다. 사실 학부모가 전화하거나 찾아오는 이유도 내 자녀가 더는 피해를 입지 않았으면 하는 지극히 정상적인 마음 때문이다. 단지 너무나 마음이 아프고 속상하기에 언행이 거칠어졌을 뿐이다. 상기된 표정으로 교실 문을 두드리는 학부모를 발견하거든 당황하지 말고 따뜻하게 맞이하자.

**둘째, 공감한다.** 교사도 사람인지라 학부모가 상기된 표정과 목소리로 교실을 찾으면 덜컥 겁부터 난다. 혹시 내가 무슨 잘못을 했나, 내가 모르는 어떤 문제로 민원을 제기하려는 것은 아닐까 하는 걱정이 앞선다. 그러나 실제로 교사에게 불만이 있어서 찾아오는 학부모는 드물다. 대부분은 아이들 사이에 발생한 다툼이나 그로 인한 오해를 풀기 위한 방문이다. 이들은 대개 선생님이 이야기를 들어 주고 공감해 주면 스스로 오해를 풀곤 하므로 크게 걱정하지 않아도 된다.

**셋째, 대안을 찾는다.** 학부모의 이야기를 듣다 보면 이면에 숨겨진 욕구를 발견하곤 한다. 이때 교사는 학부모의 바람을 자신의 교육관이나 학급경영관에 비추어 살펴보고 일치한다면 수용하여 민원을 해결할 수 있다. 단 교육관이나 학급경영관과 어긋난다면 구체적인 이유를 들어 민원대로 할 수 없음을 알린 후 교사와 학부모의 바람을 모두 충족하는 방법을 그 자리에서 모색해 보자.

진영쌤의 마음튼튼 가이드

## 폭언과 폭력으로부터 나를 지키자

입에 담기 힘든 정도의 욕설을 수시로 내뱉은 학생이 있다면 어떻게 하겠는가? 지난 2017년 이와 관련하여 세상을 떠들썩하게 했던 사건이 있다. 정년 퇴임을 앞둔 교사가 타인의 감정을 느껴 보라는 취지에서 학생이 자주 사용하던 욕을 했다는 이유로 갖은 악성 민원과 폭력에 시달리다 유명을 달리한 사건이 그것이다. 지도 방법이 다소 지나친 듯 보여 마음에 들지 않을 수도 있다. 그렇다 해도 정신적, 신체적 폭력이 정당화될 수는 없는 법이다. 도를 넘는 민원으로 마음고생 중이라면 어떻게 해야 할까?

**첫째, 흥분하지 않는다.** 민원이 들어오면 오만 가지 생각이 다 든다. 학생의 편에서 이야기를 들어 주려 했던 그동안의 노력이 물거품이 되는 것 같아 서럽기도 하고 이 일로 관계가 틀어질까 걱정이 되기도 한다. 안 그래도 속상한데 험한 말을 내뱉는 학부모까지 가세하면 나도 화를 내며 맞붙고 싶을 때도 있다. 하지만 이런 행동은 절대 도움이 되지 않는다. 폭언이나 욕설로 민원을 제기하는 학부모가 있거든 절대 감정적으로 대처하면 안 된다. 그렇다면 어떻게 해야 할까?

학부모에게 사안은 이미 충분히 인지했으며 나 같아도 화가 났을 것이라고 공감하여 우선 흥분을 가라앉히도록 한다. 충분히 공감했음에도 불구하고 폭언을 멈추지 않는다고 덩달아 흥분하는 것은 절대 금물이다. 정신적으로 힘들더라도 이성을 유지하면서 지금부터의 대화는 녹음됨을 알리고 폭언을 멈춰 달라고 단호하게 말해야 한다. 욕설로 해결될 문제가 아님을 정확히 인지시키는 것이다. 이렇게 하면 대부분의 학부모는 폭언을 멈춘다. 만약 그래도 흥분을 가라앉히지 못한다면 퇴실을 요청하고 불응 시 경찰에 신고한다.

전화로 이야기 중이어도 마찬가지다. 폭언이 계속될 경우 통화를 녹음함을 알리고 폭언을 멈출 것을 요청한다. 그래도 계속된다면 심한 폭언 때문에 전화를 끊겠다고 알린 후 통화를 종료하면 된다.

**둘째, 도움을 요청한다.** 학부모를 상대하다 보면 사소한 오해와 다툼이 있을 수 있다. 대부분은 서로 이야기를 통해 해결할 수 있다. 그러나 나쁜 의도를 가지고 지속적인 민원을 제기하는 경우라면 이야기로 해결할 수가 없다. 최근에는 이런 민원에 대비하기 위한 보험상품까지 출시되었다. 학부모의 지속적인 괴롭힘으로 힘들다면 시도교육청을 통해 교권담당보호 변호사에게 도움을 요청하자.

### 마치며

학급을 경영하다 보면 민원이 생길 수밖에 없다. 교육에 대한 가치관과 생각이 모두 다르다 보니 어쩔 수 없는 결과다. 이는 선생님의 잘못이 아니다. 아이들을 향한 고귀한 노력이 사소한 민원 하나에 좌절되지 않았으면 좋겠다.

**온라인 학급운영 꿀팁**

## 의견 수렴하기

→ 학부모 민원만큼이나 아이들의 요구를 들어주는 것 또한 중요하다. 24시간 열려 있는 온라인 창구를 통해 아이들의 바람을 들어 보자.

**step 1 패들렛에 접속한다.**

교사는 '패들렛'(https://padlet.com)을 검색하여 접속한 후 구글 계정으로 로그인한다. 학생들은 별도의 로그인이 필요 없다.

**step 2 패들렛을 만든다.**

교사는 'PADLET 만들기' 탭을 눌러 새 담벼락을 선택한다.

**step 3 세부 내용을 입력, 설정한다.**

제목, 설명을 입력하고 배경화면, 스킨 등을 목적에 맞게 설정한다.

**step 4 공유한다.**

'공유' 탭에서 '클립보드로 링크 복사'를 눌러 링크를 확보해 온라인 교실 게시판에 공유한다.

**step 5 의견을 남긴다.**

학생은 선생님이나 교실에 바라는 점을 담벼락에 적는다. 교사는 학생들의 의견에 귀 기울임으로써 소중한 우리 반을 함께 만들어 간다.

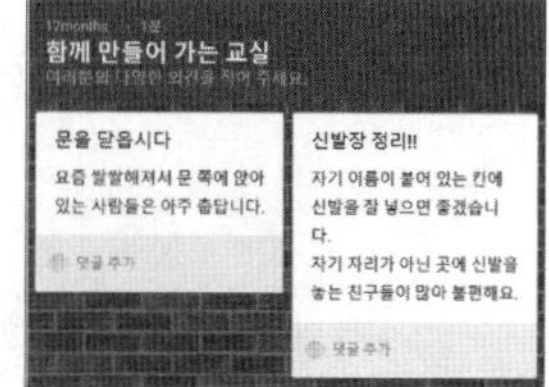

# 놀이와 소통으로 외로움 날려 버리기

**걱정이 많은 선생님**
10월 21일 ▼

얼마 전까지 열정을 불태웠던 아이들이 요새는 무슨 일인지 의욕도 없고 우울해 보인다. 외로운 이 분위기 어떻게 날려 버릴 수 있을까?

**#가을 타나 봐 #외로워 #쓸쓸해**

외로운 계절 가을, 저는 놀이 수업으로 아이들의 활기와 수업 참여율을 잡고 있답니다.

저는 교실에서 친구들과 어울리기 편하도록 교실 가구들을 재배치했어요. 역시 외로움에는 친구와 함께 노는 것이 최고인가 봐요.

찬바람이 불어오는 가을이 되면 외로움을 느끼는 사람이 부쩍 늘어난다. 10명 중 2명이 우울감으로 상담을 받을 정도라니 가을은 명실상부한 외로움의 계절이다. 그럼 무엇이 우리를 그토록 쓸쓸하게 만드는 것일까? 이유는 다양하겠으나 호르몬도 한몫한다. 낮의 길이가 짧아져 행복을 느끼게 하는 세로토닌 분비는 줄어든 대신 우울감의 대명사인 멜라토닌 수치가 증가하는 것이다. 학생들도 가을이 되면 외롭고 쓸쓸한 것 같다. 가을 타는 요즘 아이들의 활력을 높이는 방법에 대해 알아보자.

## 진영쌤의 마음튼튼 가이드 소통 공간을 만들자

1970년에 진행된 '갇힌 쥐' 실험을 들어본 적이 있는가? 물과 모르핀이 설치된 우리에 갇힌 쥐가 모르핀만 찾다 종국에는 외로운 죽음에 이르렀다는 결론의 연구로 마약의 위험성을 알린 대표적인 실험이다. 당시 학자들은 이 실험을 바탕으로 호기심에 마약을 해 보는 일의 위험성을 경고했다. '갇힌 쥐' 실험은 마약 중독 예방의 좋은 교보재로 점점 명성을 얻었고 이 실험이 잘못되었다고 생각한 사람은 없었다. 그러던 어느 날 극한의 고통으로 마약성 진통제를 처방받았던 환자가 퇴원 후 그 약물을 다시 찾지 않는 모습을 본 알렉산더Alexander 박사는 어쩌면 중독이 우울한 환경이 만들어 낸 부작용의 결과가 아닌가 추측하게 되었다. 그리고 마약 중독자 대부분이 좋지 않은 환경 즉 빈민가에 거주하고 있다는 사실이 그의 추측에 힘을 실어 주었다. 그렇게 '갇힌 쥐' 실험과 정반대인

'쥐 공원' 실험이 단생한다.[50]

'쥐 공원' 실험은 2개의 우리에서 진행되었다. 첫 번째 우리는 과거의 실험과 같이 더럽고 황량했고 두 번째 우리는 지상낙원이라 불릴 만큼 즐길 수 있는 것들이 가득했다. 두 우리에 넣어진 16마리의 선택은 어땠을까? 대부분의 쥐가 마약에 중독되어 버린 첫 번째 우리와 달리 두 번째 우리의 쥐들은 마약보다 물을 더 찾았다. 심지어 마약 소비량은 16배나 차이가 났다. 중독은 알렉산더의 말대로 우울하고 피폐한 환경의 부작용이었던 셈이다.

학교에 있는 아이들은 자신을 갇힌 쥐라고 느낄까, 아니면 쥐 공원에 있다고 느낄까? 건축가 유현준은 학교를 교도소에 빗대곤 한다. 네모반듯한 구조, 건물로 둘러싸인 운동장, 높은 담장 등이 감시에 최적화된 교도소와 비슷한 구조라는 것이다. 실제로 2013년 한 설문조사에 따르면 학교가 감옥처럼 느껴질 때가 있다고 응답한 학생이 48퍼센트, 학교에 오면 숨이 막힌다고 대답한 학생도 33.7퍼센트나 됐다.[51] 뿐만 아니다. 우리 학생들은 개인적인 삶이나 학교에서 느끼는 행복의 정도를 판단하는 주관적 행복지수가 OECD 22개국 가운데 20위에 불과하다. 그래서인지 술과 담배로 위로받는 학생들의 비율이 매년 높아지고 있으며[52] 10대 청소년 스마트 기기 과의존 비율 역시 29.3퍼센트로 위험한 수준이다.[53]

아이들을 해로운 유혹으로부터 지킬 수 있는 방법은 없을까? '쥐 공원'처럼 마음을 나눌 수 있는 공간을 만들어 주면 어떨까? 어울려 노는 동안은 모두가 함께하니 외롭지 않을 것이고 소통과 배려로 하나 될 것이 자명하니 말이다. 아이들을 '갇힌 쥐'로 만들던 답답한 교실을 배움 친화적이자 소통 가능한 교실로 만들어 놀며 세상을 배우는 공간으로 바꿔 보자.

**첫째, 학생들과 함께 교실의 집기를 재배치한다.** 교실 공간을 가장 잘 알고 자주 활용하는 이는 바로 학생들이다. 교실의 주인인 학생들과 함께 교실의 집기를 재배치하여 이야기가 꽃피는 교실을 만들어 보자.

① 흰 도화지와 포스트잇을 준비한다.

② 도화지에 문, 창문, 게시판, 칠판 같은 구조물과 위치가 고정된 가구를 그린다.

③ 교실을 둘러보며 이동가능한 집기들을 포스트잇에 적는다.

④ 집기 포스트잇을 보며 꼭 필요한 것과 그렇지 않은 것을 구별한다. 필요 없는 집기는 폐기하거나 창고에 보관한다.

⑤ 친구들과 어울려 이야기할 수 있는 소통 공간을 확보하여 도화지에 표시한다.

⑥ 소통 공간을 제외한 나머지 공간에 필요한 집기를 재배치한다.

⑦ 사용 가능한 예산 안에서 소통 공간을 어떻게 꾸밀지 함께 협의한다.

⑧ 예산으로 구매한 용품으로 교실을 꾸민다.

학생들과 교실 공간을 재배치하다 보면 필요하지 않은 물건들이 생긴다. 그렇다고 내 마음대로 버려서는 안 된다. 그것들은 사용 연한이 있으며 관련 규정에 따라 철저히 관리되고 있기 때문이다. 물건을 처리하기 전에 꼭 행정실에 문의하자.

**둘째, 교육과정과 연계하여 교실에 소통 공간을 꾸민다.** 실과 교육과정과 연계하여 교실에 소통 공간을 확보한 선생님의 이야기를 들어보자.

"실과 시간에 평상을 만들어 교실 한쪽에 놓아두었다. 웃음꽃이 피는 평상을 보며 작은 변화가 아이들을 행복하게 함을 느꼈다. 그래서 이번에는 벤치를 만들기로 했다. 하지만 협소한 교실 공간이 문제였다. 고민 결과 많은 자리를 차지하는 사물함을 2층으로 쌓아 올리기로 했다. 그렇게 새로운 소통 공간인 벤치가 생겼고 우리 반 웃음소리는 배로 커졌다."

실과 시간에 평상과 벤치를 만든 선생님처럼 교육과정과 연계하여 교실을 놀이 친화적으로 바꾸려는 시도가 늘고 있다. 최근에는 가구나 물품을 제작할 수 있는 DIY 제품도 많이 있고, 교실 한 벽면을 분필용 페인트로 칠해 모둠 협의 시 활용하거나 수업 시간에 상상력을 마음껏 뽐내게 하는 방법도 있으니 시도해 볼 만하다.

**셋째, 공간혁신 사업에 도전한다.** 최근 학교를 학습과 놀이, 쉼에 어울리는 공간으로 재구성하는 사례들이 늘고 있다. 이에 발맞춰 교육부에서도 2019년을 시작으로 5년간 3조 5,000억을 교실 공간 혁신에 투자한다고 하니 관심이 있는 선생님이라면 이 사업에 도전해 보는 것이 어떨까? 선생님의 도전정신이 학교를, 그리고 교실을 바꿀 것이다.

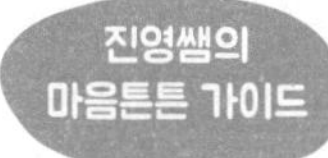


## 놀이 수업으로 자발성과 재미를 잡자

놀이의 효과는 무궁무진하다. 친구들과 어울리며 사회성을 함양할 수도 있고 여러 가지 갈등 상황을 해결하며 삶의 지혜를 배울 수도 있다. 이 외에도 수 개념 습득과 기억력 향상에도 도움이 된다니 놀이를 활용한 수업은 매우 효과적인 선택이다. 놀이 수업을 하기 위해서는 무엇을 어떻게 준비해야 할까?

**첫째, 학습 의욕을 불러일으키거나 성취기준 도달에 도움이 되는 놀이를 찾는다.** 최근 놀이 수업이 각광을 받고 있다. 놀이가 지니는 높은 교육적 가치를 인정받은 것이다. 교육적 가치가 있는 놀이 수업이 되려면 그 놀이가 학습 의욕을 불러일으키는지, 혹은 성취기준 도달에 도움을 주는지를 고려해야 한다. 그렇지 않다면 그 놀이 수업은 무료함을 달래는 시간이 될 뿐이라는 사실을 유념하자.

**둘째, 놀이를 언제, 어떻게 활용할지 결정한다.** 놀이는 재미있고 흥미로워서 수업 참여율을 높이는 데 효과적이나 과하면 도리어 수업을 방해하는 원인이 될 수 있다. 이에 교사는 수업 전에 반드시 언제, 어떻게 놀이를 활용할 것인지 구체적으로 계획해야 한다.

**셋째, 놀이 수업을 전개한다.** 기본적으로는 협력을 추구하는 것이 좋으나 수업 내용에 따라 경쟁 요소가 가미된 놀이가 필요할 때도 있다. 이때는 본격적인 놀이 진에 선의의 경쟁에 관해 설명해야 한다. 이는 수업 효과를 높이고자 계획한 놀이가 아이들의 관계를 망치는 것을 방지하기 위해 꼭 필요한 과정이다.

**넷째, 성취기준이 반영된 놀이를 직접 만들어 다음 수업을 준비한다.** 이제까지 놀이 수업의 재료를 연수에서 얻은 정보와 시중의 책자에서 확보했다면, 이제는 성취기준이 반영된 놀이를 직접 만들어 보자. 놀이 수업이 주는 매력에 흠뻑 젖어 들 수 있을 것이다.

## 마치며

교사도 가을이 되면 우울해지기 마련이다. 문득 외롭고 쓸쓸한 느낌이 들거든 방에 머무르기보다 보고 싶었던 사람들을 만나자. 친구들과 놀며 외로움을 떨쳐 낸 학생들과 같이 선생님도 지인이 주는 긍정적 에너지로 외로움을 잊을 수 있을 것이다.

온라인 학급운영 꿀팁

## 놀면서 코딩하기

→ 코딩교육을 게임으로 배울 수 있다는 사실을 아는가? 협력하여 해결하는 코딩 놀이를 통해 외로움은 날리고 논리력과 합리적 사고력을 함양해 보자.

**step 1 CODE에 접속한다.**

포털사이트에 'code'(https://code.org)를 검색해 접속한다.

**step 2 게임 방법을 확인한다.**

'학생들' 탭에 있는 '겨울왕국'을 눌러 게임 방법을 살펴본다.

**step 3 미션을 해결한다.**

친구들과 머리를 맞대고 해결 방법을 생각해 본다. 미션 해결에 필요한 블록을 '실행하면' 밑으로 끌어다 놓는다.

**step 4 정답을 확인한다.**

'실행'을 눌러 정답을 확인한다. 모든 미션을 마쳤다면 다른 놀이에 도전하며 코딩의 원리를 파악한다.

# 학예회 준비하기

**감격한 선생님**

10월 28일 ▼

오늘 학예회를 마쳤다. 멋진 무대를 마치고 내려오는 학생들이 자랑스럽기도 하고 그동안 고생한 것들이 주마등처럼 지나가기도 해서 눈물이 날 뻔했다. 최고의 무대를 보여 준 얘들아, 고마워.

**#학예회 #자랑스러워 #사랑스러워 #그런데 힘들었어**

좋아요 댓글 달기 공유하기

우리도 오늘 학예회를 했어요. 누구보다 열심히 한 학생들이 너무 자랑스러워 내일은 과자 파티를 하기로 했답니다.

우리 학교는 내일 학급 학예회를 진행합니다. 미술 시간에 무대를 꾸미며 떨지 않기로 약속했는데 잘하겠죠?

학예회를 폐지해야 한다는 신문 칼럼을 본 적이 있다. 남들보다 돋보이는 무대를 위해 몇 날 며칠 연습에 몰두하느라 학생과 교사 모두가 너무 힘들다는 것이 핵심 내용이었다. 현장의 목소리도 별반 다르지 않다. 그동안 배우고(學) 갈고닦은 능력(藝)을 발표함으로써 성취감을 느끼고 자아실현을 한다는 취지는 사라진 지 오래고, 교육과정 파행까지 일으키기 때문에 학예회를 폐지해야 한다는 의견이 힘을 얻고 있다.

그렇다면 무엇이 학예회를 이렇게 만든 것일까?[54, 55] 정답은 그 종목에 있다. 76.2퍼센트에 달하는 교사가 교과 내용과 관련 없는 것들을 준비하고 무대에 올리니 교육과정이 제대로 운영되지 못할 수밖에 없다고 지적했다. 이제는 경쟁으로 얼룩진 학예회에 제 모습을 찾아 줄 때다. 현명하게 학예회를 준비하고 싶은가? 그 방법을 지금부터 알아보자.

## 진영쌤의 마음튼튼 가이드 킬링포인트로 관객을 사로잡자

학교에 따라 학예회를 운영하는 방법이 다르다. 학급 자체적으로 진행하기도 하고 전 학년이 다목적강당에 모여 진행하기도 한다. 최근에는 교사들의 부담감을 줄이고 질 높은 프로그램을 공유한다는 차원에서 후자의 방법으로 운영하는 학교가 느는 추세이나, 무대가 곧 교사의 능력으로 평가되기에 부담감은 여전하다. 지금부터는 작은 힘으로 큰 효과를 뽐낼 수 있는 학교 단위 학예회를 준비하는 방법을 살펴보자.

**첫째, 다양한 종목을 생각해 본다.** 교육과정 파행 없는 학예회를 위해서는 이제까지 가르쳤던 것이나 가르칠 것을 살펴보는 시간이 필요하다. 학예회 대표 종목과 여기에 연결할 수 있는 교과 내용을 알아보자.

① 정극, 콩트, 뮤지컬 같은 연극이다. 학생이 직접 대본을 작성하여도 좋고 유명 작품을 옮겨 와도 좋다. 단 스토리 구성부터 연습까지 많은 시간이 소요되므로 서둘러 준비해야 한다.

② 카드섹션이다. 미술, 음악 교과와 연계하기 좋은 종목으로 친구들과 함께한 1년을 되돌아보는 말이나 부모님께 전하고 싶은 말을 담아 관객을 뭉클하게 할 수 있다. 보기에는 쉬워 보이지만 실제로 준비하다 보면 그림을 그리는 것부터 동시에 넘기는 연습까지 해야 할 것이 많아 다시는 하지 않겠노라고 혀를 내두르기도 하는 종목이다. 그래도 실패 확률이 낮고 얼굴이 보이지 않아 내성적인 학생들도 적극적으로 참여한다는 장점이 있다.

③ 악기 연주다. 음악 수업에 연계하여 연습할 수 있어 학예회 단골 종목이다. 한때 인기를 휩쓸었던 사물놀이나 난타, 컵타도 여기에 해당한다.

④ 노래다. 역사가 깊은 종목으로 관객들의 호응을 얻기에 좋다. 단 지루함이 걱정된다면 이벤트적 요소로 식상함을 잠재울 수도 있다.

⑤ 아이들이 좋아하는 아이돌 댄스다. 하지만 그냥 모든 것을 맡기면 자칫 낭패를 볼 수도 있다. 잘하는 한 사람에게 관심이 집중되어 열심히 노력한 다른 학생들이 소외감이나 박탈감을 느낄 수도 있고, 몸짓이나 의상이 과해 관객에게 불편함을 줄 수도 있기 때문이다.

적절한 지도를 통해 모두가 박수받는 무대를 만들도록 해야 한다.

⑥ 패션쇼다. 패션쇼를 하기로 했다면 주제를 정해야 한다. 장래 희망과 관련된 옷을 입고 나와 꿈을 향한 당찬 포부를 밝혀도 좋고 재미있는 상황을 연출해도 좋다.

⑦ 화려하지는 않아도 잔잔한 감동을 선사하는 수화다. 이 종목을 하기로 마음먹었다면 빠르지 않고 노랫말이 좋은 노래를 찾아야 한다. 〈웃어요〉, 〈아름다운 세상〉, 〈거위의 꿈〉이 대표적이다.

⑧ 치어리딩이다. 저학년이 했을 때는 귀여움을 고학년이 했을 때는 탄성을 자아내는 종목이다. 일사불란하게 움직일수록 멋있기에 생각보다 많은 연습이 필요하다. 화려한 옷과 흰 장갑, 솔은 무대를 좀 더 완성도 있게 만들어 주므로 활용하는 편이 좋다.

**둘째, 종목을 선택한다.** 적당한 종목을 찾았다고 해서 무작정 밀어붙이는 것은 금물이다. 교사가 독단적으로 종목을 정하고 진행하는 것은 학생들의 참여 의욕을 떨어뜨리는 것은 물론 반발을 불러일으킬 수 있기 때문이다. 혹 교사와 학생들의 생각에 차이가 있다면 타협의 시간을 갖도록 하자. 이러한 과정은 선택이 아닌 필수다.

**셋째, 5분 이내로 공연을 계획한다.** 음원사이트에 등록된 곡들을 살펴보면 대부분 5분 이내로 끝난다. 그 까닭은 무엇일까? 5분이 넘는 순간 사람들의 집중력이 모래알처럼 흩어지기 때문이다. 학예회도 예외는 아니다. 우리의 목표는 짧고 굵게 임을 잊지 말자.

**넷째, 킬링포인트를 설정한다.** 주 관객인 학부모는 학창 시절부터 부모가 된 지금까지 학예회 같은 공연을 수도 없이 보아 왔다. 그런 베테랑들의 마음을 사로잡기 위해서는 기대 이상의 무언가를 보여 주어야 한다. 관객을 사로잡는 킬링포인트를 만드는 두 가지 방법이 있다.

하나는 궁금하게 만드는 방법이다. 손 움직임으로 노랫말을 표현하는 수화를 무대에 올린다고 가정해 보자. 청바지에 검은 티셔츠, 흰 장갑은 너무나도 익숙하기에 그리 매력적이지 못하다. 그런데 갑자기 조명이 꺼진다. 관객들은 처음 보는 장면에 의아해하면서도 어떤 방식으로 진행될 것인지 궁금해서 견딜 수가 없다. 궁금하다는 것은 한편으로 기대감이 높아진다는 것임을 잊지 말자. 다른 하나는 반전을 주는 방법이다. 숨죽이고 있던 찰나 장갑에 칠해 놓은 형광물질이 빛나기 시작한다. 전통적인 수화 공연에서 벗어나 처음 보는 참신한 장면을 연출했으니 놀라는 건 당연지사다. 땀을 쏟으며 준비한 공연을 오랫동안 기억하게 하고 싶다면 1~2개의 킬링포인트를 잡아 무대를 매력적으로 만들어 보자.

**다섯째, 격려로 자신감을 북돋는다.** 공연을 앞둔 학생들은 긴장한다. 머릿속이 하얘져 실수하면 어쩌지라는 생각에 잔뜩 움츠러든다. 이런 학생들에게 교사는 무한한 격려를 해야 한다. 이제까지 잘해 왔으며 앞으로도 잘할 것이라는 확신을 심어 주는 것이다. 교사의 따뜻하고 진심 어린 격려 한마디가 열정적인 무대를 만드는 힘이 될 것이다.

## 부담감을 내려놓고 즐기자

학급 학예회는 해야 할 일 천지다. 종목 선정부터 진행 대본 작성, 무대 꾸미기까지 생각만 해도 숨이 턱턱 막힌다. 그렇다고 온전히 학생들에게 맡길 수도 없다. 관심사가 비슷해 올리고자 하는 무대 내용이 겹치기 때문이다. 모두가 만족하는 학급 학예회 어떻게 준비해야 할까?

**첫째, 지나친 욕심을 버리자.** 한 종목의 공연시간이 5분이라고 할 때 사회자 설명, 입·퇴장, 인사 등을 더하면 총 8분 정도가 소요된다고 예상할 수 있다. 그러면 한 시간을 기준으로 최소 7개의 공연이 필요하다는 의미다. 전문 기획자라면 모를까 교사와 학생이 7개의 공연을 멋지게 준비한다는 건 벅찬 일이다. 이를 인정하면 욕심을 버릴 수 있고, 부담감도 내려놓을 수 있을 것이다. 지나친 욕심은 모두를 힘들게 할 뿐이다.

**둘째, 종목을 결정한다.** 흥미로운 학예회가 되기 위해서는 겹치는 종목이 없어야 한다. 자치 시간을 활용하여 학생들과 협의를 진행해 보자. 마인드맵이나 연꽃 기법 같은 창의적 사고기법을 통하여 생각을 펼치고 그 분야의 전문가나 참여하기를 원하는 학생들을 매칭하다 보면 종목을 정하는 일이 그리 어렵지만은 않을 것이다.

**셋째, 연습 시간을 확보한다.** 종목이 결정되면 연습할 시간을 충분히 확보해야 한다. 하교 후나 주말에 학생들 스스로 모여 연습할 것이라는 기대는 절대 하면 안 된다. 학원 등 바쁜 일정으로 연습은 거의 불가능하니 말이다. 이제 남은 것은 수업 시간뿐이다. 학년(급) 교육과정 수립 시 음악이나 창의적 체험활동에 학예회 무대를 위한 별도의 시간을 마련해 놓으면 교육과정 파행을 막는 동시에 무대의 질을 높일 수 있을 것이다.

**넷째, 무대 순서를 조정한다.** 학생 수는 적고 진행되는 종목이 많을 때는 한 학생이 여러 무대에 참여하기도 한다. 이런 경우 같은 학생이 참여하는 무대를 연달아 올리면 안 된다. 동선이 꼬이거나 의상을 갈아입는 데 시간이 소요되어 공백이 생길 수 있기 때문이다. 그러므로 공연의 종류, 참여하는 학생들을 꼼꼼히 확인하여 무대 순서를 정하자.

**다섯째, 축제 분위기가 느껴지는 무대를 꾸민다.** 갈고닦은 솜씨를 학부모에게 공개하는 학예회는 축제다. 축제에는 걸맞은 분위기가 필요하다. 화려할 필요는 없다. 미술 시간에 만든 가랜드나 풍선을 붙이는 것만으로 충분하다. 소액으로 네온바를 빌려주는 곳도 많으니 참고하자.

### 마치며

열심히 준비했다면 이제는 즐길 때다. 무대를 향해 힘차게 나아가는 학생들에게 엄지를 치켜세워 이 순간의 주인공이 자신임을 느끼게 하자. 그렇게 얻은 자신감이 열정이 되어 관객을 감동시킬 것이다. 이 모든 것을 함께한 선생님도 정말 고생했다. 수고한 학생과 선생님, 즐겨라!

온라인 학급운영 꿀팁

## 아무노래 챌린지

→ 지코의 〈아무노래〉에 맞춰 춤을 추는 모습을 담은 15초짜리 영상이 흥행했던 적이 있다. 흥겨움이 가득한 '아무노래 챌린지'로 학예회의 서막을 열어 보자.

**step 1 안무를 구성한다.**

음악 시간에 배웠던 노래에 어울리는 안무를 생각해 본다.

※ 아이들이 좋아하는 가수의 노래를 활용할 수도 있다.

**step 2 촬영한다.**

15초 이내의 영상을 혼자 또는 친구들과 함께 촬영한다. 편집이 필요한 경우에는 관련 애플리케이션을 활용한다.

※ 영상 편집은 '5월 3주' 편을 참고한다.

**step 3 첫 번째 주자를 지목한다.**

영상을 올릴 첫 번째 주자를 지목한다. 1번으로 뽑힌 학생은 온라인 교실 게시판에 영상을 올린 후 다음 주자를 지목한다. 모든 학생이 마칠 때까지 챌린지를 이어 간다.

**step 4 오프닝 무대로 활용한다.**

아이들이 촬영한 영상을 한데 모아 학예회의 서막을 여는 데 활용한다.

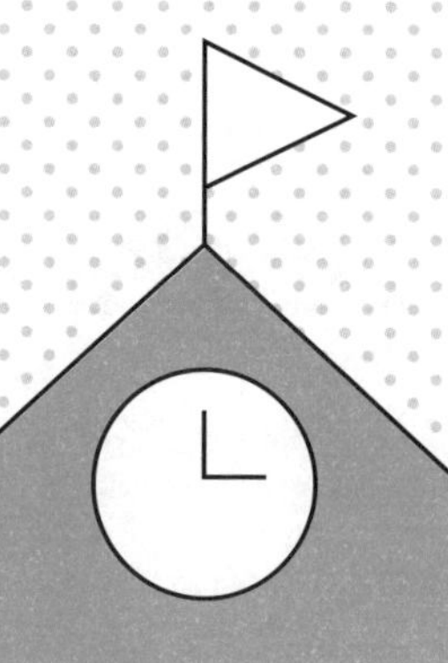

# 11월

## 누적된 과제들을 깔끔히 해결한다

찬 기운이 강해지는 11월이다. 제아무리 춥다 한들 학생들을 향한 교사의 열정까지 얼릴 수는 없다. 따뜻한 학급을 만들어 보자.

# 느린 진도 빼기

**진도가 늦어 초조한 선생님**

11월 3일 ▼

학예회에 열중한 탓인지 뒤처진 진도에 허덕이는 요즘이다. 이 속도라면 올해 안에 다 마치지 못할 것만 같은데, 어떻게 해야 느린 진도를 확 뺄 수 있을까?

**#진도 #초조해 #내년에 연임해야 하나**

저도 수학 교과가 학년 교육과정보다 두 단원이나 늦어서 걱정이에요. 어떻게 하죠?

진도의 늪에 빠지셨군요. 교과 내 통합과 교과 밖 통합으로 빠져나올 수 있으니 너무 걱정하지 마세요. 단 교사의 고민이 많이 필요하답니다.

학예회, 계기교육 등으로 진도가 뒤처지다 보면 상대적으로 덜 중요해 보이는 내용을 은근슬쩍 넘어가고 싶은 유혹에 빠진다. 중요한 내용만 가르쳐 모자라는 시간을 해결하려는 나름의 해결책이다. 그러나 이는 절대 해서는 안 되는 행동이다. 학습 내용에 경중이 없을뿐더러 국가 수준 교육과정에 제시된 성취기준을 모두 다루는 것이 교사의 의무이기 때문이다. 이제 남은 방법는 짧은 시간 안에 많은 내용을 가르치는 것뿐이다. 느린 진도로 초조한 지금, 슬기롭게 헤쳐 나갈 수 있는 방법을 찾아보자.

## 진영쌤의 마음튼튼 가이드 수업 유형을 파악하자

원숭이가 나무에서 떨어지는 일은 드물다. 나무 타기가 생활이자 삶 그 자체이기 때문이다. 뒤처진 진도가 걱정인 선생님에게 필요한 것은 원숭이의 나무 타기처럼 능숙한 수업 유형을 찾아 이를 활용하는 것이다. 무엇에 능숙하다는 것은 실패할 확률과 감내해야 할 시행착오가 적음을 의미한다. 이제 대표적인 수업 유형 네 가지를 확인해 보고 자신은 어떤 수업 유형에 능숙한지 생각해 보자.

첫 번째는 수업 전 지도서의 단원 개관을 살펴보며 학습 내용 순서를 조정하거나 반 아이들이 좋아하는 소재로 바꾸어 가르치는 유형이다. 두 번째는 교과서를 살펴보며 소재가 비슷하거나 내용이 겹치는 경우를 찾아 하나의 단원으로 합쳐 가르치는 유형이다. 특히 하나의 성취기준이 여러 개의 단원에 적용되는 국어, 체육, 미술, 음악 같은 과목에 적용하기 쉬운 유형이다.

세 번째는 여러 개의 지도서를 동시에 펼쳐 놓고 살펴보면서 비슷한 학습 내용이나 수업 방법이 등장할 경우 이들을 모아 같은 시기에 가르치는 유형이다. 하나의 주제를 다양한 교과에서 다루기에 배움의 폭이 넓다. 네 번째는 교과학습 내용과 창의적 체험활동을 끈끈하게 연결하여 수업을 전개하는 유형이다. 교과 이외의 활동인 창의적 체험활동에서 배운 내용을 실천하는 기회를 제공하기에 배움은 삶이라는 교훈을 준다.

## 진영쌤의 마음튼튼 가이드 통합으로 헤쳐 나가자

자신의 수업 유형을 파악했다면 이제는 이를 활용하는 방법을 알아보자. 이는 늦은 진도에 날개를 달아 줄 방법이다.

**첫째, 교과 내 통합이다.** 수업 유형이 첫 번째와 두 번째라면 교과 내 통합이 답일 수 있다. 교과 내 통합의 방법은 다음과 같다.

① 교과서를 펼쳐 앞으로 공부할 것들을 살펴본다.

② 학습 내용이나 소재가 비슷한 것들을 찾아 표기한다.

③ 찾은 내용과 관련된 성취기준을 확인한다.

④ (성취기준이 같은 경우) 한 단원으로 압축하여 수업을 진행한다.

⑤ (성취기준이 다른 경우) 2개의 성취기준을 아우를 수 있는 주제를 선정한 후 그에 맞는 학습 내용을 재조직하여 수업을 전개한다.

**둘째, 교과 간 통합이다.** 과거의 교육은 변하지 않는 지식을 전수하는 것이 목적이었다. 그러다 보니 교과가 가진 지식과 체계, 특성이 중요해질 수밖에 없었고 그 벽은 날로 두꺼워졌다. 하지만 우리 아이들이 살아갈 미래 사회에는 변하지 않는 지식이 없을뿐더러 삶과 동떨어진 배움은 가치를 갖지 못할 전망이다. 이런 시대적 요구에 적합한 것이 바로 교과 간 통합이다. 한 교과가 가진 고유한 지식을 넘어 삶을 살아가는 데 필요한 지혜를 배울 수 있기 때문이다. 평소 해 왔던 수업 유형이 세 번째라면 이미 선생님은 교과 간 통합의 고수일지 모른다. 적극적인 교과 간 통합으로 한 가지 주제를 깊고 넓게 탐구하는 동시에 늦춰진 진도를 정상 궤도로 올려 보자.

① 여러 교과서를 펼쳐 앞으로 공부할 내용을 살펴본다.
② 학습 내용이나 소재가 비슷한 것들을 찾아 표기한다.
③ 찾은 내용과 관련된 성취기준을 확인한다.
④ 각 교과의 성취기준을 아우를 하나의 주제를 정한다.
⑤ 주제 목표를 정한다.
⑥ 학습 내용을 조직한다.
⑥ 성취기준을 바탕으로 주제에서 벗어난 학습 내용이 없는지 확인한다.

**셋째, 교과 창체 간 통합이다.** 네 번째 유형처럼 교과 학습 내용과 창의적 체험활동을 끈끈하게 연결하여 수업을 전개한다면 교과 창체 간 통합에 능숙할 수 있다. 흔히 교과와 창의적 체험활동은 상호보완적 관계에 놓여 있다고 말한다. 교과에서 배운 내용을 창의적 체험활동에서 적극적으로 실천함으로써 심신을 조화롭게 발달시킬 수 있기 때문이다. 도덕이나 실과 같은 교과에서 기본적인 소양을 익힌 후 창의적 체험활동에서 실습하는 것이 그 예다. 교과 창체 간 통합으로 학생들의 공동체 의식을 함양하고 개인의 소질과 잠재력을 계발·신장하여 창의적인 삶의 태도를 기르게 하고 싶다면 다음과 같이 해 보자.

① 교과서를 펼쳐 실습이나 실천이 필요한 것을 찾는다.
② 창의적 체험활동의 어떤 영역과 어울리는지 생각한다.
③ 교과 시간을 통해 기본 소양을 습득한다.
④ 창의적 체험활동에서 배운 내용을 실천한다.

### 마치며

늦은 진도에 요행은 없다. 부지런히 가르치고 고민하는 것만이 최선의 답이다. 교과 내, 교과 간, 교과 창체 간 통합으로 늦춰진 진도를 따라잡아 보자!

온라인 학급운영 꿀팁

## 카훗

→ 진도에 허덕이다 보면 간혹 평가를 빠뜨리곤 한다. 적은 시간으로 평가까지 챙길 수 있는 퀴즈 시스템에 대해 알아보자.

**step 1 카훗에 접속한다.**

교사가 '카훗'(https://kahoot.com)에 접속, 구글 계정으로 로그인한다.

**step 2 문항을 만든다.**

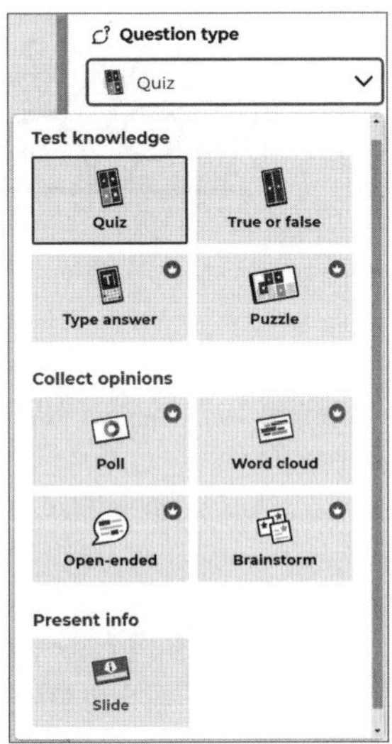


우측 상단에 있는 'Create' 탭을 활용하여 문제를 만든다. 한 문항이 완성되기 위해서는 내용과 점수, 보기가 입력되어야 한다.

**step 3 핀 번호를 공유한다.**

교사가 Play→ Teach→ classic으로 들어가 게임 핀 번호를 확보해 학생들과 공유한다.

**step 4 문제를 푼다.**

학생은 카훗에 접속하여 핀 번호를 입력하고 문제 풀이에 참여한다. 교사는 정답과 오답에 대한 설명을 덧붙이며 모든 아이가 성취기준에 도달할 수 있도록 한다.

# 교직 권태기 날려 버리기

**설렘을 잊은 선생님**

11월 10일 ▼

요새 권태기가 왔는지 수업하는 것이 즐겁지 않다. 초임 때는 모든 것이 즐겁고 설렜는데 지금은 모든 것이 덤덤해진 느낌이다. 과거의 나는 어디로 갔을까?

**#벌써 10년 #설레고 싶다 #권태기**

 좋아요 댓글 달기  공유하기

직장 권태기를 겪는 사람도 많다는 얘기를 들었어요. 저도 요새 권태기인지 출근이 즐겁지 않아요. 어떻게 해야 할까요?

덤덤해졌다는 것은 한편으로 익숙해졌다는 의미가 아닐까요? 새로운 것에 도전해 보세요. 열정 가득한 선생님의 모습을 되찾을 수 있을 거예요.

임용시험을 앞둔 수험생이라면 이맘때가 가장 긴장되고 떨릴 것이다. 1년에 한 번 치르는 시험에 자신의 과거와 현재, 미래가 달렸으니 그럴 만도 하다. 선생님 또한 교사가 되기 위해 참으로 열심히 노력했을 것이다. 매일같이 도서관에서 살다시피 했을 것이고 밤늦게까지 책과 씨름했을 것이다. 그러면서 합격만 하면 참 스승이 되어 학생들을 올바른 길로 인도하리라 다짐했을 것이다. 그런 힘든 과정을 거쳐 온 선생님에게 묻고 싶다. '여전히 아이들을 가르치는 것이 즐거운가?'

학교에 오는 것이 즐겁지 않고 아이들과의 수업이 따분하기만 하고 어느새 퇴근만 기다린다면 선생님은 이미 권태기에 빠진 것일 수도 있다. 임용시험이 치러지는 이번 주, 교직에 대한 권태로움에서 벗어나는 방법에 대해 알아보자.

## 진영쌤의 마음튼튼 가이드 권태의 원인을 파악하자

교사의 생애는 근속연한에 따라 일정한 형태를 보이는데, 연구에 따라 적게는 3~4단계에서 많게는 8단계로 구분한다. 와트Watts[56]의 생존단계, 중간단계, 숙련단계와 버르크Burke[57]의 교직 준비 단계, 교직 입문단계, 역량 구축 단계, 열정적 성장 단계, 좌절 단계, 안정적 침체 단계, 축소 단계, 퇴직 단계가 그 예다. 이처럼 교사의 발달과정을 구분하는 기준과 명칭은 학자마다 다르나 각 단계에는 성취해야 할 과업이 존재하고 이를 어떻게 성취하느냐에 따라 만족도가 달라진다는 것에는 이견이 없다. 각 단계마다 성공적으로 과업을 이뤄낸다면 큰 행복감과 성취감을 맛볼 것이나 그렇지 못하다면 되레 불행과 위기감을 맛보게 된다는 것이다. 어찌 보면 권태감은 각 단계에서 주어지는 과업을 해결하지 못할 때 느끼는 감정일지도 모른다. 대한민국의 초·중·고 교사들에게 주어지는 과업과 그로 인한 감정, 위협 요소를 살펴보며 교직에 대한 회의와 실망이 어디에서 오는지 생각해 보자.[58]

**첫째, 입문기다.** 교직에 들어선 지 채 3년이 되지 않았다면 입문기에 해당한다. 이 시기의 교사는 열정적이다. 학생들과 함께하기 위해 주말이나 공휴일을 반납하는 것은 물론 목표에 도달할 때까지 가르치고 또 가르친다. 비록 방법은 서툴지 몰라도 마음만은 최고인 시기다. 서툰 것은 업무에서도 드러난다. 교사의 삶은 이중적이다. 업무를 처리하는 조직의 구성원과 배움을 제공하는 교육자라는 두 가지 소임을 맡고 있다. 사실 후자만 생각하고 교단에 들어선 사람들이 대부분이겠지만 현실은 그렇지 않다. 담당 업무를 처리하다 보면 야근은 피할 수 없다. 입문기 교사에게 맡겨진 업무는 대개 단순한 편이나 작은 학교라면 사정이 다르다. 신규를 포함 1~2년 차 교사가 부장을 맡는 경우가 허다하다. 시행착오를 겪기에는 담당한 일이 중책이기에 스트레스가 높은 편이다. 이들에게 가장 필요한 능력은 아이들을 향한 열정과 업무에 대한 적응이다.

**둘째, 성장기다.** 4년에서 10년 정도의 경력이 되면 학교의 대략적인 메커니즘을 습득한 상태다. 학교 조직 내 자신의 위치와 역할에 대한 사람들의 기대에 부응하기 위한 역량을 어느 정도 갖춘 셈이다. 선배들의 발자취를 따라가며 배우는 데 집중했던 입문기와 달리 이제는 자기 생각을 정립하며 자립하려는 모습을 보인다. 수업에 대한 자신감도 붙는다. 다양한 연수나 도서를 통해 얻은 교육 방법을 수업에 적용하며 나만의 수업도 만들어 간다. 생활지도에도 여유가 생겨 학교폭력, 일탈 같은 위기 상황을 매끄럽게 넘기고 서로에게 상처가 되지 않는 선에서 문제를 해결한다. 그러나 자신이 해 줄 수 있는 것의 한계를 알기에 학생들의 개인적인 삶에 깊이 개입하지 않고 절차대로 처리하는 경향이 강하다.

**셋째, 선택기다.** 11년에서 25년까지의 선택기가 되면 승진을 할 것인지 평교사로 남을 것인지 고민한다. 교장, 교감이 되기로 마음먹은 교사는 좋은 근평을 얻기 위해 부장직을 역임하거나 연구대회에 출품함으로써 승진에 필요한 점수를 확보하려 노력한다. 일찍이 승진을 포기한 교사는 진정한 배움은 어떤 것인지, 좋은 수업이란 무엇인지 성찰하며 수업을 다듬어 간다. 이런 경험을 바탕으로 수석 교사 같은 제도에 도전하는 이도 있다. 생활지도 측면에서는 그 깊이가 더해진다. 개인적으로 한 아이의 아버지이자 어머니가 되어 부모의 입장에 서게 되면 가르치는 아이들의 문제행동을 마음으로 보듬게 된다. 엄격한 선생님에서 부모 같은 선생님으로 변하는 전환점이 이즈음이다.

**넷째, 축소기다.** 퇴직을 고려하는 이 시기가 되면 학교에서의 위치가 애매해진다. 대선배인 자신을 어려워하는 것을 알기에 후배들에게 선뜻 다가서지 못하고 동년배인 관리자와는 직책이 달라 허물없이 지내지 못한다. 더욱이 나이 든 평교사를 좋게 보지 않는 사회적 분위기 때문에 명예퇴직을 고민하기도 한다. 이런 회의감은 학교 업무에도 영향을 미친다. 매년 바뀌는 업무에 적응하기가 쉽지 않아 일을 피하거나 맡지 않으려는 소극적인 모습도 보인다. 열정 가득하던 입문기와는 사뭇 다른 양상이다. 그렇다고 교육자로서 열정마저 내려놓은 것은 아니다. 퇴임을 앞둔 선생님은 그 자신이 교육학 교재나 다름없다. 오랜 경험에서 얻은 노하우가 차곡차곡 쌓여 소중한 자산이 되었기 때문이다. 이를 바탕으로 수업이나 생활지도에서 어려움을 겪는 후배, 동료 교사들을 돕거나 본인의 교육철학을 저서로 남기는 등 적극적인 활동을 펼치기도 한다.

## 진영쌤의 마음튼튼 가이드 의미와 설렘을 되찾자

교직에 갓 입문한 교사는 열정을 바탕으로 여러 가지에 도전하며 마음을 다해 학생들을 사랑한다. 그리고 성장기가 되면 배움에 대한 열의를 바탕으로 다양한 연수에 참여하고 전문 서적을 읽으며 전문가로 거듭난다. 학교 조직의 허리인 선택기의 선생님들은 승진에 대한 뜻을 정하고 그에 따라 행동을 달리한다. 제2의 인생을 준비하는 축소기가 되면 교직 생활을 아름답게 마무리하기 위해 힘쓴다. 이것이 교사의 한평생이자 각 단계에서 이뤄야 할 과업이다.

만약 현재 교직에 대해 권태를 느끼고 있다면 어느 곳에서 에너지가 세고 있는지 확인해야 한다. 그리고 임용시험을 준비하던 그 시절, 첫 출근을 하던 그때의 설렘을 다시 떠올려 건강한 직업관을 이어 나가야 한다. 다음은 교직에 대한 설렘을 다시 회복시켜 줄 방법이다.

**첫째, 추억의 장소를 방문한다.** 사람들은 뇌에 신경세포만 있다고 생각한다. 그러나 가장 많은 것은 별 모양의 세포다. 학자들이 '별세포'라 부르는 이것의 역할은 다양하다. 신경세포에 영양분을 제공하고 노폐물을 제거하고 그 기능이 잘 유지되도록 돕는다. 장소에 대한 기억을 담고 있는 해마에도 별세포는 존재한다. 그런데 특이한 것은 해마에 있는 별세포에는 기분을 좋게 하는 마약성 진통제와 결합하는 수용체가 있다는 점이다. 추억이 깃든 장소를 방문했을 때 마구 뿜어져 나오는 행복은 이 별세포 덕분인 셈이다.[59] 교직에 대한 설렘이 사라졌다면 교사의 꿈을 품었던 추억의 장소를 찾아가 보자. 졸업한 대학교도 좋고 첫 발령을 받았던 학교도 좋다. 당시의 꿈을 떠올리는 순간 열정이 되살아날 것이다.

**둘째, 실현 가능한 새로운 목표를 정한다.** 임용시험의 목표는 명확하다. 합격해서 선생님이 되어 안정된 생활을 하는 것이다. 그런데 막상 이 목표를 이루고 나면 모든 것이 끝난 것처럼 허무함이 밀려온다. 눈앞의 동기가 사라진 탓이다. 이럴 때는 실현 가능한 새로운 목표를 세우는 것이 도움이 된다. 선생님의 열정을 되살릴 만한 목표 두 가지를 소개한다.
하나는 내적 성장이다. 이는 배움을 좇아 연수에 참여하거나 아이들과 함께했던 수업 이야기나 나만의 생활지도 비결을 글로 써서 다른 이들과 공유하는 방법으로 가능하다. 선생님뿐만 아니라 학생과 동료 교사 모두를 성장시키는 동력이 될 수도 있으므로 매우 가치 있는 행동이다.

다른 하나는 외적 성장이다. 내적 성장과 달리 외적 성장은 다른 사람에게 인정받기 위한 욕구가 그 중심에 있다. 승진이 대표적인 예다. 그렇다고 승진을 나쁘게 바라볼 것은 아니다. 승진을 위해서는 다각도의 노력이 필요하다. 가산점 취득에만 혈안이 되어 교사로서의 기본 업무인 수업에 소홀하지만 않는다면 개인의 역량을 높이는 동시에 사회적으로 인정받는 자리에 올라간다는 점에서 충분히 도전해 볼 만한 일이다.

**셋째, 잘하거나 잘할 수 있는 것을 찾는다.** 열정을 불러 일으킬 만한 무언가를 찾으면 권태는 자연스럽게 사라진다. 다행히도 교직에는 열정을 쏟아부을 것들이 가득하다. 교육과정, 수업, 평가, 교과 등 학생의 배움과 관련된 것들로 한정 지을 필요는 없다. 각종 업무의 달인이 되어도 좋고 학생, 학부모와 긍정적인 관계를 형성하는 비법을 축적해 나가도 좋다. 그렇게 잘하거나 잘할 수 있는 것을 찾아 그 분야의 전문가가 된다면 다른 사람들에게 도움을 줄 수 있을 것이다. 평소 관심 있거나 좋아하던 것을 더 잘하기 위해 깊이 배우고 경험함으로써 권태기에서 빠져나가 보자.

### 마치며

교사의 권태기에 대해 알아보았다. 교직은 생각보다 길다. 장기적인 목표를 수립하고 하나씩 이뤄 나가는 등 권태기가 찾아오려야 올 수 없는 환경을 만들어 건강한 교직 생활을 이어나가 보자.

온라인 학급운영 꿀팁

## 인생 타임라인 만들기

→ 구체적인 계획을 세우는 것은 권태기 극복의 좋은 방법 중 하나다. 혹시 현재의 삶에 만족하지 못하거나 학습된 무기력으로 힘들어하는 아이가 있다면 미래의 삶을 설계하는 경험을 통해 삶의 원동력을 되찾을 수 있도록 해 보자.

**step 1 패들렛에 접속한다.**

'패들렛'(https://padlet.com)에 접속한 후 구글 계정으로 로그인한다.

**step 2 패들렛을 만든다.**

'PADLET 만들기'에서 '타임라인'을 선택한다.

**step 3 세부 내용을 입력한다.**

'○○이의 인생계획' 같은 제목과 설명을 입력한 뒤 배경화면을 설정한다.

※ 여러 아이들이 협력하여 하나의 타임라인을 만들 수도 있다.

**step 4 타임라인을 제작한다.**

태어나는 순간부터 생을 마감할 때까지의 삶을 타임라인에 정리해 나간다. 필요에 따라 그림이나 사진, 그리기 등을 활용할 수 있다.

**step 5 친구들과 공유한다.**

자신의 타임라인을 온라인 교실 게시판에 올려 친구들과 공유한다. 친구들의 타임라인을 보며 삶에 대한 열정을 느껴 본다.

# 남은 예산 사용하기

**놀란 선생님**
11월 20일 ▼

얼마 전 '자동 커팅기'라는 것을 봤다. 입력한 도안대로 종이를 오려 주는 기계가 신기해서 한동안 눈을 뗄 수 없었다. 학교에 돌아와 선생님들과 상의 후 내 업무에서 남은 예산으로 이 기계를 사기로 했다. 내년엔 가위질을 좀 줄일 수 있겠지?

**#흡족하다 #오달지다 #반성**

좋아요 댓글 달기 공유하기

남은 예산을 오달지게 사용하셨네요. 우리 학교에도 정말 필요한 기계 같아요. 우리도 구매하자고 말해 봐야겠어요.

작년 이맘때쯤 남은 예산으로 허덕인 적이 있어 올해는 적기적소에 집행하려 노력했습니다. 나름 성공적인 것 같아 뿌듯하네요.

학교가 움직이기 위해서는 예산이 필요하다. 이러한 예산을 언제, 어디에, 어떻게 활용할 것인지 구체적으로 계획하고 실천에 옮기는 것을 학교 회계라 한다. 회계라는 말이 사용되었다고 해서 교사인 나와는 상관없다고 생각하면 오판이다. 업무에 따른 예산 활용은 담당 교사의 일이기 때문이다. 특히 도서나 학급 교구, 학습준비물 같은 경우에는 빨리 투입될수록 아이들이 그 혜택을 오래 누릴 수 있다는 점에서 적기 집행이 필수라 하겠다. 그러나 마음대로 되지 않는 것이 사람 일이 아닌가. 다양한 교육 활동에 매진하다 보면 예산을 깜빡 잊은 채 학년 말이 되는 경우가 종종 있다. 안 그래도 바쁜 학년 말, 남은 예산을 사용하는 데 신경 쓰고 싶지 않다면 지금 당장 움직여야 한다. 남은 예산을 오달지게 사용하는 방법, 지금부터 알아보자.

진영쌤의 마음튼튼 가이드

## 수업 물품을 구입하자

남은 예산의 사용처가 고민이라면 내년 수업에 필요한 물품을 미리 사는 것도 좋다. 수업에 도움을 주는 것들은 다음과 같다.

① 블루투스 스피커다. 스마트 기기만 있다면 언제 어디서든 크게 음악을 들을 수 있는 이 기기는 체육이나 음악 시간에 요긴하게 쓰인다. 블루투스 스피커를 살 때는 와트를 눈여겨보아야 한다. 구입 후 생각보다 작은 소리에 실망할 수 있기 때문이다. 사용 목적과 장소에 맞는 것을 골라 구매하자.

② 블루투스 마이크다. 발표학습에 유용한 블루투스 마이크는 많은 이들 앞에서 본인의 생각을 이야기할 때 도움이 된다. 부끄러움이 많은 고학년들은 마이크 사용을 꺼릴 수 있다는 점을 감안하여 구입을 결정하도록 하자.

③ 드로잉 태블릿이다. 학습한 내용을 간단한 글과 그림으로 표현하는 비주얼 싱킹visual thinking은 방법이 간단하고 창의성을 자극한다는 점에서 매우 유용한 학습 방법이다. 혹 비주얼 싱킹을 수업에 활용할 계획이라면 쉽게 그림을 그리고 저장, 수정할 수 있는 드로잉 태블릿을 구입해 사용하자.

④ 프리젠터다. 직접 PC를 조작하지 않아도 프레젠테이션 화면을 마음대로 조작할 수 있는 프리젠터는 그야말로 필수템이다. 최근에는 줌인, 줌아웃, 화면 전환 같은 기능을 가진 프리젠터도 많으니 한번쯤 이용해 보자.

⑤ 삼각대다. 실기 평가 시 아이들의 모습을 녹화하여 피드백하는 사례가 늘고 있다. 이때 삼각대는 녹화를 용이하게 해 주므로 미리 준비해 두자.

⑥ 포토 프린터다. 과거에는 특별한 기술을 가진 사람만 사진을 인화할 수 있었다. 그러나 포토 프린터가 상용화됨에 따라 누구나 사진을 인화할 수 있는 길이 열렸다. 이런 포토 프린터는 현장체험학습 보고서 작성 및 사진전에 유용하게 사용할 수 있으므로 하나쯤 있으면 좋다. 단 10만 원가량의 몸체와 장당 800원의 인화지를 구매해야 한다는 점에서 가격이 조금 부담스럽긴 하다.

⑦ 접이식 이젤이다. 나무 이젤은 보관하기도 힘들뿐더러 이동하려면 여러 사람이 동원되어야 한다. 이런 점을 보완한 접이식 이젤을 여윳돈이 있다면 구매해 놓자.

⑧ 타이머다. 활동 시간 설정을 위해 매번 PC로 가야 하는 번거로움을 덜어 줄 타이머를 장만하자. 최근에는 다양한 기능과 디자인의 타이머가 판매되고 있어 고르는 재미가 쏠쏠하다.

⑨ 이젤 패드다. 아이디어를 생산하거나 의견을 나눌 때 최적화된 학습 도구로 모둠 활동에 유용하게 사용할 수 있다. 대개 50×60센티미터 크기인 이젤 패드는 포스트잇처럼 뜯어 붙일 수도 있어 발표 학습에 유용하므로 한 번쯤 사용해 보기 바란다. 가격은 20장 기준으로 4만 원 정도다.

진영쌤의 마음튼튼 가이드

## 학급에 필요한 물품을 구입하자

학급을 운영하다 보면 생각보다 많은 물품이 필요하다. 청소용품부터 바구니까지 그 종류도 다양하다. 학급 예산이 남았다면 교실을 둘러보며 필요한 것이 없는지 찾아보자.

① 바구니다. 각종 교구가 뒤섞인 자료함이 보기 싫다면 바구니를 이용해 보자. 흰색은 미술 수업용, 노란색은 수학 수업용이라고 구분해 놓는다면 금상첨화다.

② 시계다. 시계 보는 법을 모르는 저학년이라면 디지털 시계를, 고학

년이라면 집중력에 방해가 되지 않는 무소음 시계를 구매하는 것이 좋다.

③ 아크릴 거울이다. 멀쩡하던 거울이 떨어져 놀란 경험이 있다면 아크릴 거울을 추천한다. 소재가 가벼운 탓에 떨어질 일도 없거니와 떨어졌을 때 파편이 튀지 않아 사고의 위험을 줄일 수 있다.

④ 안전필름이다. 강한 강도와 불투수성, 재생성을 지닌 유리는 우리 생활에 없어서는 안 될 존재다. 실제 교실 한 칸에 사용되는 유리창만 해도 100여 장에 육박한다. 모두에게 이로울 것만 같은 유리지만 교사에겐 시한폭탄과 같다. 장난을 치다 유리가 깨지기라도 하는 날에는 큰 부상으로 이어질 수 있으니 말이다. 이에 학교에 예산이 남았다면 학생들이 가장 많이 활용하는 교실 문 유리에 깨졌을 때 유리 조각이 흩어지지 않도록 안전필름을 시공하자. 직접 시공할 경우 1제곱미터에 1만 원 정도 소요된다.

⑤ 칫솔 살균기다. 전문가들은 칫솔질만큼 칫솔 관리에 주의를 기울여야 한다고 말한다. 잘못 관리된 칫솔모 1제곱밀리미터에서 자그마치 500만 마리의 세균이 발견되었기 때문이다. 충치 유발균과 대장균까지 있었다고 하니 여윳돈이 있다면 당장 칫솔 살균기를 구매하여 활용하자.

⑥ 책상 서랍 정리함이다. 아이들의 서랍을 본 적이 있는가? 무질서한 서랍이 고민이라면 책상 서랍 정리함을 이용해 보자. 정리는 물론 구분된 칸 덕분에 어떤 물건이 어디에 있는지 쉽게 파악할 수 있어 아이들이 물건 찾는 시간을 줄일 수 있다.

⑦ 냄새 차단 쓰레기통이다. 출근 후 교실에 들어섰을 때 자주 불쾌한 냄새가 난다면 냄새 차단 쓰레기통을 활용해 보자.

## 진영쌤의 마음튼튼 가이드 사무용품을 구입하자

최근 나온 사무용품을 보면 자연스레 눈이 커지게 된다. 심 없는 종이찍개가 웬 말이며, 입력된 디자인대로 오려 주는 기계는 또 웬 말인가. 한 번 사용하면 헤어 나오지 못할 정도로 편하다니 쉴 틈 없이 바쁜 교실에 제격이라 하겠다. 다만 사무용품은 학생들의 교육 활동에 투입되어야 하는 학급운영비로 구매할 경우 문제의 소지가 있으므로 유의하도록 하자.

① 재단기다. 학기 초가 되면 자를 것들이 많다. 사물함과 신발장에 붙일 이름표도, 각종 바구니에 붙일 분류표도 잘라야 한다. 이때 재단기는 일정한 간격과 크기로 자로 잰 듯 반듯하게 잘라 주기에 엄청난 도움이 된다. 안전성을 높인 학생용도 있으니 사용해 보길 권한다.

② 심 없는 종이찍개, 즉 스테이플러다. 중요한 내용이 포함된 문서를 파기하기 위해 철심을 제거하다 손가락에 상처를 입은 기억이 한두 번쯤 있을 것이다. 예리하고 날카로운 심에 다칠까 걱정이라면 심 없는 종이찍개를 추천한다. 이것은 일반 종이찍개보다는 고가이며 8장 이상일 때는 사용이 어렵다는 단점이 있다.

③ 자동 커팅기다. 재단기가 반듯하게 자르는 데 도움을 준다면 자동

커팅기는 직선은 물론 곡선까지도 깔끔하게 오려 준다. 가격은 30만 원 정도라 조금은 부담스러운 편이다.

④ 개인정보 지우개다. 개인정보가 중요해진 오늘날 가장 필요한 사무용품이 아닐까? 가격도 5,000원 선으로 매우 저렴한 편이므로 구매해서 활용하자. 몇천 원의 투자로 개인정보 유출에서 벗어날 수 있으니 이것이야말로 가성비 갑인 사무용품이다.

⑤ 테이프형 양면테이프다. 양면테이프 겉껍질을 벗기는 것이 번거로운 선생님에게 딱 맞는 사무용품이다. 수정테이프처럼 찍 그었을 뿐인데 접착 가능한 상태가 된다니 참으로 편리한 도구다.

⑥ 재접착 풀이다. 중요한 내용을 기록해 놓은 포스트잇이 점성을 잃어 걱정이라면 재접착 풀로 간단히 해결할 수 있다. 수업 시간에도 긴히 활용될 수 있으므로 하나 정도 구매해 두자.

### 마치며

남은 예산이 환골탈태하는 과정을 살펴보았다. 적기적소에 사용한 예산은 그 이상의 효과를 발휘한다. 올해는 이것저것 챙기느라 놓쳤다면 내년에는 나에게 맡겨진 예산을 어떻게 활용할 것인지 학기 초에 구체적으로 계획을 수립하고 집행함으로써 교육적 효과를 극대화해 보자.

온라인 학급운영 꿀팁

## 증강현실 체험

→ 스마트폰과 간단한 도안이 있으면 아이들의 상상력에 날개를 달아줄 수 있는 'QuiverVision'은 무료로 활용할 수 있는 좋은 애플리케이션이다.

**step 1 사이트에 접속한다.**

포털사이트에 'quivervision'(https://quivervision.com)을 검색해 접속한 뒤 우측 상단의 'Coloring Packs'를 누른다.

**step 2 자료를 선정한다.**

메뉴 탭에 있는 것들을 살펴보며 수업에 활용할 자료를 찾는다.

**step 3 도안을 인쇄한다.**

마음에 드는 콘텐츠의 'View & Download'을 눌러 도안을 인쇄한다. 'FREE'라 표기된 것은 무료회원도 이용할 수 있다.

**step 4 도안을 색칠하고 Quiver 앱을 설치한다.**

학생은 출력한 도안을 색칠하고, 스마트 기기에 'Quiver' 애플리케이션을 설치한다.

**step 5 체험한다.**

학생은 색칠한 도안을 스마트 기기에 비춰 보며 증강현실을 체험한다.

# 이벤트로 아이들 감동시키기

**감성 폭발 선생님**

11월 23일 ▼

첫눈이 내린 오늘, 학생들과 이 순간을 기념하기 위해 따뜻한 코코아를 타서 마셨다. 차 한 잔을 마신 것뿐인데 행복해 하는 아이들의 모습을 보니 괜히 더 사랑스럽게 느껴졌다. 급조한 이벤트에 감동하는 아이들을 보며 다음에는 제대로 해 주리라 다짐했다. 조금만 있으면 이별인데 벌써 슬프다.

**#첫눈 #코코아**

선생님이 계신 지역에는 첫눈이 내렸군요. 제가 근무하는 곳은 아직이랍니다. 저도 선생님처럼 첫눈이 내리는 날 아이들과 코코아를 타 먹어야겠어요. 생각만 해도 설레네요.

학생들이 정말 행복했겠어요. 저는 어떤 이벤트를 해 줄까요?

24절기 중 스무 번째는 첫눈이 내린다는 소설이다. 손톱에 들인 봉숭아물이 첫눈이 내리는 날까지 빠지지 않으면 첫사랑이 이루어진다는 이야기 때문일까? 겨울이면 늘 내리는 것이 눈이지만 첫눈은 뭔가 더 특별한 느낌이다. 첫눈의 설렘이 가득한 소설, 특별한 이벤트로 평생 잊을 수 없는 학창 시절을 선물해 보자.

### 진영쌤의 마음튼튼 가이드 즐겁고 따뜻한 이벤트를 준비하자

이맘때 즈음이 되면 선생님도, 친구도 모든 것이 익숙해진다. 그런데 익숙함이라는 감정은 편안함과 지루함을 동시에 지니고 있는 것 같다. 모든 것이 익숙해져 버린 11월 말, 매일 반복되는 학교생활이 지겹다면 깜짝 이벤트로 활기를 불어넣을 수 있다. 아이들이 좋아했던 이벤트를 정리해 보았다.

**첫째, 자유를 허락한다.** 40달러가 생겼다고 해 보자. 어디에 사용하겠는가? 대부분 사고 싶은 물건을 떠올렸을 것이다. 하버드대 윌런스Whillans 교수팀의 실험[60]에서는 40달러로 살 수 있는 물건들과 2시간의 휴식을 선택지로 제시했다. 과연 쇼핑이 그들을 행복하게 했을까? 아니다. 놀랍게도 2시간의 휴식을 선택했던 소수의 사람들이 훨씬 더 행복했다고 한다. 시간적 풍요로움이 물질적 여유보다 더 귀함을 보여 주는 실험이다.

학생들을 행복하게 할 이벤트를 계획 중이라면 시간의 여유로움을 제공하는 것도 좋다. 온전히 쉴 수 있는 자유시간을 허락함으로써 학업, 학원 같은 살인적인 스케줄이 주는 스트레스에서 잠시 벗어나게 해 주는 것이다. 단 교사의 눈 밖에서 주어지는 자유는 위험하므로 교실이나 다목적 강당 등 안전한 곳에서 자유를 만끽할 수 있도록 하자.

**둘째, 내가 좋아하는 것을 나눈다.** 아이들을 위한 이벤트인데 내가 좋아하는 것을 나누라니 어불성설 같다. 1,500여 명의 실험자를 모아 지인에게 선물할 노래를 고르게 했던 맥길 대학의 휴먼Human 교수팀은 그래도 좋다고 말한다.[61] 받을 사람의 취향을 고려했을 때보다 자기가 좋아하는 노래를 보냈을 때 상대가 더 만족했다는 것이다. 때로는 내가 소중히 여기는 것을 타인과 나누는 것이 모두를 행복하게 만들 수 있다.

**셋째, 교실을 벗어난다.** 출장이 있는 날이면 괜스레 기분이 좋다. 교사도 이런데 학생들은 오죽할까. 아이들을 설레게 하고 싶다면 한 번쯤은 교실을 벗어나 다른 곳에서 수업을 진행해 보는 것도 좋다. 최근에는 학생들의 놀 권리를 위해 놀이지도사가 배치된 다양한 시설들이 생겨나고 있으므로 이를 적극적으로 활용해 보자.

**넷째, 영화를 본다.** 반 아이들이 영화를 좋아한다면 영화와 수업의 컬래버레이션을 교실에서 진행할 수 있다. 아이들의 생각에 신선한 생명력을 불어넣는 영화 수업을 하고 싶다면 네 단계를 거쳐 보자.

① 남은 교과 내용을 살펴보며 영화 수업과 어울리는 성취기준을 찾는다.

② 성취기준에 어울리는 영화를 선택한다. 학교생활, 교우관계, 가족 갈등 등 아이들의 생활 속에 일어날 만한 소재가 좋다. 자신의 삶과 비슷한 상황에 감정이입이 이뤄진다면 수업 효과가 좋기 때문이다.

③ 등급을 확인한다. 영화는 주제, 선정성, 폭력성, 모방 위험 등을 고려하여 여러 가지 등급으로 분류된다. 학생 나이보다 높은 등급의 영화를 시청할 경우 사춘기의 일반적인 지식과 경험으로는 수용하기 어려워 오히려 건전한 인격체로 성장하는 것을 저해할 수 있다. 반 아이들의 수준에 어울리는 영화를 활용하도록 하자.

④ 영화 관람 후 수업을 전개한다.

**다섯째, 포스트잇을 활용한다.** 샘 휴스턴 주립대학 거너Garner 교수는 포스트잇 한 장이면 마음을 사로잡기에 충분하다 말한다.[62] 어려운 문항으로 구성된 설문지를 사람들에게 배부해 본 결과 포스트잇에 고맙다는 말을 적어 붙인 것만으로도 회수율[63]이 두 배나 높았다는 것이다. 작은 정성이 사람들의 마음을 움직인 대표적인 사례다. 첫눈을 기념하여 작은 간식을 준비했다면 포스트잇이 가진 힘도 함께 이용해 보자. '잘하고 있어', '네가 있어서 행복해' 같은 따뜻한 말 한마디가 아이들의 마음을 녹일 것이다.

**여섯째, 차를 마신다.** 눈이 펑펑 오는 날, 창밖을 바라보며 차를 마셔 본 사람이라면 그것이 얼마나 행복하고 운치 있는 일인지 안다. 첫눈이 오는 날 학생들과 따뜻한 차 한 잔을 마시며 이런저런 이야기를 나누기로 마음먹었다면 어떤 차를 마실 것인지 정해야 한다. 이제까지의 경험상 가장 좋았던 것은 코코아다. 코코아에 들어 있는 폴리바놀이라는 성분이 기억력 향상에 도움이 될 뿐 아니라 그 달달함은 사람의 마음을 풍요롭게 만들기 때문이다. 단 시중에서 파는 코코아 믹스에는 당분과 기타 첨가물이 많이 들어가 있으므로 순수한 코코아 가루만으로 구성된 것을 골라 구매하는 것이 좋다.

### 마치며

기억에는 감정이 서려 있다. 매년 오는 첫눈을 바라보며 아이들은 선생님이 보여 준 사랑과 정을 기억할 것이다. 모두에게 따뜻한 첫눈이 되기를 바란다.

온라인 학급운영 꿀팁

## 학급 퀴즈

→ 함께 쌓은 추억을 학급 퀴즈로 만들어 풀어보는 것도 좋은 이벤트가 될 수 있다.

**step 1 구글 설문지에 접속한다.**

교사는 '구글 설문지'에 접속한 후 구글 계정으로 로그인한다.

**step 2 설문지를 만든다.**

상단의 +를 눌러 새 설문지를 만든 뒤 톱니바퀴 모양을 눌러 퀴즈로 설정한다.

**step 3 퀴즈를 추가한다.**

제목을 입력한 후 '질문'을 눌러 퀴즈 내용을 입력한다. 이때 첫 질문으로 이름을 묻는 것과 '필수' 탭 체크를 반드시 해야 한다.

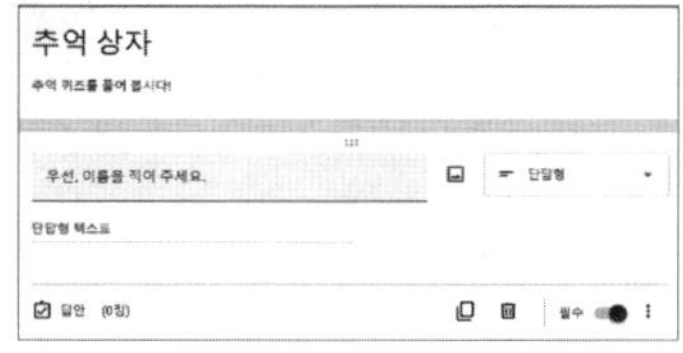


**step 4 답안을 작성한다.**

문항 하단에 있는 '답안' 탭에서 정답을 체크한 뒤 점수를 입력한다.

**step 5 온라인 교실에 링크를 공유한다.**

퀴즈 작성이 완성된 다음에는 우측 상단에 있는 '보내기'를 클릭하여 링크(https://docs로 시작)를 확보, 온라인 교실 게시판에 공유한다.

※ 아이들이 직접 퀴즈를 만들어 공유할 수도 있다.

# 12월

## 연간 업무, 용두용미를 그린다

한 해를 마무리하는 12월이다. 너무 빨리 지나가 버린 세월이 야속할 뿐이다. 남은 한 달 누구보다 뜨겁게 학생들을 사랑해 보자. 이 순간이 그들과 함께하는 마지막일 테니.

# 감염병으로부터 우리 반 지키기

**마음이 아픈 선생님**
12월 4일 ▼

날씨가 추워져서일까, 아픈 학생들이 하나둘 늘고 있다. 이맘때쯤 찾아와 우리를 괴롭히는 유행성 독감, 어떻게 대처해야 할까?

**#독감 싫어 #전염병 #아프지 마**

좋아요 댓글 달기 공유하기

독감의 계절이 찾아왔네요. 제가 알기로는 독감은 출석 인정이라던데, 맞나요?

학교생활기록부 기재요령에 보면 법정 감염병은 출석으로 처리하라고 되어 있네요. 출결이 참 어려운 것 같아요.

지난해 유행하기 시작한 코로나 19는 학교를 송두리째 바꿔 놓았다. 비대면 수업이 일상화되었으며 평가 또한 온라인 시스템을 적극적으로 활용 중이다. 그런데 문제는 이런 새로운 바이러스에 의한 유행 주기가 훨씬 짧아졌다는 것이다. 새 감염병 발생 주기가 3년 이내로 단축될 것이라는 전문가들의 예상이 있을 정도다. 특히 감염병에 빨간불이 켜지는 12월, 다양한 법정 감염병과 발병 시 담임교사의 역할에 대해 알아보자.

진영쌤의 마음튼튼 가이드

## 법정 감염병을 예방하자

전투를 앞둔 장군은 아군의 병력과 적군의 동태를 면밀히 살핀다. 상대를 알고 나를 알아 전투에서 승리하기 위해서다. 12월의 교사도 감염병의 위협으로부터 아이들을 지켜야 하는 장군과 같다. 법정 감염병에게 굴복당하고 싶지 않은가. 그러면 적을 정확히 파악함으로써 철저히 대비해 보자.

**첫째, 법정 감염병을 안다.** 「감염병의 예방 및 관리에 관한 법률」에 따라 관리되는 질병을 법정 감염병이라 한다. 현장에서 자주 마주칠 수 있는 법정 감염병은 총 여섯 가지로 분류되어 있다.

① 제1군은 물 또는 식품을 매개체로 집단적으로 발생하는 것들로 콜레라, 장티푸스, 파라티푸스, 세균성이질, 장출혈성대장균감염증, A형간염이 여기에 속한다. 이들은 유행의 정도가 강해 발견 즉시

대책을 수립해야 하는데 특히 'A형간염'은 간부전으로 진행될 경우 생명을 잃을 수도 있어 각별한 주의가 필요하다. 피로감을 호소하거나 오한, 복부 불쾌감, 구토의 증세를 보이는 아이가 있다면 즉시 진료를 권하도록 하자.

② 제2군은 예방접종을 통해 관리가 가능한 12종의 전염병들이다. '수두'와 '유행성이하선염'은 '인플루엔자'를 제외한 나머지 감염병의 90퍼센트를 차지할 정도로 흔한 질병이다. 우선 수두는 수두대상포진바이러스에 감염되어 발생하는 질병으로 발진성 수포와 발열이 대표적인 증상이다. 간혹 수포에 딱지가 없고 새로운 발진이 나타나지 않으면 전염성이 없으니 등교중지를 해제해 달라는 학부모가 있으나, 혹시 모를 사태에 대비하기 위하여 의사의 완치 확진이 있기 전까지는 등교중지 상태를 유지해야 한다. 귀밑에 통증과 발열이 동반되는 '유행성이하선염'도 자주 출현하는 감염병 중 하나이므로 알아 두자.

③ 제3군은 간헐적으로 유행할 가능성이 있어 계속 감시하고 대책을 마련해야 하는 감염병으로 '인플루엔자'가 가장 대표적이다. 독감이라 불리는 인플루엔자는 매년 백신 무료접종이 확대될 만큼 위협적인 질병이다. 독감이 기승을 부리는 12월과 1월에는 뒤늦게 백신을 찾는 사람이 많아 품귀현상까지 발생하곤 하니 늦가을쯤 미리 접종하도록 안내하는 것이 좋다. 이 외에 목 통증과 전신에 발진을 동반하는 감염병인 '성홍열'과 '쯔쯔가무시증' 또한 늘고 있는 추세라니 각별한 주의를 기울여야 한다.

④ 제4군은 국내에서 새롭게 발생하거나 해외에서 발병하여 유입이 우려되는 질병이다. 몇 년 전 사람들을 공포로 몰아넣었던 '중동호흡기증후군(메르스)'과 '신종인플루엔자'가 여기에 속한다. 이들은 다른 감염병에 비해 발병 사례는 적으나 매년 지속해서 발병하고 있기에 예방과 관리가 필요한 감염병이다.

⑤ 제5군은 기생충으로 인하여 발생하는 감염병으로 보건복지부령으로 정한다.

⑥ 지정감염병은 1~5군에 속하지는 않으나 별도의 감시 체계가 필요한 감염병을 의미한다. '수족구병'이 대표적이다.

**둘째, 법정 감염병 관련 통계를 살펴본다.** 데이터를 분석하여 가치 있는 정보로 만드는 통계가 의미 있는 까닭은 현실을 진단하고 미래를 예측할 수 있다는 점이다. 이런 통계는 학생들의 건강관리에도 귀하게 쓰인다. 언제 어떤 감염병이 유행하는지 분석함으로써 미리 예방할 수 있으니 말이다. 법정 감염병과 관련된 통계를 살펴보자.

세상에 나타난 이후 가장 많은 사람의 목숨을 앗아간 전염병은 무엇일까? 바로 '결핵'이다. 이렇게 무서운 병임에도 불구하고 후진국병이라는 인식 때문인지 결핵에 대한 경각심은 계속 줄어들고 있다. 우리나라는 2016년 OECD 회원국 중 결핵 발병률 1위라는 오명을 쓰기도 했다. 2주 이상 마른기침이 지속되거나 체중 감소, 전신 피로감이 나타난다면 병원을 찾도록 하자.

2017년 집계된 초·중·고교생 통계에 따르면 지난 5년 동안 법정 감염병으로 고통받은 학생들이 132만 명에 육박한다고 한다. 환자가 급증했던 2016년과 2018년에는 '인플루엔자' 대유행이 있었다고 하니 평소 손 씻기, 기침 예절 등의 교육에 힘써야 할 것이다.

월별 빈번 감염병 통계는 다음과 같다. 해당 월이 시작되기 전 유행하는 질병과 관련된 정보를 습득하여 예방에 힘쓰자.[64]

| 구분 | 공통 | | | | | 초등학교 | |
|---|---|---|---|---|---|---|---|
| | 결핵 | 수두 | 유행성 각결막염 | 유행성 이하선염 | 인플루엔자 | 성홍열 | 수족구병 |
| 3월 | + | + | | + | ++ | ++ | |
| 4월 | ++ | ++ | | ++ | ++ | ++ | |
| 5월 | ++ | ++ | | ++ | | ++ | |
| 6월 | ++ | ++ | ++ | ++ | | ++ | ++ |
| 7월 | ++ | ++ | ++ | ++ | | ++ | ++ |
| 8월 | + | + | ++ | + | | ++ | ++ |
| 9월 | + | + | ++ | + | | ++ | ++ |
| 10월 | + | + | | + | | ++ | |
| 11월 | + | + | | + | | ++ | |
| 12월 | + | ++ | | + | ++ | ++ | |
| 1월 | + | ++ | | + | ++ | ++ | |
| 2월 | + | + | | + | ++ | ++ | |

※ '+'는 발병 위험, '++'은 발병 경고를 의미한다.

**셋째, 체력을 기른다.** 체력이 강한 아이들은 일상생활에서 쉽게 지치지 않을뿐더러 질병에도 강해 회복이 빠르다. 반면에 체력이 약한 아이들은 일상생활에서도 이루고자 하는 것을 쉽게 포기해 버리고 질병에 걸린 후 회복에 오랜 시간이 걸린다. 건강하고 행복한 삶을 유지하는 데 체력은 필수인 셈이다. 이제 신체를 움직이거나 조정하는 '행동 체력'과 건강을 위협하는 것들로부터 신체를 방어하는 '방위 체력'을 기르는 방법에 대해 알아보자.[65]

먼저 행동 체력이다. 움직임을 일으키는 근력, 행동을 지속하는 근지구력·심폐지구력, 행동을 조절하는 유연성·민첩성·평형성 같은 '행동 체력'을 기르기 위해서는 우선 움직여야 한다. 최근에는 실내 운동법을 담은 영상도 많고 운동에 도움을 주는 요가 매트 같은 운동용품도 잘 나오므로 짬짬이 운동 시간을 가져 아이들의 체력을 증진해 보자.

갑자기 변하는 환경에 적응하는 힘인 '방위 체력'은 크게 세 가지다. 첫 번째, 외부 환경의 변화 즉 추위나 더위 같은 계절의 변화 그리고 기압의 변화에 적응하는 힘인 물리적 저항력이다. 이는 계절에 어울리는 옷을 입거나 음식을 섭취함으로써 높일 수 있다. 두 번째, 일상생활에서 발생하는 크고 작은 일에서 받게 되는 충격, 긴장, 불안을 버티는 정신적 저항력이다. 마지막으로는 세균, 바이러스, 해충 같은 질병으로부터 자신을 지키는 생물적 저항력이다. 전염병이나 잔병치레가 잦은 아이들은 계절에 어울리지 않는 옷을 선택하거나 위생 상태가 좋지 않아 바이러스에 노출되었을 확률이 높다. 주기적으로 손 씻기의 중요성을 강조하고 계절에 맞는 옷을 선택하게 하는 등 잘못된 생활 습관을 고치면 방위 체력을 높여 감염을 예방할 수 있다.

진영쌤의 마음튼튼 가이드

## 발병 시 절차대로 처리하자

학생들의 건강은 모든 선생님의 바람이다. 그러나 아무리 간절한 바람도 때론 이뤄지지 않는다. 그래서 우리 반 또한 감염병으로 고통받기도 했다. 이때 교사는 당황하지 말고 『학생 감염병 예방 · 위기 대응 매뉴얼』에 따라 움직여야 한다. 이 매뉴얼은 「학교보건법」 제14조의 4를 근거로 교육부에서 발간한 것이다. 특히 전염성이 강한 감염병은 다른 학생들의 건강을 위협할 수 있으니 신속히 움직여야 한다.

**첫째, 보건교사에게 알린다.** 감염병으로 의심된다면 그 즉시 보건교사에게 알려야 한다. 이때 선생님들이 가장 많이 하는 실수 중 하나는 감염병이 의심되는 아이를 친구들과 함께 보건실로 보내는 것이다. 이는 제2의 감염자를 만들어 낼 수도 있으므로 바쁘더라도 교사가 직접 2미터의 거리를 유지하여 동행하는 것이 바람직하다. 단 담임교사가 임산부이거나 몸이 좋지 않을 때는 다른 반 선생님께 부탁하도록 하자.

**둘째, 병원에서 진료를 받게 한다.** 보건교사의 일차적 판단 결과 감염병으로 의심된다면 먼저 일시적인 격리를 실행한다. 이때 담임교사는 갑작스런 격리로 놀란 학생을 진정시키는 동시에 학부모에게 연락해 빠른 시간 내에 병원 진료를 받도록 요청한다.

**셋째, 등교중지 처리를 한다.** 진료 결과 감염병이 아니라면 큰 문제가 없으나 그렇지 않다면 병명에 따라 등교중지를 결정해야 할 수도 있다. 대개 그 기간은 의사의 소견을 따르며 완치 확진 이후에야 다시 등교할 수 있다. 한편 해당 학생의 진료 과정이나 병세에 대한 정보가 들어오면 보건교사와 적극적으로 공유해야 한다.

**넷째, 환기와 소독 등 교실 방역에 힘쓴다.** 감염병은 후속 조치도 매우 중요하다. 자칫하다가는 2차, 3차 감염이 발생할 수도 있기 때문이다. 만약 교실에서 감염병이 발생했다면 최소 2~3시간 동안 창문이나 문을 열어 환기하고 아이들의 손이 많이 닿는 곳을 소독하자.

**다섯째, 지침에 따라 출결을 처리한다.** 교육부훈령 제280호 '학교생활기록 작성 및 관리지침' 제8조에 따르면 지진, 폭우, 폭설, 폭풍, 해일 등의 천재지변 또는 법정 감염병 등으로 출석하지 못한 경우 출석으로 처리하게 되어 있다. 이때 근거는 병명, 진료 기간 등이 기록된 증빙서류다. 한편 유행성각결막염이나 급성출혈성결막염 같은 비법정 감염병에 대해서도 학교장이 확산의 위험이 있다고 판단하면 출석으로 인정할 수 있다.

**여섯째, 감염 학생의 심리적 안정을 꾀한다.** 병세가 호전되어 완치 후 등교한 학생은 한동안 소외감을 느낀다. 긴 시간 동안 격리된 것도 이유겠지만 더 큰 이유는 친구들의 놀림 때문이다. 가장 힘들고 괴로운 사람은 감염병으로 고생한 친구임을 미리 강조하여 등교 시 마음을 다치는 일이 발생하지 않도록 하자. 한편 감염병이 발생하면 같은 반 학생들의 불안감이 높아질 수 있으니 이를 해소하기 위한 노력도 필요하다.

### 마치며

새로운 양상으로 발전하는 바이러스 성격상 「감염병의 예방 및 관리에 관한 법률」은 수시로 변하는 편이다. 그러므로 관심을 가지고 관련 법령을 주기적으로 살핌으로써 감염병으로부터 선생님과 아이들 모두의 건강을 챙기자.

## 온라인 학급운영 꿀팁

# AI로 대체 학습하기

→ 등교중지된 학생과 학부모가 걱정하는 것은 학습결손일 것이다. 인공지능 교육 도구인 '똑똑! 수학탐험대'로 대체 학습은 물론 개인별 맞춤 학습까지 노려 보자.

**step 1 똑똑! 수학탐험대에 접속한다.**

학생은 '똑똑! 수학탐험대'(https://www.toctocmath.kr)를 검색해 접속한다. 같은 이름의 애플리케이션을 스마트 기기에 설치할 수 있다.

**step 2 가입한다.**

개인정보를 입력하여 가입한다. 보호자의 휴대폰 인증이 필요하다.

**step 3 탐험을 시작한다.**

'교과 활동'이나 '인공지능 추천 활동' 중 필요한 것을 선택하여 학습한다.

※ '교구' 탭에 있는 수막대, 레켄렉, 시계 등을 수업에 활용할 수 있다.

**step 4 평가에 임한다.**

공부한 내용을 '평가'에서 확인한 후 결과를 담임교사에게 알린다.

**step 5 피드백한다.**

교사는 평가 결과에 어울리는 피드백을 개인 메시지 등으로 제공하여 성취기준 도달에 힘쓴다.

# 교과 평가 입력하기

**심각한 선생님**
12월 10일 ▼

교과 평가를 입력해 달라는 담당 선생님의 안내가 있었다. 올해는 복사해 붙여 넣지 않고 1년 동안의 이야기를 직접 적어 주기로 마음먹었다. 평생 남을 생활기록부인데 대충 작성할 수는 없지 않은가!

**#마음먹다 #생활기록부 #성적입력**

 좋아요  댓글 달기 공유하기

대충 작성할 수 없다는 선생님의 의견에 동의해요. 아이들에게는 평생 가는 생활기록부잖아요!

선생님의 열정을 본받아 저도 프로젝트 학습 내용을 입력해 줘야겠어요. 배움과 하나 되는 기록이라니 설레네요.

이맘때가 되면 교과 평가를 입력해 달라는 쪽지가 날아온다. 쪽지를 받은 교사의 선택은 크게 두 가지다. 이제껏 틈틈이 기록해 놓은 것을 바탕으로 정성스럽게 한 자 한 자 입력해 주는 교사가 있는 반면 다른 선생님이 작성한 평가를 그대로 복사해 붙여 넣는 교사도 있다. 후자의 경우 그 내용이 아이들의 모습을 온전히 담았다고 할 수 있을까? 교과 평가 입력이라는 임무가 주어진 이번 주, 그 아이만의 모습을 담아낼 교과 평가 방법에 대해 알아보자.

## 진영쌤의 마음튼튼 가이드 교과 평가의 흐름을 이해하자

과거 학교는 국력 향상에 도움이 되는 인재를 길러 내는 곳이었다. 이런 국가적 바람은 변하지 않을 지식을 가르치는 데 열을 올리게 했고 교사들의 눈을 일제식 지필 평가로 향하게 했다. 그 결과 '평가는 곧 시험'이라는 생각이 여전히 우리를 지배하고 있다. 시험 세대로 살아온 선생님에게 묻고 싶다. 진정 20점을 맞은 아이의 배움은 20점밖에 안 되고 100점을 맞은 아이의 배움은 100점인가? 만약 그렇지 않다면 시험이 배움을 측정하는 데 정말 효과적인 도구인지 고민해야 한다. 아이들의 성장을 돕는 평가는 무엇일까? 현행 교육과정은 과정 중심 평가면 충분하다고 말한다. 학생을 둘러싸고 있는 배움의 요소들을 평가하고 조언을 통해 학생의 성장을 돕는 것이 평가의 목적이기 때문이다.

하버드대 월슬리Walmsley 교수팀도 '과정 중심 평가'에 힘을 실어 주는 모양새다. 그의 이야기에 귀 기울여 보자.[66]

"나는 강화와 처벌이 학습에 어떤 효과를 발휘하는지 알아보기 위해 대학생 65명을 모아 어려운 미로를 통과하는 게임을 연습시켰습니다. 그리고 다음 날 미로를 얼마나 기억하고 있는지 물었죠. 단 문제를 맞힐 때마다 돈을 주겠다 약속했던 첫 번째 모둠과 달리 두 번째 모둠에게는 틀릴 때마다 미리 지급된 돈의 일부를 빼앗을 것이라 말했습니다. 세 번째 모둠은 그 어떤 이야기도 듣지 못했습니다. 어떤 모둠이 가장 잘했을까요? 예상했겠지만 문제를 맞힐 때마다 돈을 받았던 첫 번째 모둠입니다. 놀라운 점은 아무 이야기도 듣지 못했던 세 번째 모둠의 정답률이 두 번째 모둠보다 높았다는 것입니다. 이는 모두의 예상을 뒤집은 결과였죠. 우리는 틀릴 때마다 가해지는 심리적 압박이 자기에 대한 실망감으로 번져 이런 상황이 벌어졌다고 판단했습니다."

과거 일제식 평가인 시험 결과를 받은 아이들의 모습은 대부분 울상이었다. 공부한 내용을 얼마나 알고 있는지 파악한다는 목적이 무색할 정도

| 구분 | 시험 | 과정 중심 평가 |
|---|---|---|
| 관점 | 학습의 결과 | 학습의 전부 |
| 학습자 | 교사로부터 불변의 지식을 전수받는 존재 | 다양한 정보로부터 능동적으로 지식을 구성하는 주체 |
| 방법 | 일제식 평가, 지필 평가 | 다양한 평가 방법 |
| 목표 | 높은 점수 | 내면의 배움 |
| 학생 입장 | 벼락치기 후 백지상태 | 평생을 함께할 내면의 깨우침 |
| 교사 입장 | 문제 출제는 산고의 고통과 같은 것, 하지만 그 고통은 잠시뿐 | 좋은 것도 알고 마땅히 해야 하는 것도 알지만 힘들다 |

로 패배에 젖은 모습이다. 틀린 문제가 학생들에게 처벌로 작용하는 일제식 평가, 즉 시험과 가장 비슷한 결과를 보인 모둠은 어디일까? 바로 두 번째 모둠이다. 가장 낮은 정답률과 패배에 젖은 아이들의 모습은 결국 같은 이유, 바로 처벌 때문이다.

하지만 과정 중심 평가는 다르다. 현재의 학습 정도를 확인하고 그에 맞는 피드백을 제공함으로써 한 발짝 앞으로 나아갈 수 있도록 돕기에 첫 번째 모둠이 받았던 보상에 가깝다. 이제 선택만 남았다. 선생님은 처벌인 '시험'을 택하겠는가 아니면 보상인 '과정 중심 평가'를 택하겠는가.

## 진영쌤의 마음튼튼 가이드 교과 평가를 기록하자

과정 중심 평가, 즉 학생의 학습 과정을 살피고 개개인에게 어울리는 피드백을 제공하다 보면 완전히 녹초가 되어 버린다. 학생이 진정한 배움에 이르기까지 교사의 수많은 개입이 필요하기 때문이다. 학생 수가 적은 시골 학교에서도 힘든 일인데 과밀학급이 적지 않은 도시의 학교는 오죽하겠는가.

문제는 시간이 흐를수록 '과정 중심 평가'가 더욱 강화되는 추세라는 데 있다. 교육과정-수업-평가의 일관성을 넘어 '기록'까지 추가되다 보니, 교사는 가르치는 역할뿐만 아니라 평가자로서의 역할까지 제대로 해내야 하는 것이다. 이런 흐름에 맞춰 NEIS의 '교과학습발달상황' 입력도 한 학기에 한 과목 정도는 개개인의 성취기준 도달 정도를 구체적으로 입력할 것을 권장한다. 아이들이 성장하는 모습이 담긴 평가를 입력하는 방법은 다음과 같다.

**첫째, NEIS에서 평가선행작업을 실시한다.** 교과 평가를 위해서는 NEIS '성적' 탭에 들어가 '평가선행작업'을 해야 한다. 평가영역, 성취기준, 내용, 기준 등을 입력함으로써 교과 평가의 기반을 마련하는 것이다. NEIS 평가선행작업 방법은 '나이스 교무업무 매뉴얼' 성적 부분에서 자세히 확인할 수 있다.

**둘째, 평가 결과를 입력한다.** 학기 초 만들어 놓은 평가 기준으로 학생들의 성취 정도를 평가했다면 이제 그 결과를 NEIS 교과 평가에 입력한다.

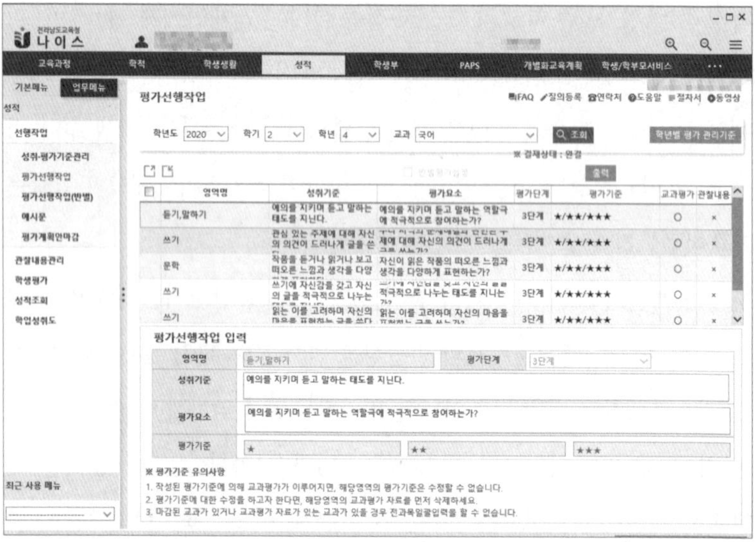

평가 방식은 학교마다 다르나 가장 많이 사용하는 것은 상, 중, 하 3단 척도다. 최근에는 한걸음, 두 걸음, 점프 같은 용어를 사용하여 학교의 평가 시스템의 특성을 살리고자 하는 움직임도 있다. 3단계가 부담스럽다면 도달, 미도달 같이 간략한 평가 용어로 기술해도 좋다. 그리고 학생 평가 시 객관성을 유지하는지, 공정한지, 투명한지를 늘 염두에 두어 신뢰도 높은 평가가 되도록 노력해야 할 것이다.

**셋째, 학기 말 종합의견을 입력한다.** 다른 선생님이 작성해 놓은 평가를 복사해 붙여 넣었을 때는 종합의견을 뭐라고 적어야 하나 너무나 고민스러웠다. 평가 따로 수업 따로였으니 당연한 결과다. 그러나 이제는 다르다. 3월 2주에 평가 시점도 정했고 도구도 제작하여 활용했다. 이제 남은 것은 학생의 수업 참여 태도와 노력, 교과별 성취기준에 따른 변화와 성장 정도를 기술해 주는 것뿐이다. 누적된 학습 결과물을 바탕으로 다음과 같이 적어 보자.

| 이름 | 〔사회과〕 학기 말 종합의견 |
| --- | --- |
| 김○○ | 도시와 촌락의 문제점을 잘 알고 그 문제점을 해결하는 방안을(성취기준) 탐구하여 실천 가능한 모둠의 공약으로 정리했으며 포스터로 표현하는 활동에 적극적으로 참여함(활동 내용). 자신감 있고 바른 자세로 발표하는 태도가 훌륭하며 다른 모둠의 공약도 듣고 그 공약이 문제점 해결을 위한 도움 여부에 관한 판단을 함.(학습상태) 학습한 내용을 실제 생활에서 적용함으로써 배움과 실천이 하나가 되었으면 함.(발전가능성) |

| 이○○ | 도시와 촌락의 문제점을 잘 알고는 있으나 문제점 해결을 위한 방안이 현실과 동떨어져 있음.(학습상태) 이에 스스로 점검해 보고 동료들과 공약을 수정하는 과정을 거친 결과(피드백) 실제 생활에서 적용 가능한 아이디어를 생산해 냄.(변화된 모습) 평소 자기 생각을 점검해 보고 실천 가능성이 있는지 살펴봄으로써 정교성을 높일 수 있는 활동에 많이 참여하는 것이 바람직함.(발전가능성) |
|---|---|

**넷째, 기타사항을 입력한다.** 교과와 관련된 내용 외에 '학기 말 종합의견'에 입력해야 할 것은 두 가지다. 하나는 영재교육 이수 내용이다. 「영재교육진흥법 시행령」에 따라 영재학교, 영재학급, 영재교육원에서 수료한 내용은 관련 교과에 입력해야 한다. '영재학급에서 4학년 과정 정보 영역 120시간을 이수함'과 같이 기록하면 된다. 다른 하나는 발명교육 수료 내용이다. 이 또한 「발명교육의 활성화 및 지원에 관한 법률 시행령」에 의해 입력해야 하는 사항이다. 입력 방법은 영재교육과 같다.

이 둘 이외에 토익, 토플 등 공인어학시험의 성적이나 각종 교내·외 인증사항, 관련 대회 내용, 논문, 도서 출간, 발명 특허 같은 내용은 어떠한 이유로도 입력할 수 없다.

### 마치며

모든 일은 마음먹기에 달렸다고 한다. 비록 바쁘고 정신없는 학기 말일지라도 선생님의 굳은 마음 하나만 있다면 아이들에게 매우 의미 있는 기록을 남겨 줄 수 있다. 선생님의 과정 중심 평가를 응원한다.

## 온라인 학급운영 꿀팁

# 온라인 자기평가

→ 본인의 학습 정도를 파악하고 보완할 점을 찾아 개선해 보는 자기평가는 매우 효과적인 평가 방법의 하나다. 온라인 자기평가 방법에 대해 알아보고 '학기말 종합의견' 입력의 자료로 활용하자.

**step 1 띵커벨에 접속한다.**

포털사이트에서 '띵커벨'(https://www.tkbell.co.kr)을 검색해 접속한 후 회원가입과 로그인을 한다.

**step 2 새로운 띵커벨을 만든다.**

'만들기' 탭의 '토의 · 토론'을 눌러 제목과 공개범위 등을 입력한다.

**step 3 문제를 입력하고 접속번호를 공유한다.**

'가치 수직선'를 선택한 뒤 제목과 평가 문항, 보기를 입력한다. 모든 것을 마쳤다면 'WiFi-on' 탭을 눌러 여섯 자리의 접속번호를 학생들에게 공유한다.

**step 4 자기평가를 진행한다.**

학생은 띵커벨에 접속해 자기평가를 진행한다. 교사는 평가 결과에 어울리는 피드백을 제공해 성취기준 도달에 힘쓴다.

# 생활기록부 점검하기

**고민이 많은 선생님**

12월 20일 ▼

지난주 교과 성적에 이어 행동특성 및 종합의견까지 입력해 달라는 담당 선생님의 안내가 있었다. 그동안 모아 놓은 자료들을 보며 학생 한 명 한 명 입력하다 보니 1년이 주마등처럼 지나간다. 생각이 많아지는 밤이다.

**#행동특성 및 종합의견 #생활기록부**

좋아요 댓글 달기 공유하기

1년이 참 빠른 것 같아요. 저도 어떤 말을 써야 하나 고민 중이랍니다.

저는 그동안 기록해 놓은 교무 수첩을 바탕으로 작성하고 있어요. 같이 힘내요!

교과 평가 입력이라는 큰 산을 넘은 지 얼마 안 되었는데 '행동특성 및 종합의견'까지 입력해야 하는 현실이 고달프다. 그래도 생활기록부를 차곡차곡 채워 간다는 것은 겨울방학이 얼마 남지 않았다는 것을 의미하기도 하니 그리 싫지만은 않다. 아이들의 '행동특성 및 종합의견'을 기록하는 방법과 생활기록부 작성법에 대해 자세히 알아봄으로써 추후 정정하는 수고를 피해 보자.

## 진영쌤의 마음튼튼 가이드 행동특성 및 종합의견을 기록하자

수시로 관찰해 온 학생의 모습을 총체적으로 기록하는 '행동특성 및 종합의견'의 작성법은 다음과 같다.

**첫째, 1년 동안 작성한 관찰 일지를 꺼낸다.** 평소 아이들의 모습을 관찰해 일지를 작성 중이라면 '행동특성 및 종합의견'은 식은 죽 먹기다. 그것을 보고 종합해 적으면 되기 때문이다. 만약 일지를 쓰지 않았다면 지금이라도 학생들의 학습적인 측면, 학교에서의 행동 모습, 마음씨, 좋아하는 예체능 같은 것을 자세히 살펴 관찰한 내용을 적어 두도록 하자.

**둘째, 학생의 평소 학교생활 모습을 정리한다.** 관련된 자료를 확보했다면 학생의 평소 모습을 학습, 행동, 인성, 체육, 예술 활동 등으로 나누어 정리한다. 마인드맵으로 해도 되고 핵심 키워드로 정리해도 좋으니 편한

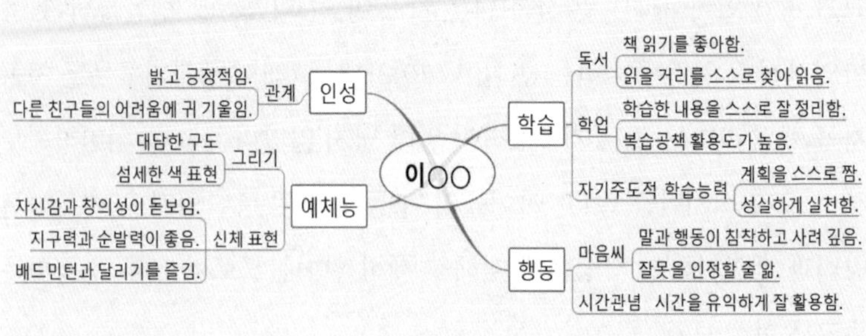


방법을 선택하자.

**셋째, 내용을 입력한다.** '행동특성 및 종합의견'에는 잠재력, 인성, 인지적 특성, 자기 주도적 학습능력, 창의성, 예체능 활동 등을 종합적이고 구체적으로 입력한다. 이때 모든 것에 적극적으로 참여하고 행실이 바른 아이라면 문제 될 것이 없다. 아이가 가진 장점을 중심으로 쓰면 그만이다. 그런데 그 반대일 때는 참으로 고민스럽다. 행실이 거칠다고 표현하자니 상처받을 것이 뻔하고 좋은 모습만 기록하자니 거짓말하는 것 같아 찜찜하기 때문이다. 그런데 사람이 어찌 미운 구석만 존재하겠는가. 미움이라는 마음의 안경을 벗고 변화 가능성을 찾아보자. 분명 숨겨진 잠재력과 더불어 거친 행실 이면에 감춰진 착한 마음씨가 있을 것이다.

**넷째, 학교폭력 조치사항을 입력한다.** 그래서는 안 되겠지만 학급의 학생이 학교폭력대책자치위원회에서 1호 서면사과, 2호 접촉·협박·보복 금지, 3호 학교봉사활동, 7호 학급교체 처분을 받았다면 '「학교폭력

예방 및 대책에 관한 법률」 제17조 제1항에 따라 서면사과 조치를 받음 (2021.06.10.)'과 같은 형식으로 그 내용을 행동특성 및 종합의견에 입력해야 한다.[67] 이때 꼭 관련된 법령이나 생활기록부 기재요령을 참고하여 일을 처리하자.

최근에는 학교폭력 대응이 당사자 간 화해보다 생활기록부 기록 같은 징계에 집중되어 있다는 의견이 제기됨에 따라 이를 개선하고자 하는 움직임이 나타나고 있다.

진영쌤의 마음튼튼 가이드

## 생활기록부, 다시 한번 확인하자

생활기록부 정정은 원칙적으로 금지되어 있다. 법적 장부인 생활기록부가 사사로이 정정되는 것을 막기 위해서다. 그러나 오류를 발견했다면 그냥 넘어갈 수는 없는 일! 객관적인 증빙자료를 갖추면 관련 훈령에 따라 그 내용을 정정할 수 있다. 그런데 문제는 최초 입력한 선생님이 아니라 오류를 발견한 해당연도 담임선생님이 정정해야 한다는 것이다. 객관적인 증빙자료 준비부터 학업성적관리위원회의 심의까지 거쳐야 하는 일이다 보니 할 일이 태산이다. 그야말로 민폐가 아닐 수 없다. 생활기록부 마감을 앞둔 지금, 모든 것이 실수 없이 입력되었는지 확인하여 다른 선생님께 폐를 끼치지 않도록 하자.

**첫째, 인적사항이다.** 이름, 주민등록번호, 주소 등의 인적사항 중 확인할 것은 개명된 이름이 반영되어 있는지, 현재 주소로 기록되어 있는지 등이다. 전학 온 학생의 경우 예전 주소 그대로인 경우가 종종 있다. 단 비밀전학의 경우 학생의 2차 피해가 발생할 수 있으므로 변경된 주소는 누적하여 기록하지 않는다.

**둘째, 학적사항이다.** 학적사항 중에는 세 가지를 살펴보면 된다.

① 입학 일이다. 이는 실제 날짜를 입력하는 것이 원칙이므로 공휴일인 3월 1일이 입학 일로 되어 있다면 수정해야 한다.

② 전출일과 전입일의 공백이다. 기재요령에 따르면 전출일과 전입일 사이에는 공백이 없어야 한다. 단 거리가 상당히 먼 곳이나 도서벽지로 이사한 경우에는 1일의 공백을 인정한다.

③ 학교폭력 관련 조치사항이다. 「학교폭력예방 및 대책에 관한 법률」에 따라 8호 전학 처분을 받았을 때는 학적 특기사항에 '2021.06.10. 「학교폭력예방 및 대책에 관한 법률」 제17조 제1항 제8호에 따른 전학 조치'와 같이 입력해야 한다. 반성 정도에 따라 졸업 일로부터 2년 후 또는 즉시 삭제할 수 있으므로 학교폭력대책자치위원회 심의 결과에 따르자.

**셋째, 출결 보조부다.** 생활기록부에 출결사항을 기재하기 위해서는 보조부가 필요하다. 과거에는 별도의 장부를 만들어 작성했지만, 요새는 NEIS로 전산관리되고 있다.[68]

① 결석은 출석인정, 질병, 미인정, 기타 총 네 가지다.

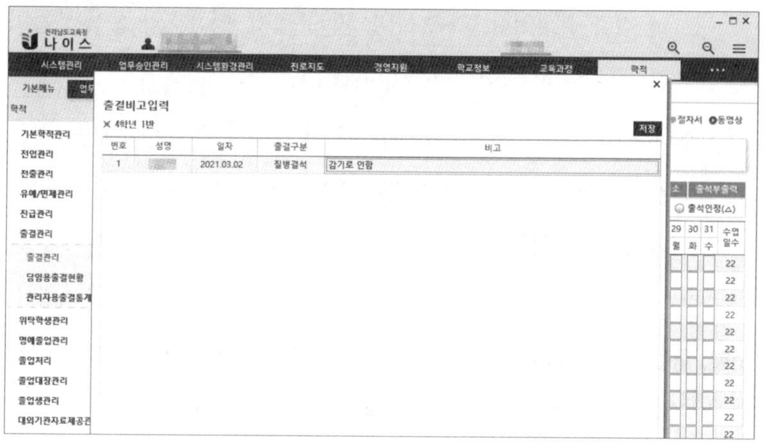


①-1 출석인정 결석이다. 천재지변 또는 법정 감염병, 공적의무, 대표훈련 참가, 교외체험학습, 경조사, 숙려제, 학교폭력 4호 사회봉사, 5호 특별교육, 피해학생 보호조치가 여기에 해당한다. 특히 교외체험학습의 경우에는 학교규칙에 정해 놓은 일수[69]가 있으므로 이를 넘었는지 확인해야 한다. 만약 넘었다면 학교 내규에 따라 기타나 무단결석으로 처리해야 한다.

①-2 질병 결석이다. 결석한 날로부터 5일 이내에 의사의 진단서나 의견서를 첨부한 결석계를 제출했다면 질병으로 인한 결석으로 처리할 수 있다. 최근에는 천식, 아토피, 호흡기질환 같은 미세먼지 민감군도 질병결석으로 인정된다.

①-3 미인정 결석이다. 학교폭력 6호 출석정지와 범법행위, 기타 합당하지 않은 사유로 결석한 경우다. 학부모가 민감하게 받아들이는 부분이므로 학교규칙이나 생활규정에 따라 처리한다.

①-4 기타 결석이다. 가족 봉양, 가사 조력, 병간호와 같이 부득이 한 개인 사정에 의한 결석이다.

② 등교 시간에 출석하지 않은 지각과 하교 시각 전에 하교하는 조퇴, 수업 시간에 참여하지 않은 결과 또한 결석과 마찬가지로 비고란에 그 사유를 입력한다.

**넷째, 출결 특기사항이다.** NEIS에 학생들의 출결사항을 차곡차곡 기록해 놓았다면 이제는 생활기록부 출결 특기사항에 그 내용을 입력한다. 특기사항에 들어갈 것은 질병과 미인정 등으로 인한 장기결석과 기타결석 그리고 학교폭력 조치사항이다.

① 출석인정을 제외하고는 결석이 발생했을 때 '다리수술(10일)'과 같이 그 사유를 생활기록부 특기사항에 기록해야 한다.

② 지각, 조퇴, 결과는 입력하지 않는 것이 원칙이나 반복적일 때는 '생활부적응지각(10회)'와 같이 그 사유를 입력할 수 있다.

③ 학교폭력대책자치위원회에서 결정한 4호 사회봉사, 5호 특별교육, 6호 출석정지는 결정일자와 함께 그 내용을 출결 특기사항에 입력해야 한다. 이는 반성 정도에 따라 졸업 일이나 2년 후에 삭제할 수 있다. 단 재학하는 동안 2건 이상 가해자로 조치사항을 받았거나 조치결정 통보일로부터 6개월이 경과되지 않은 학생은 삭제 심의 대상이 아니다.

④ 1회의 결석, 지각, 조퇴, 결과도 없을 때는 특기사항에 '개근'으로 입력한다. 개근상과는 다른 개념이므로 시상 여부는 학교 기준에 따르자.

**다섯째, 창의적 체험활동이다.** 자율, 동아리, 봉사, 진로 활동에 관한 내용을 입력하는 창의적 체험활동에서 신경 써야 할 것은 크게 여섯 가지다.

① 정규교육과정 이외의 학교스포츠클럽 활동은 '(야구반:방과후학교스포츠클럽) (68시간)'과 같이 클럽명과 시간을 기록한다.

② 학교 밖 청소년 단체 활동은 기재하지 않는 것이 원칙이나 정규교육과정으로 편성하여 운영했다면 단체명과 시간, 특기사항 등을 입력할 수 있다.

③ 자치 활동 기록 시 가장 헛갈리는 것이 임원의 활동 기간이다. 1학년은 입학 일부터 학년 말까지, 2~5학년은 3월 1일부터 학년 말까지, 6학년은 3월 1일부터 졸업 일까지가 기준임을 잊지 말자.

④ 정규교육과정 내 동아리와 학교 교육에 의한 자율동아리의 활동은 동아리명과 활동 내용을 입력할 수 있다.

⑤ 봉사 활동에는 교육계획에 의거 수행한 봉사 활동과 개인적인 봉사 활동 실적을 기록한다. 물품이나 현금 등을 제공하는 단순한 기부와 1일 8시간을 넘는 봉사 활동은 기재하지 않는다.

## 마치며

학기 말 행동특성 및 종합의견, 그리고 생활기록부를 입력하다 보면 기록의 중요성을 새삼 느끼게 된다. 앞으로는 하루에 하나, 아니 일주일에 하나라도 아이들의 학교생활을 메모해 놓음으로써 풍성한 생활기록부를 만들어야 하겠다.

온라인 학급운영 꿀팁

# 온라인 메모

→ 디지털 방식에 익숙한 선생님이라면 아이들의 학교생활을 온라인에 기록할 수 있다. 온라인 메모가 '행동특성 및 종합의견'이 되는 과정은 다음과 같다.

**step 1 '구글 킵'에 접속한다.**

'구글 킵'을 검색하여 접속한 뒤 구글 계정으로 로그인한다.

※ 스마트 기기에 '구글 킵'를 내려받아 활용할 수도 있다.

**step 2 기록한다.**

+를 눌러 관찰 모습을 기록한다. 이때 제목에 학생 이름을 기록하여 검색 고리를 만들어 둔다.

**step 3 문서로 만든다.**

입력하고자 하는 아이의 이름을 검색하여 전체 선택한 뒤 '더보기' 버튼에 있는 'Google Docs로 복사'를 누른다.

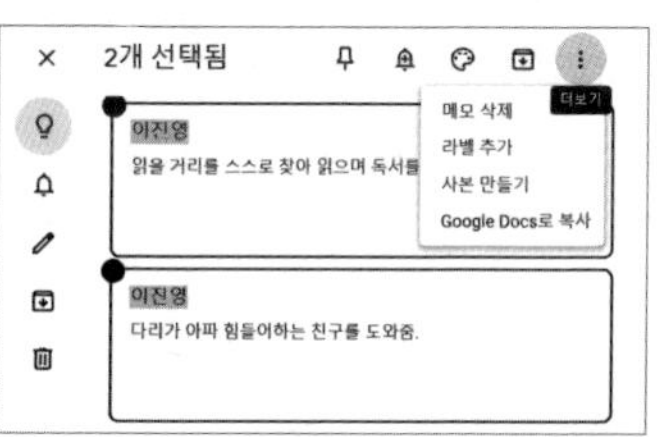


**step 4 내용을 편집, 입력한다.**

문서 속 내용을 다듬어 '행동특성 및 종합의견'을 입력한다.

※ 교과전담 교사를 공동작업자로 지정하여 학생에 대한 정보를 폭넓게 수집할 수 있다.

# 일 년 생활 되돌아보기

**한 해를 마무리하는 선생님**

12월 23일 ▼

겨울방학을 앞둔 지금 돌아보면 참 많은 일이 있었다. 이번 주에는 그동안의 시간을 찬찬히 떠올리며 나는 어떤 선생님이었는지 그리고 어떤 선생님이 되어야 할지 고민해 보기로 했다.

**#벌써 1년**

 좋아요  댓글 달기  공유하기

저도 그래야겠어요. 항상 열심히 했다고 생각했는데 왜 이렇게 부끄러운지 모르겠어요.

그동안의 나의 모습을 돌아보고 내년을 준비한다. 정말 멋진 일이네요.

교육 활동 평가 주간이다. 그런데 가만히 생각해 보면 평가의 대상은 늘 교실에서의 내가 아니라 학교 구성원으로서의 나였다. 정작 중요한 것은 아이들 눈에 비친 내 모습인데 말이다. 겨울방학을 앞두고 스승으로서의 나는 어땠는지 돌아보면서 더 좋은 선생님으로 성장해 보자.

진영쌤의 마음튼튼 가이드

## 스스로 돌아보자

교사는 매너리즘에 빠지기 쉬운 직업이다. 매년 학기 초, 학기 중, 학기 말에 처리해야 하는 일과 가르치는 내용이 유사하기 때문이다. 그럼 어떻게 해야 그 자리에 안주하지 않고 계속 발전할 수 있을까? 우선 자신이 어떤 유형의 선생님인지 확인하고 발전의 방향을 찾아보도록 하자.

**첫째, 나를 표현하는 단어를 선택한다.** 아래 단어 중에 교실 속 나의 모습을 가장 잘 표현하는 4개의 단어를 선택한다.[70]

존경, 단호, 지식, 암기, 구성
보상, 처벌, 효과, 측정, 맥락
개인, 수준, 능력, 향상, 과정
기대, 효율, 목표, 압박, 경험
협동, 공유, 과제, 민주

**둘째, 단어를 통해 나의 유형을 확인한다.** 선택한 단어를 바탕으로 나는 어떤 선생님이었는지 확인해 보자.

① '존경, 단호, 지식, 암기'를 골랐다면 '사자형'이다. 이 유형은 교사는 삶에 있어 유용하게 쓰일 지식을 가르쳐 주기에 존경받아야 마땅하다고 생각한다. 이에 단호함으로 학생들을 대하며 암기와 같은 교사 중심 수업을 선호하는 편이다.

② '보상, 처벌, 효과, 측정'은 '보더콜리형'이다. 양을 모는 데 선수인 보더콜리처럼 이 유형은 학생의 행동은 예측 가능하여 통제할 수 있다고 믿는다. 이러한 믿음은 교실에서도 드러나 보상과 처벌을 주된 교육 방식으로 삼는다.

③ '개인, 수준, 능력, 향상'을 골랐다면 '앵무새형'이다. 형형색색의 깃털처럼 개인의 능력은 모두 다르며 학생마다 잠재된 능력을 일깨워야 한다고 생각해 이를 위해 노력한다. 그래서 비슷한 능력을 가진 학생들을 한데 모아 놓고 수준별 수업을 전개하는 경우가 많다.

④ '기대, 효율, 목표, 압박'은 '경주마형'이다. 이 유형은 효율성을 중요시하기에 채찍(압박)과 당근(기대)을 활용하여 정해진 시간 동안 최대한 많은 것을 알려 주고 깨우칠 수 있도록 노력한다. 효율성을 높이기 위해 다양한 교육 방식을 도입하나 쉽게 지치기도 한다.

⑤ '협동, 공유, 과제, 민주'를 골랐다면 '코리끼형'이다. 사이좋은 공동체를 만드는 것이 최대의 목표이기에 여럿이 모여 고민하고 함께 이야기를 나누며 문제를 해결하는 수업과 학급 자치회를 중요하게 생각한다.

⑥ '구성, 맥락, 과정, 경험'은 '고양이형'이다. 사색을 즐기는 이 유형은 예전과 같은 암기, 압박과 같은 방법으로는 쓸모있는 지식을 형성할 수 없다고 생각하기에 프로젝트 학습을 진행하거나 학교 밖 체험을 추진하여 맥락 속에서 배움을 얻도록 노력한다.

**셋째, 변화를 다짐한다.** 당신은 어떤 유형인가? 한 유형에 고착되어 있을 수도 있고 다양한 면모를 가지고 있을 수도 있다. 그러나 분명한 것은 현재의 교육 흐름이 '코끼리형'이나 '고양이형' 쪽을 향하고 있다는 것이다. 혹시 1년 동안 으르렁거리며 사자처럼 살아왔다면 내년에는 새로운 변화를 모색해 보는 것은 어떨까?

## 진영쌤의 마음튼튼 가이드 함께 돌아보자

흔히 교육의 주체는 학생이라 말한다. 학생이 없는 선생님은 생각할 수 없기에 아주 틀린 말도 아니다. 앞서 혼자 다양한 단어를 통해 자신을 되돌아봤다면 이제는 교육의 실질적인 주체인 학생들과 함께 한 해를 돌아보자.

**첫째, 사진을 활용한다.** 교육 활동 모습을 찍은 사진을 모아 놓았다면 이를 이용하면 좋다. 즐거웠던 점과 아쉬운 점, 그리고 새롭게 해 보았거나 해 보고 싶은 활동들에 관해 이야기를 나누면 더 나은 학급살이를 꾸릴 수 있을 것이다.

**둘째, 수업 영상을 활용한다.** 1년 동안 선생님과 학생이 가장 많이 한 것은 무엇일까? 수업이다. 그러나 정작 자신의 수업을 돌아보는 선생님은 드물다. 학생들과 함께 수업을 점검하기로 마음먹었다면 평소의 수업 모습이 담긴 영상을 선택해야 한다. 영상 속에 담긴 선생님의 모습과 아이들의 반응을 함께 살피며 선생님은 수업 개선의 욕구를 학생은 수업 참여의 의지를 다질 수 있을 것이다.

**셋째, 선생님 사용 설명서를 만든다.** 선생님이 원하는 교실, 좋아하는 학생의 모습, 단호한 순간, 기억에 남는 수업 등의 질문을 바탕으로 선생님 사용 설명서를 제작해 보는 것도 좋다. 아이들의 눈에 비친 자신의 모습을 아는 데 도움이 될 것이다.

### 마치며

자기 성찰 없이는 발전도 없다. 있는 그대로의 나를 발견할 때 한 발짝 앞으로 나아갈 수 있다는 말이다. 그러나 때로는 이런 행위가 상처가 되기도 한다. 자꾸 못했던 일들이 떠올라 괴로운 것이다. 하지만 괜찮다. 그 누구보다 아이들을 사랑했던 사람은 선생님이며 그 모든 일이 아이들을 위한 것이었다는 사실은 부정할 수 없는 진실이기 때문이다. 그러니 올해보다 내년에 더 좋은 선생님이 될 것을 믿고 응원한다.

온라인 학급운영 꿀팁

## 사진으로 일 년 되돌아보기

→ 아이들이 활동하는 모습이 담긴 사진이 많다면 다음과 같은 방법으로 1년을 되돌아보자.

**step 1 사진을 모은다.**

친구들과 나누고 싶은 학급 활동 사진을 '구글 포토' 공동 앨범에 올린다.

※ 공동 앨범 링크 확보 방법은 '3월 3주' 편을 참고한다.

**step 2 사진을 선택한다.**

공동 앨범을 살펴보며 영상 제작에 필요한 사진을 고른다.

**step 3 영상을 만든다.**

'관리 기능' 탭 중 '새로 만들기' 아래 '영화'를 눌러 사진을 영상으로 제작한다.

※ 연속하여 움직이는 그림을 만들고 싶다면 '애니메이션' 기능을, 여러 장의 사진을 하나로 합치고 싶다면 '콜라주' 기능을 활용한다.

**step 4 공유한다.**

제작한 영상을 온라인 교실 게시판에 공유하여 1년의 삶을 돌아본다.

# 1월

## 건강한 헤어짐을 몸소 가르친다

만남이 있으면 언젠가는 헤어진다는 것이 온 몸과 마음에 와닿는 1월이다. 이제는 사랑했던 학생들의 손을 놓아야 할 때다. 승승장구할 아이들의 앞날을 축복하자.

# 의미 있는 이별 준비하기

**마지막이 아쉬운 선생님**

1월 7일 ▼

졸업식을 앞두고 있다. 평범한 행사 대신 1박 2일 캠프 형식으로 아쉬운 마음을 달래기로 했다. 나도 이렇게 서운한데 깊이 정든 학생들은 어떠하겠는가. 1년이라는 짧은 시간이 괜스레 야속해지는 밤이다.

**#졸업 #제자들 #행복하게 지내라**

좋아요 댓글 달기 공유하기

1박 2일 졸업식이라니 정말 놀랍네요. 웃고 울다 보면 금방 지나가 버릴 것 같아요.

이색적인 졸업식을 준비하고 계시네요. 우리 반은 사진전을 하며 학년을 마치기로 했답니다. 학생들이 어떤 사진을 가지고 올지 궁금합니다.

과거 졸업식은 보통 2월이었다. 동시다발적으로 이뤄지는 학교 행사로 하루에 두 탕을 뛰는 경우도 허다했으니 2월 중순은 그야말로 축하의 장이었다. 그러나 요새는 1월 초에 졸업과 종업을 추진하는 학교가 느는 추세다.[71] 이런 변화를 바라보는 시각은 두 가지다. 여유로운 시간을 통해 학생들이 꿈과 끼를 발현할 다양한 체험을 할 수 있어 좋다는 의견도 있지만, 긴 공백으로 학생들의 안전에 문제가 발생할 수 있다는 주장도 만만치 않다. 그러나 현장에서는 바짝 앞당겨진 학년 말 종료를 반기는 듯하다. 여유로운 시간 덕분에 생활기록부 기록이나 내년도 교육계획을 내실 있게 작성할 수 있을 뿐 아니라 학교 이동 시에도 부담이 줄어들기 때문이다. 정들었던 학생들과의 이별을 앞둔 이번 주, 석별의 정을 나누는 방법에 대해 알아보자.

## 진영쌤의 마음튼튼 가이드 의미 있는 이별을 도와줄 도구들을 생각하자

취업 포털사이트에서 시행한 설문조사에 따르면 우리나라 졸업식 문화에 만족하지 않는 사람이 59.3퍼센트나 된다고 한다.[72] 딱딱하고 형식적이며 연설이 긴 졸업식이 지루한 것이다. 의미와 감동, 그리고 축하가 가득해야 할 곳에 따분함과 지루함만 남으니 참으로 슬픈 현실이다. 올해도 이렇게 보낼 수는 없다. 의미 있는 이별을 준비하여 아름다운 추억을 만들어 보자.

**첫째, 학생들이 원하는 것을 한다.** 학생들이 원하는 졸업식과 종업식은 어떤 모습일까? 정답은 즐거운 파티 형식(43.6퍼센트)이다. 기존의 형식에 벗어나 축제처럼 진행하고 싶다면 다음과 같이 해 보자.

① 공연이다. 학교의 공식적인 무대는 학예회 한 번이다. 학생들의 끼를 모두 발산하기에는 턱없이 모자라다. 학생들이 무대에 서기를 부끄러워하지 않는다면 공연 형태로 졸업식, 종업식을 해 보자. 학생들이 계획부터 준비, 시행까지 한다면 더할 나위 없이 좋다.

② 캠프다. 기존의 졸업식, 종업식이 싫은 까닭으로 학생들은 딱딱한 형식(46.1퍼센트)을 꼽았다. 내빈 소개, 인사말 같은 진행이 마음에 들지 않는 것이다. 그렇다고 해서 바쁜 시간을 쪼개어 방문한 내빈을 소개하지 않을 수도 없지 않은가. 그러면 1부, 2부로 나눠서 진행해 보자. 1부는 기존의 형식으로, 2부는 학교에서 졸업생 또는 같은 학급의 친구들끼리 1박 2일 캠프를 하는 것이다. 학교 입장도, 학생들의 추억도 동시에 챙기는 좋은 선택이 될 것이다.

③ 봉사 활동이다. 도움이 필요한 곳에 손을 보태며 추억을 만드는 것이다. 단 학생들의 동의 없이 교사의 일방적인 주장만으로 밀어붙인다면 가장 최악의 이별이 될 수도 있음을 기억하자.

④ 가족 등산이다. 바쁜 생계 탓에 온 가족이 한자리에 모이기 어려운 요즘이다. 그러나 졸업식만큼은 열 일 제쳐 놓고 참여해 축하하고 싶은 것이 부모의 마음이다. 이런 기회를 이용해 가족 등산을 추진해 보자. 앞에서 끌어 주고 뒤에서 밀어 주며 싹트는 가족애를 발견할 수 있을 것이다.

**둘째, 추억을 나눈다.** 지나간 일에 의미를 두고 그리워하는 것을 추억이라고 한다. 이런 기억은 인생을 의미 있게 만들고 힘들 때 나를 지탱해 주기에 꼭 필요하다. 이별이 코앞으로 다가온 지금, 아름다웠던 1년 동안의 삶을 되돌아보며 추억을 만들자.

① 롤링 페이퍼를 작성한다. 고전적인 방법일 수도 있으나 석별의 정을 나누기에 이보다 효과적인 것도 없다. 여유가 된다면 작성한 롤링페이퍼를 타임캡슐에 담아 교정에 묻는 것도 좋다. 많은 시간이 지난 뒤 함께 모여 여는 것만으로도 엄청난 추억이 될 것이다.

② 사진전을 연다. 사진을 보면 당시의 추억이 떠올라서인지 괜스레 마음이 따뜻해진다. 친구들과 함께한 시간을 마음속 깊이 간직하고 싶거든 사진전을 열어 보자. 학생들이 직접 찍은 사진으로 해도 좋고 교사가 틈틈이 찍어 놓은 것을 활용해도 된다. 교실 한쪽에 걸린 사진들이 이야기꽃을 활짝 피게 할 것이다.

③ 영상을 제작한다. 학생들이 원하는 졸업식의 형태 3위는 '축하 인터뷰 몰래카메라'라고 한다. 부모님이나 선후배들에게 영상을 부탁한 뒤 한데 묶어 축하 영상을 제작하는 방법이다. 몇 번의 클릭만으로 영상을 만들 수 있는 프로그램이 있으니 한 번 도전해 보자.

**셋째, 의미가 담긴 물건을 선물한다.** 선물을 좋아하지 않는 사람은 없다. 그러나 이별 선물은 다르다. 준비할 때부터 주는 그 순간까지 슬픈 것이 이별 선물이다. 학년 말이 되면 어떤 선물로 마지막 인사를 대신할까 고민하는 선생님이 많다. 그런 선생님들에게 도움이 될 정보들이다.

① 원하는 것을 선물한다. 운동을 좋아하는 학생에게는 줄넘기를, 그림을 좋아하는 아이에게는 색연필을, 책 읽기를 좋아하는 학생에게는 독서대를 칭찬하는 말과 함께 건네 보자. 남보다 뛰어난 청각을 칭찬했던 선생님 덕분에 가수를 꿈꿨던 스티비 원더가 우리 반에서 탄생할지도 모르는 일이다.

② 사진을 선물한다. 사진전으로 학생들과 아쉬운 인사를 계획하고 있다면 행사에 활용한 사진을 마지막 선물로 주자. 자신과 친구들의 모습이 담긴 사진을 간직할 수 있는 것만으로도 좋은 추억이 된다.

③ 상장을 선물한다. 남은 예산이 많지 않아 걱정이라면 격려와 칭찬이 담긴 상장을 직접 제작해 보자. 재치 있는 시상 분야와 내용만으로도 학생들은 감동할 것이다. 상장의 예시는 다음과 같다.

| 상 이름 | 상장 내용 |
|---|---|
| 밥상 | 급식을 먹는 내내 먹방을 찍는 것처럼 맛있게 먹어 집 나간 입맛도 돌아오게 했기에 이 상장을 주어 칭찬합니다. |
| 웃상 | 기쁠 때나 슬플 때나 힘들 때나 항상 웃는 얼굴로 우리를 대해 주었기에 이 상장을 주어 칭찬합니다. |
| 정상 | 지난 등산 체험에서 날쌘 움직임으로 가장 빨리 정상을 밟아 모든 사람의 감탄을 자아냈기에 이 상장을 주어 칭찬합니다. |
| 상상 | 평소 궁금한 것이 많고 상상력이 풍부하여 과학 상상화 그리기 대회에서 우수한 성적을 거두었으므로 이 상장을 주어 칭찬합니다. |
| 인상 | 좋은 인상과 바른 생각으로 친구들에게 행복감을 선사했기에 이 상장을 주어 칭찬합니다. |
| 강아지상 | 강아지처럼 귀엽고 활발한 성격으로 친구들에게 긍정적인 영향력을 주었기에 이 상장을 주어 칭찬합니다. |

| 감상 | 학급에 있는 화분을 소중히 여겨 잘 관리함으로써 친구들에게 아름다운 꽃을 감상할 기회를 제공했기에 이 상장을 주어 칭찬합니다. |
|---|---|
| 보부상 | 가방에 담긴 넘치는 먹거리로 우리를 행복하게 해 줬기에 이 상장을 주어 칭찬합니다. |
| 최상 | 남다른 청소 실력으로 우리 반의 위생 상태를 최상으로 만들었기에 이 상장을 주어 칭찬합니다. |
| 악상 | 작사 작곡 능력이 뛰어나 음악 시간마다 우리를 감동시켰기에 이 상장을 주어 칭찬합니다. |
| 평상 | 학급 평상을 사랑하고 꾸준히 이용함으로써 평상과 하나 되었기에 이 상장을 주어 칭찬합니다. |

## 진영쌤의 마음튼튼 가이드 따뜻하게, 하지만 쿨하게 헤어지자

이별의 종류는 다양하다. 눈물 콧물 다 쏟으며 가지 않으면 안 되냐고 바짓가랑이 잡아끄는 이별도 있고, 앞날의 행운을 빌어 주는 성숙한 이별도 있다. 다음 주면 헤어져야 하는 우리에게 필요한 이별은 후자다. 갓 발령을 받고 첫 제자들과 만나 즐겁게 지냈던 신규 교사에게는 이별하기가 말처럼 쉽지 않다. 더욱이 아이들이 졸업반이라면 다시 만날 수 없다는 슬픔이 이루 말할 수 없다. 이별을 생각만 해도 벌써 마음이 아픈데 어떻게 하면 정들었던 학생들과 쿨하게 헤어질 수 있을까?

**첫째, 다른 것에 집중한다.** 종업식과 졸업식을 마치면 모든 것이 끝난 것처럼 느껴진다. 하지만 교사가 해야 할 일은 아직 많다. 생활기록부가 제대로 입력되었는지 확인해야 하고 출결과 관련된 서류도 챙겨 담당자에게 제출해야 한다. 그리고 가장 중요한 일은 내년을 준비하는 것이다. 아이들과 함께했던 1년이 자꾸 떠오른다면 해야 할 일들을 달력에 꼼꼼히 기록해 보자. 다른 일에 집중하는 것은 이별의 아픔을 극복하는 데 도움이 될 것이다.

**둘째, 성장의 기회로 삼는다.** 이별 후 심리적 변화를 연구한 타시로Tashiro 교수팀에 따르면 소중한 사람과의 이별을 경험한 사람은 이전보다 자신의 감정을 더 잘 조절할 수 있게 되고 자립심과 독립심이 증가한다고 한다.[73] 소중한 이와의 이별로 인한 생존본능과 그동안의 삶을 돌아보는 과정에서 발생한 자기 성찰에서 기인한 현상이다. 그 순간은 외롭고 힘들지 몰라도 성장의 발판으로 작용하는 셈이다. 이는 교사도 마찬가지다. 1년의 삶과 열정을 함께 나눈 아이들과의 헤어짐은 아플 수밖에 없다. 아이들과의 이별이 그토록 슬픈 이유는 열정적으로 사랑했기에 그리고 앞으로 성장할 것이기에 그렇다는 사실을 잊지 말자.

## 마치며

'거자필반去者必返'이라 했다. 지금은 비록 몸과 마음이 떨어질지라도 언젠가는 다시 만나 함께할 것이다. 아쉬움에 갇혀 우울해하기보다 지금 이 순간 가장 멋진 모습으로 이별하여 서로에게 아름다운 기억이 되자.

온라인 학급운영 꿀팁

# 온라인 타임캡슐 만들기

→ 친구들과 함께해서 행복했던 올해를 더 특별하게 간직하고 싶다면 온라인 타임캡슐을 제작해 보는 것도 좋다.

**step 1 영상의 주제를 생각한다.**

20년, 30년, 40년 후 나의 모습이나 친구들에게 하고 싶은 말 등 영상의 주제를 생각해 본다.

**step 2 영상을 찍는다.**

타임캡슐에 보관할 영상을 개인별로 찍는다. 내용이 사전에 공개되는 경우 추후 개봉 시 재미가 반감되므로 비밀리에 찍도록 안내한다.

**step 3 게시판에 올린다.**

영상을 온라인 교실 게시판에 비공개로 올린다.

**step 4 유튜브에 올린다.**

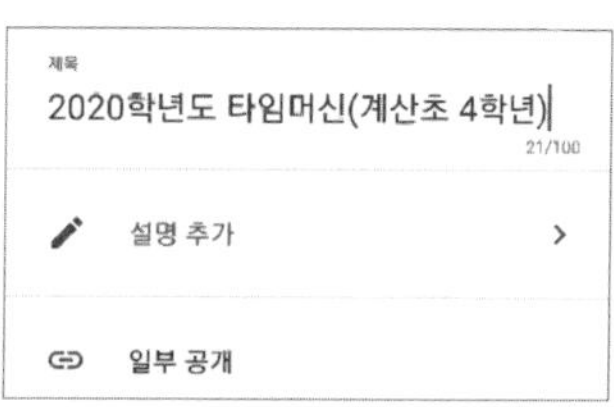


학생들이 올린 영상을 내려받은 후 갤러리 '공유' 탭을 눌러 유튜브에 올린다. 이때 '일부 공개'를 선택함으로써 링크가 있는 사람만 영상을 시청할 수 있도록 한다.

**step 5 링크를 공유한다.**

오랜 기간이 흐른 후 링크를 공유함으로써 타임캡슐을 함께 연다.

# 교실 정리하기

**사랑스러운 선생님**
1월 11일 ▼

정들었던 교실을 떠나기 전 빗자루를 꺼내 들었다. 깔끔한 반을 후임 선생님께 남기고 싶어서다. 이제 정말 안녕이구나!

**#쓱싹쓱싹 #청소 #사랑받다**

교실 정리는 배려가 아닌 의무라는 말이 떠오르네요. 선생님~ 1년 동안 고생하셨어요.

아이들이 없는 교실을 정리하다니 정말 마지막이라는 생각이 드네요. 벌써 그립습니다.

1년을 마친 교사에게 필요한 자세는 '아름다운 사람은 머문 자리도 아름답다'가 아닐까? 깔끔한 교실 정리로 후임자에게 사랑받아 보자.

진영쌤의 마음튼튼 가이드

## 흔적을 정리하자

어디서부터 어떻게 정리해야 할지 모르겠다면 다음과 같은 방법으로 나의 흔적을 지워 보자.

**첫째, 교탁을 정리한다.** 교탁과의 첫 만남을 기억하는가? 아마도 모니터와 컴퓨터 본체, 전화기만이 있었을 것이다. 그런데 지금은 어떤가. 스마트 기기 충전기, 이어폰 등 여러 가지 물건들로 가득하다. 사람이 머무르는 곳이니 물건이 느는 것이야 당연한 일이다. 그러나 이제는 이들을 정리해야 한다. 이는 잠시 교실을 빌려 사용한 사람으로서 당연히 해야 할 일이다. 교탁 위를 정리할 때 확인할 것들이다.

① 교탁 유리 밑에 힘이 되는 문구나 사진 등을 넣어 두었다면 모조리 빼자. 단 학급운영에 필요한 시간표나 교내 전화번호는 그대로 남겨 둔다.

② 업무와 관련된 내용을 포스트잇에 적어 모니터 주변에 붙여 놓는 선생님이 많다. 쓸모를 다한 그것들도 떼어 버리자.

③ 매년 교사용 지도서를 사 주는 학교라면 이것도 치워야 하겠지만 물려 쓰는 학교라면 그대로 둬야 한다.

**둘째, 컴퓨터를 정리한다.** 교실에 있는 컴퓨터는 참으로 유용하다. 수업과 관련된 그림, 동영상 재생은 물론이고 급할 때는 업무도 처리할 수 있다. 교실에서 제일 필요한 것 중 하나다. 그런데 문제는 컴퓨터를 1년 동안 사용하다 보면 나의 흔적이 너무나 많이 남게 된다는 것이다. 교육 활동 자료는 물론이고 업무의 흔적과 인증서까지 있으니 가히 개인정보 창고라 하겠다. 이뿐만이 아니다. 각종 플러그인이나 프로그램 때문에 무거워진 컴퓨터는 정말 다음 선생님에게 민폐가 될 수 있다. 인터넷 창을 여는 데만 몇 분이 걸릴 수도 있으니 이것은 인내심을 테스트하는 것이 분명하다. 이런 결례를 범하지 않도록 지금부터 1년을 함께한 컴퓨터를 정리하자.

① 클라우드 연결을 끊는다. 클라우드라는 용어가 생소한 선생님도 있을 것이다. 이는 어디에나 존재하는 구름처럼 인터넷만 있으면 언제, 어느 곳에서든 나의 자료를 활용할 수 있도록 돕는 서비스로, 과거 USB나 외장 하드에 저장하던 파일들을 인터넷에 보관할 수 있도록 만들어 놓은 시스템이다. 이런 클라우드 서비스의 가장 큰 장점은 별도의 기기를 들고 다니지 않아도 된다는 것과 연결을 끊으면 사용했던 컴퓨터에 정보가 남지 않는다는 것이다. 다만 로그아웃을 하지 않으면 나의 정보와 파일들이 만천하에 공개되는 것과 같으므로 컴퓨터를 정리할 때 반드시 연결을 끊도록 하자.

② 인증서를 지운다. 하드디스크에 교육행정전자서명 인증서를 보관, 사용하던 중이라면 별도의 이동 저장장치에 옮겨 담은 후 지우도록 하자. 이 또한 나의 소중한 개인정보이다.

③ 필요 없는 프로그램을 삭제한다. 포맷으로 컴퓨터를 출고 당시 상태로 되돌리는 게 가장 최선이겠지만, 필수 프로그램을 설치하고 세팅하는 게 만만치 않다면 내가 설치했던 프로그램만이라도 지우도록 하자. 이는 조금이나마 컴퓨터를 가볍게 만들어 주기 위함이다. 내가 설치한 프로그램은 제어판 '프로그램 및 기능'에서 확인, 삭제할 수 있다.

④ 바탕화면을 정리한다. 컴퓨터와 친하지 않아 프로그램 삭제가 버겁다면 바탕화면에 있는 각종 파일을 정리해 주는 것만으로도 속도 향상에 도움이 된다. 단 수업에 필요한 프로그램으로 바로 연결해 주는 한글, 파워포인트, 엑셀 같은 아이콘은 지우지 않도록 하자.

진영쌤의 마음튼튼 가이드

## 꼼꼼히 작성하자

정든 교실을 떠나기 전 교사는 인수인계서를 작성한다. 교실에 있는 물건과 맡은 업무에 대해 상세히 기록하여 다음 선생님께 전달함으로써 다음 학년도가 차질없이 진행될 수 있도록 돕기 위함이다. 그런데 가끔 인수인계서를 대충 작성하는 선생님을 보곤 한다. 이는 자신에게나 다음 선생님에게나 모두 좋지 않은 행위다. 게다가 나중에 문제가 생겼을 때 도리어 나에게 화살이 되어 날아올 수도 있다. 나를 지키는 인수인계서 작성법에 대해 알아보자.

**첫째, 교실의 물품을 상세히 기록한다.** 대개 학교는 2년에 한 번씩 재물 조사를 실시한다. 이는 「공유재산 및 물품관리법」 제60조에 의한 것으로 물품의 과부족 현황을 파악하여 보다 나은 환경에서 교육에 전념할 수 있도록 돕기 위함이다. 재물 조사가 결정되면 조사관들은 에듀파인 통합자산관리시스템에 등재된 자산부터 확인한다. 장부를 근거 삼아 일일이 대조함으로써 재물 현황을 파악하는 것이다. 이렇게 시작된 재물 조사 결과 모든 것이 제자리에 있고 장부와 일치한다면 문제가 될 게 없다. 그러나 남거나 모자랄 때는 상황이 다르다. 그나마 남는 경우는 등록만 하면 되니 나은 편이다. 그러나 후자라면 책임소재를 명확하게 하기 위해 그동안의 물품 인수인계서를 확인할 수밖에 없다. 선생님이 잃어버리지 않았더라도 물품 인수인계서에서 빠져 있다면 대충 작성한 책임을 피할 수 없는 것이다. 그러므로 물품 인수인계서 작성 시 책걸상 개수는 당연하고 휴지통까지 꼼꼼하게 기록하도록 하자. 실수로 제 발등을 찍는 일이 없도록 말이다.

**둘째, 기록물을 관리한다.** 업무를 처리하다 보면 다양한 문서나 대장 등이 쌓인다. 이런 정보와 자료를 생산하거나 분류, 정리, 이관하는 모든 행위를 기록물 관리라 한다. 일부러 힘을 들여 기록물을 관리해야 하는 까닭은 크게 두 가지다.

우선 후임자가 업무를 파악하는 데 중요한 도구로 쓰인다. 새로운 업무를 맡아 막막했던 선생님이 전임자가 어떤 공문을 접수했고 생산했는지 확인함으로써 업무를 파악했던 것처럼 말이다. 다음으로는 나 자신을 지키는 데 활용된다. 수업이 전부인 줄 알고 들어선 교직이지만 애석하게도 현실은 그렇지 않다. 가르치는 동시에 업무까지 처리해야 하는데, 대충 할 수도 없고 그렇게 해서도 안 된다. 정해진 절차와 방법을 준수해야 하며 이를 어겼을 때는 어김없이 징계가 따르니 신중을 기해야 한다. 이때 잘 남겨 둔 기록물은 자신이 맡은 업무를 성실히 이행했음을 증명하여 나를 보호하는 수단이 된다.

그럼 교사가 해야 하는 기록물 관리는 무엇일까? 관련 법령에서 답을 얻을 수 있다. 「공공기록물 관리에 대한 법률」에 따르면 업무와 관련된 기록물을 등록하거나 분류, 편철, 보관하는 것까지를 교사의 의무로 보고 있다. 기록물관리책임자인 행정실장의 요청에 따라 문서고로 인수인계하기 전까지 기록물을 안전하게 보관하면 되는 것이다. 이때 업무관리시스템을 통해 기안하고 접수하며 관리하는 전자기록물은 크게 신경 쓰지 않아도 된다. 평소에 잘해 왔을뿐더러 전산으로 관리되기에 분실의 염려가 없기 때문이다. 그러나 회의록 같은 비전자기록물은 등록도 해야 하고 편철까지 모두 직접 해야 하는데, 자주 하는 일이 아니라서 매년 할 때마다 헛갈리고 어려운 것이 사실이다. 비전자기록물을 어떻게 다뤄야 하는지 알아보자.

① 비전자기록물을 등록한다. 업무를 처리하다 보면 수기로 작성된 문서나 영상이 담긴 CD 등을 다루기도 한다. 이런 경우에는 업무관리시스템에 있는 비전자문서로 들어가 직접 등록해야 한다. 이 단계에서 가장 많이 하는 실수는 원본을 스캔하여 전자문서에 등록한 뒤 보관하지 않고 파기하는 것이다. 이는 스캔한 것이 원본과 같

은 효과를 가지고 있을 것이라는 잘못된 생각 때문인데, 종이기록물은 비전자형태가 원본이고 스캔본은 사본으로 간주되므로 종이형태의 원본을 반드시 비전자기록물로 보존, 관리해야 함을 잊지 말자.

② 기록물을 분류, 편철한다. 등록을 마쳤다면 이제는 종류별로 나눠 학교에서 흔히 볼 수 있는 파일로 한데 묶어야 한다. 기록물을 철할 때는 최초의 문서가 맨 위에 최종의 문서가 가장 아래에 위치하도록 해야 하며 기록물당 100매를 넘지 않는 것이 좋다. 그리고 편철된 파일철 왼쪽 위에 비전자문서 등록 시 부여받은 생산등록번호까지 입력하면 기록물 분류, 편철의 과정이 모두 끝난 것이다.

③ 기록물을 관리한다. 이렇게 만들어진 비전자기록물은 대개 1년간 교무실에 보관된다. 문서고로 향하기 전까지 임시보관하는 것이다. 이때 교사는 혹시 모를 분실에 대비해 자신이 어떤 비전자기록물을 생산하고 등록했는지 그 생산등록번호를 업무 인수인계서에 명시해 두어야 한다. 이렇게까지 하면 정말 끝이다.

## 마치며

이렇게 1년이라는 시간이 모두 지나갔다. 선생님은 그 누구보다 열정적이었고 학생들을 사랑했다. 그런 선생님이 있었기에 한층 성장한 지금의 학생들이 있는 것이다. 선생님의 행복한 교직 생활을 기원하며 한 해의 마침표를 찍는다.

온라인 학급운영 꿀팁

## 온라인 교실 물려주기

→ 만약 근무하고 있는 학교가 단일 학급이라면 온라인 교실을 다음 선생님께 물려줄 수 있다. 단 플랫폼마다 위임 가능 여부가 다르므로 확인하자.

**step 1 개인정보를 확인한다.**

온라인 교실 내에 학생이나 교사 본인의 개인정보가 있는지 검색해 불필요한 유출을 막는다.

※ 온라인 교실 플랫폼 '밴드'를 기준으로 설명했다.

**step 2 설정에 들어간다.**

톱니바퀴 모양을 눌러 '설정'에 들어간다.

**step 3 리더를 위임한다.**

'리더 위임' 탭을 눌러 차기 년도 선생님께 온라인 교실을 위임한다. 단 위임받는 자가 미리 가입되어 있어야 한다.

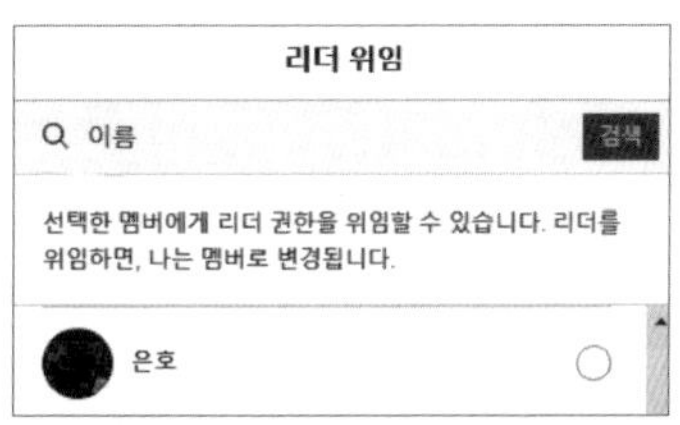


**step 4 탈퇴한다.**

온라인 교실에서 탈퇴한다. 이제 남은 것은 새로운 선생님과의 행복한 한해살이를 기원해 주는 것이다.

# 주석

1 J. Willis, A. Todorov, 「First impressions: Making up your mind after a 100-ms exposure to a face」, 『Psychological Science』, 2006.

2 A. Mehrabian, 「Silent Messages: Implicit Communication of Emotions and Attitudes」, 『PsycCRITIQUES』, 1981.

3 M aan het Rot, DS, Moskowitz, ZY, Hsu, SN, Young, 「Eating a meal is associated with elevations in agreeableness and reductions in dominance and submissiveness」, 『Physiology & Behavior』, 2015.

4 '감정 그래프'는 와이즈박스(https://www.wisebox.kr)에서 구매할 수 있다.

5 박상호, 김경희, 『교육학개론』, 집문당, 1995.

6 그 뒤는 '학생에 대한 깊은 사랑과 관심을 가진 교사'와 '인생의 지혜를 가르쳐 주는 교사'였다. 1위부터 3위까지 모두 뚜렷한 교육관을 가진 선생님만이 보일 수 있는 행동들이다.

7 DI. Lloyd, 『Philosohy and teacher』. London: Routlege & Keagan Paul Ltd, 1983.

8 J. Dewey, 『Experience & Education』. New York: Collier Books, 1976.

9 JN. Giedd, J. Blumenthal, NO. Jeffries, FX. Castellanos, H. Liu, A. Zijdenbos, T. Paus, AL. Evans, J. Rapoport. 「Brain development during childhood and adolescence: A longitudinal MRI study」, 『Nature Neuroscience』, 1999.

10 LH. Somerville, RM. Jones, BJ. Casey, 「A time of change: Behavioral and neural correlates of adolescent sensitivity to appetitive and aversive environmental cues」, 『Brain and cognition』, 2010.

11 Keller, 「Motivational design for learning and performance: The ARCS model approach」, New York: Springe, 2010.

12 AJ. Blood, RJ. Zatorre, 「Intensely pleasurable responses to music correlate with activity in brain regions implicated in reward and emotion」, 『PNAS』, 2001.

13 RJ. Zatorre, VN. Salimpoor, M. Benovoy, K. Larcher, A. Dagher. 「Anatomically

distinct dopamine release during anticipation and experience of peak emotion to music」, 『nature』, 2011.

14 2018년 아동 종합 실태 조사

15 전북교육청정책연구소, 「학교안전사고 데이터 패턴 분석 연구」, 2018.

16 OECD, 『TALIS 2013 results: An international perspective on teaching and learning』, Paris: OECD Publishing, 2014.

17 AM. Pines, E. Aronson. 『Carrer burnout: Causes and cures』, New York: The Free Press, 1988.

18 이희현 외, 「교사의 직무 스트레스 실태 분석 및 해소 방안 연구」, 한국교육개발원, 2017.

19 EJ. Zelinski, 『Don't Hurry, be Happy!: 650 Smart Ways to Slow Down and Enjoy Life』, Prima Pub, 1999.

20 DeWall, C. N., Twenge, J. M., Bushman, B., Im, C., & Williams, K, 「A little acceptance goes a long way: applying social impact theory to the rejection-aggression link」. 『Social Psychological and Personality Science』, 1, 168~174, 2010

21 J. Luft, H. Ingham. 『The Johari window, a graphic model of interpersonal awareness』, Los Angeles: University of California, 1955.

22 「2018년 수업 공개·나눔 운영 실태 분석」

23 1953년 제정된 이래 지금까지 시행되고 있는 교원 연수에 관한 규정으로 수업에 지장을 주지 않는 범위에서 소속 기관장의 승인을 받아 근무지 외의 장소에서 연수를 받을 수 있다는 것이 골자다.

24 '교원 등의 연수에 관한 규정' 제6조

25 본인 또는 친인척의 경조사, 질병 치료, 친지 방문, 견문, 취미 활동, 가족기념일 여행 등 교육 관련 목적이 아닌 이유로 해외를 방문할 때 사용하며 연가를 소진한다.

26 교직단체가 주관하는 연수, 해외 교육기관의 초청에 의한 연수 참가, 국외 현지에서의 교육 활동 자료수집과 같이 교원의 전문성 신장을 위한 활동이 주목적이며 「교육공무원법」 41조로 신청한다. 단 이때는 연수 희망국, 목적, 활동계획, 기대되는 성과

같은 내용이 포함된 계획서를 작성해야 하며 학교장의 확인 및 승인이 필요하다.

27 법제처에서 구축하여 제공하는 국가법령정보센터(http://www.law.go.kr)에서 검색하여 찾아 확인할 수 있다.

28 2020년을 기준으로

29 통계청, 「생명표」, 국가승인통계 제101035호

30 전라북도교육청, 「아이들이 행복한 방학 만들기」, 2011.

31 전현진, 이승환, 『학습과 기억의 뇌파』, 대한생물정신의학회, 2016.

32 MG. Figueiro, B. Wood, MS. Rea, B. Plitnick. 『Light level and duration of exposure determine the impact of self-luminous tablets on melatonin suppression』, 2013.

33 「초·중등교육법」 제32조에는 학교 교육과정의 운영 방법과 학부모 경비 부담사항에 대해서는 학교운영위원회에 심의를 받도록 하고 있다.

34 학생들의 안전한 체험학습을 위한 위원회다. 학교운영위원회의 소위원회로 둘 수 있으며 프로그램 개발 및 안전 대책을 심의하는 임무를 수행한다. 체험학습 매뉴얼에 따르면 현장답사 시 체험학습 활성화위원회에 소속된 학부모위원과 함께 갈 것을 권장하고 있다.

35 대개 보험 가입은 교무업무지원팀이나 행정실에서 처리해 준다.

36 안전교육 내용으로는 교통수단 이용과 공중예절, 성범죄 예방, 위험 물품 소지, 체험 시설에서 발생할 수 있는 사고 등이 있다.

37 2016년 초등학교 여교사 404명을 대상으로 교사 직무 스트레스 및 건강 실태를 조사한 결과

38 위와 같은 조사

39 2002년 서울 강남연세 흉부외과 외 2곳에서 연구를 진행한 결과

40 「교육공무원 인사 실무」, 전라남도교육청, 2020.

41 OECD 국제 성인 역량 조사 결과

42 2017년 국민 독서 실태 조사

43 1080p를 기준으로

44 RC. Doll, 『Curriculum improvement: Decision making and process』, Boston:

Allyn and Bacon, 1996.

45 2020년을 기준으로

46 2017년 1,118명을 대상으로 설문 조사한 결과

47 G. Rizzolatti, L. Craighero, 「The mirror-neuron system」, 『Annu Rev Neurosci』, 2004.

48 2018년 3월부터 2019년 2월까지 조사한 결과

49 2019년 한국교원단체총연합회가 전국 유·초·중·고 교사와 대학 교원 5,493명을 대상으로 설문 조사한 결과

50 PF. Hadaway, BK. Alexander, RB. Coambs, B. Beyerstein, 『The effect of housing and gender on preference for morphine-sucrose solutions in rats』, Psychopharmacology, 1979.

51 2013년 학생인권조례제정운동본부 외 3곳이 전국 초·중·고교생 2,921명을 대상으로 설문 조사한 결과

52 「청소년 건강 행태 조사」, 국가승인통계 제117058호

53 중학생(34퍼센트)이 고등학생(28.3퍼센트)과 초등학생(22.8퍼센트)보다 중독이 심한 것으로 드러났다.

54 이정로, 「초등학교의 학예회 및 운동회 행사와 교육과정 운영과의 관계 연구」, 한국교원대학교, 1997.

55 50.5퍼센트의 교사가 학예회가 교육과정 파행을 일으키고 있다고 대답했다.

56 H. Watts, 「Starting Out, Moving On, Running Ahead: Or how the Teachers' Center Can Attend to Stages in Teachers' Development」, 1980.

57 PJ. Burke, JC. Christensen, R. Fessler, JH. McDonnell, JR. Price, 「The teacher career cycle: Model development and research report. Presented at the Annual Meeting of the American Education Research Association」, 1987.

58 김정원, 「교사 생애 단계의 두 차원」, 『아시아교육연구』 15권 4호, 2014.

59 CJ. Lee, MH. Nam, J. Cho, DH. Kwon, JY. Park, J. Woo, HI. Kim, 「Excessive Astrocytic GABA Causes Cortical Hypometabolism and Impedes Functional Recovery after Subcortical Stroke」, Cell reports, 2020.

**60** AV. Whillans, EW. Dunn. 「Valuing time over money is associated with greater social connection」, 『Journal of Social and Personal Relationships』, 2019.

**61** LB. Aknin, LJ. Human, 「Give a piece of you: Gifts that reflect givers promote closeness」, 『Journal of Experimental Social Psychology』, 2015.

**62** R. Garner. 「Post-It? GARNER POST-IT PERSUASION Note Persuasion: A Sticky Influence」, 『journal of consumer Psychology』, 2005.

**63** 아무것도 붙이지 않은 설문지의 회수율은 35퍼센트에 그쳤다.

**64** 2016년 학생 감염병 예방 · 위기대응 매뉴얼

**65** 이진영, 『공부머리를 키우는 가족놀이 100』, 유아이북스, 2019.

**66** AW. Stamm, ND. Nguyen, BJ. Seicol, A. Fagan, A. Oh, M. Drumm, M. Lundt, R. Stickgold, EJ. Wamsley, 「Negative reinforcement impairs overnight memory consolidation」, 『Learning & Memory』, 2014.

**67** 1호, 2호, 3호, 7호는 졸업과 동시에 그 내용을 삭제한다.

**68** NEIS의 [학적]-[출결관리]-[출결관리]로 들어가면 된다.

**69** 대개 10일이다.

**70** D. Walker, L. Lambert. 「Learning and leading theory: A century in the making」, 『The constructivist leader』. 1995.

**71** 2018년을 기준으로 경기도 초 · 중 · 고교는 82퍼센트가 제주도는 97퍼센트가 1월 졸업, 종업에 참여하고 있다. 충북, 인천, 광주도 절반이 넘는 학교가 이미 시행 중이며 그 비율은 점차 높아질 것으로 보인다.

**72** 2016년 취업 포털사이트 인크루트가 854명을 대상으로 한 설문 결과

**73** TY. Tashiro, P. Frazier. 「"I'll never be in a relationship like that again": Personal growth following romantic relationship breakups」, 『Personal Relationships』, 2003.